普通高校体育选项课系列教材

形体与体育舞蹈

XINGTI YU TIYU WUDAO

黄 艳 郭玉洁 秦黎霞 ◎ 主编

清华大学出版社
北京

内容简介

本教材包括形体与体育舞蹈两篇。形体篇介绍了形体训练概述、形体训练的教学指导、形体的基本素质训练、形体姿态训练、形体与形象素质的习练；体育舞蹈篇介绍了体育舞蹈概述、体育舞蹈的基本理论知识、体育舞蹈的教学指导、体育舞蹈中的两大舞蹈类别的实践学练（涉及包括伦巴舞、牛仔舞、恰恰恰、斗牛舞和桑巴舞在内的拉丁舞和包括华尔兹、探戈舞、快步舞、狐步舞、维也纳华尔兹在内的摩登舞）。本书内容全面，对人们了解相关知识有着积极的作用。

本书封面贴有清华大学出版社防伪标签，无标签者不得销售。

版权所有，侵权必究。举报：010-62782989，beiqinquan@tup.tsinghua.edu.cn。

图书在版编目(CIP)数据

形体与体育舞蹈 / 黄艳，郭玉洁，秦黎霞 主编．—北京：清华大学出版社，2015（2025.1重印）
（普通高校体育选项课系列教材）
ISBN 978-7-302-40103-2

Ⅰ.①形… Ⅱ.①黄… ②郭… ③秦… Ⅲ.①体育舞蹈－高等学校－教材 Ⅳ.①G831.3

中国版本图书馆 CIP 数据核字(2015)第 089464 号

责任编辑：王燊婷　胡花蕾
封面设计：赵晋锋
版式设计：周玉娇
责任校对：成凤进
责任印制：刘海龙

出版发行：清华大学出版社
网　　址：https://www.tup.com.cn，https://www.wqxuetang.com
地　　址：北京清华大学学研大厦 A 座　　邮　编：100084
社 总 机：010-83470000　　邮　购：010-62786544
投稿与读者服务：010-62776969，c-service@tup.tsinghua.edu.cn
质 量 反 馈：010-62772015，zhiliang@tup.tsinghua.edu.cn

印 装 者：三河市君旺印务有限公司
经　　销：全国新华书店
开　　本：185mm×260mm　　印　张：17.25　　字　数：420 千字
版　　次：2015 年 8 月第 1 版　　印　次：2025 年 1 月第 6 次印刷
定　　价：49.00 元

产品编号：064698-02

丛书编委会

主　　编：赵志明

编　　委（按姓氏笔画排名）：

马　良	王彦旎	王晓旭	王晓军	王耀全
刘坤翔	刘积德	齐效成	孙　成	李　华
李明芝	何维彦	汪聚伟	沈　圳	迟永柏
张陶淘	张　鹏	陈志坚	苟小平	周　鹏
赵　蓉	侯邢晨	秦黎霞	高学锋	高淑艳
高　巍	郭玉洁	黄　荣	黄　艳	梁燕飞
屠建华	彭文军	覃兴耀	谢大伟	

丛 书 序

教育是立国之本,强国之基,没有优良的教育,一个国家就难以获得发展。在经济和社会的快速发展下,竞争日益加剧,而这种竞争逐渐演变为人才的竞争。在这一背景下,高等教育面临着培养全面型高素质人才的历史使命。而健康的体质是人才的基础,要培养合格的人才,高校必须重视体育教学。尤其是目前我国面临着国民体质日益下降的严峻形势,如何加强高校体育教育,进行体育教育改革,成为高校体育教育的重要工作。

我国对高校体育教育非常重视。《中共中央国务院关于深化教育改革全面推进素质教育的决定》中明确了体育教育工作的重要性,《全国普通高等学校体育课程教学指导纲要》也对体育课程进行了分析与定位,这些都为我国高校体育教育的发展指明了方向。高校体育教育要严格遵循"健康第一""以人为本""终身体育"的指导思想,以《全国普通高等学校体育课程教学指导纲要》为依据,遵循体育教育的客观规律,不断进行体育教育改革,提高体育教育质量,为实现培养全面人才的重任而努力。

高校体育教育的重要任务就是让学生获得体育运动的基本知识,掌握一两种体育锻炼的技能,从而促进自身身心健康与社会适应能力,增强体质,形成终身体育意识。基于这一任务,从高校体育教育与学生的实际情况出发,我们编写了《普通高校体育选项课系列教材》,包括《体育运动科学理论》《足球》《篮球》《排球》《乒乓球、羽毛球、网球》《健美操》《形体与体育舞蹈》《武术与养身》《跆拳道、散手及自卫防身术》《游泳救生及水上运动》《定向运动与野外生存》《休闲娱乐运动》等。

本套教材具有以下特点:

(1)内容丰富。本套教材根据高校体育教育的实际、学生体育学习的需要以及时代的发展要求,从庞大的体育系统中选择了一些对学生发展有利的、易于学生接受的、时代性强的内容进行讲解,既包含体育理论的相关知识,也包含体育运动项目的实践,编排全面、合理,能够满足高校体育教师教学与学生学习的需要。

(2)教育性强。本套教材在编写过程中突出教育性,不仅对学生进行体育文化的教育,还对学生进行体育实践的指导,更注重学生体育技能的掌握与体育意识的培养,体现出了体育在素质教育与人才培养方面的重要性。

(3)突出个性。本套教材在编写中严格遵守"以人为本"原则,内容选择上从学生的需要出发,讲解中考虑了学生的身心发展特征,并体现出了个体差异,有利于学生在学习过程中的个性培养,为终身体育奠定基础。

(4)实用性强。本套教材所选内容切合实际,编排遵循了人类认识的一般规律,语言通俗易懂,图文并茂,方便教师教学与学生学习,具有较强的实用性。

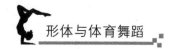

本套教材在编写过程中吸收、借鉴了国内外专家和学者的研究成果和资料,并得到了清华大学出版社的大力帮助和支持,在此表示衷心的感谢。由于编写人员精力和水平有限,书中难免存在不妥之处,敬请广大读者批评指正。

赵志明

湖南科技大学体育学院教授

北京体育大学体育教育训练学博士

2015 年 1 月

前　言

现代社会对人才的要求不仅仅体现在应具备系统科学的理论知识,还要具备健康的身体、优美的形体和良好的气质。对于当代大学生来讲,形体与体育舞蹈是塑造个人形体和提升个人气质的重要选项课内容,一方面,形体训练可以通过舒展优美的舞蹈基础练习帮助大学生塑造优美的体态,纠正生活中不正确的姿态;另一方面,体育舞蹈的学练对于大学生培养高雅的气质具有重要的促进作用。为了促进当代大学生成为优秀的、适应社会需要的高素质人才,特编写《形体与体育舞蹈》这一教材。

本教材的编写以"健康第一""以人为本""终身体育"思想作指导,以树立当代大学生的新形象为基本出发点,在严格遵循大学体育教育教学的客观规律的基础上,深入调查和分析了当代大学生体育教育教学的特点,同时结合我国大学生的体育需求,详细介绍了形体及体育舞蹈的理论知识与实践练习,有利于大学生的身心全面健康发展和良好形体、气质的养成。

本教材分上、下两篇,共十一章。上篇为形体,其中第一章和第二章为形体训练概述及相应基本理论,在阐述形体美的基础上,对形体训练的概念与分类、特点与功能及理论基础等进行了详细的介绍;第三章为形体训练的教学指导,内容包括形体训练的教学原则、教学方法和教学要求;第四章至第六章分别对形体的基本素质训练、形体姿态训练、形体与形象素质的训练实践进行了科学、细致的介绍。下篇为体育舞蹈,其中第七章为体育舞蹈概述,简要介绍了体育舞蹈的起源与发展、定义与分类、特点与功能及发展趋势;第八章介绍了体育舞蹈的基本理论知识,主要包括体育舞蹈的术语、礼仪及理论基础;第九章为体育舞蹈的教学指导,分别阐述了体育舞蹈的教学原则、特点、方法、类型与实施,并指出了体育舞蹈教学中的易犯错误,提出了纠正意见;第十章和第十一章分别对体育舞蹈中的两大舞蹈类别的实践训练进行了详细的介绍,具体内容涉及包括伦巴舞、牛仔舞、恰恰恰、斗牛舞和桑巴舞在内的拉丁舞和包括华尔兹、探戈舞、快步舞、狐步舞、维也纳华尔兹在内的摩登舞。大学生通过形体与体育舞蹈两个体育项目的学习和实践,能够有效提高其身体素质,促进其身心健康,改善个人形象。

在编写过程中,本教材突出了大学体育教学的科学性、系统性和实用性。首先,教材对形体与体育舞蹈的理论知识的阐述比较科学严谨,能使大学生正确地理解和认识形体与体育舞蹈;其次,教材的篇、章、节结构合理,并在章节内设学海导航与知识拓展,有利于教师和大学生系统地教和学;最后,教材的内容选择以大学生的健身需要和未来发展需求为出发点,有助于提高大学生的综合素质和社会适应能力。

本书由河南大学体育学院黄艳、北方工业大学郭玉洁和大连医科大学秦黎霞编写完成,并由3人共同统稿。具体分工如下。

第三章、第六章、第八章、第九章:黄艳;

第一章、第五章、第七章、第十章:郭玉洁;

第二章、第四章、第十一章:秦黎霞。

本教材参阅和引用了相关学者的教材和文献资料,在此衷心地表示感谢。书中难免存在不足之处,恳请广大师生给予批评指正。

编 者
2015 年 1 月

目 录

上篇 形体

第一章 形体训练概述 ·· 1
 第一节 形体美的概念与评价 ·· 1
 第二节 形体训练的概念与分类 ·· 4
 第三节 形体训练的特点与功能 ·· 5

第二章 形体训练的基本理论 ··· 9
 第一节 形体训练的理论基础 ·· 9
 第二节 形体训练的常见运动损伤 ·· 24
 第三节 形体训练的疲劳与恢复 ·· 30

第三章 形体训练的教学指导 ··· 35
 第一节 形体训练的教学原则 ·· 35
 第二节 形体训练的教学方法 ·· 38
 第三节 形体训练的教学要求 ·· 47

第四章 形体的基本素质训练实践指导 ·· 51
 第一节 身体各部位动作训练 ·· 51
 第二节 地面素质训练 ·· 58

第五章 形体姿态训练实践指导 ··· 73
 第一节 形体基本姿态训练 ··· 73
 第二节 把杆练习 ·· 76
 第三节 中间动作组合练习 ··· 88

第六章 形体与形象塑造的实践应用 ·· 97
 第一节 形体缺陷与矫正方法 ·· 97
 第二节 不同部位减肥塑身方法 ··· 108
 第三节 个人形象的塑造方法 ··· 119

下篇　体育舞蹈

第七章　体育舞蹈概述 ·· 125
　　第一节　体育舞蹈的起源与发展 ··· 125
　　第二节　体育舞蹈的定义与分类 ··· 129
　　第三节　体育舞蹈的特点与功能 ··· 130
　　第四节　体育舞蹈的发展趋势 ·· 136

第八章　体育舞蹈的基本理论 ··· 139
　　第一节　体育舞蹈的术语 ·· 139
　　第二节　体育舞蹈的礼仪 ·· 146
　　第三节　体育舞蹈的竞赛与裁判 ··· 154
　　第四节　体育舞蹈的理论基础 ·· 170

第九章　体育舞蹈的教学指导 ··· 181
　　第一节　体育舞蹈的教学原则与特点 ·· 181
　　第二节　体育舞蹈的教学方法 ·· 187
　　第三节　体育舞蹈教学课的类型与实施 ··· 189
　　第四节　体育舞蹈教学中的易犯错误与纠正 ·· 195

第十章　拉丁舞的实践指导 ··· 203
　　第一节　伦巴舞 ·· 203
　　第二节　牛仔舞 ·· 212
　　第三节　恰恰恰 ·· 219
　　第四节　斗牛舞 ·· 228
　　第五节　桑巴舞 ·· 234

第十一章　摩登舞的实践指导 ··· 241
　　第一节　华尔兹 ·· 241
　　第二节　探戈舞 ·· 246
　　第三节　快步舞 ·· 250
　　第四节　狐步舞 ·· 254
　　第五节　维也纳华尔兹 ··· 258

参考文献 ··· 265

上篇 形体

第一章 形体训练概述

在现代文明高度发展的背景下,人们对美的追求也越来越高,人们不仅需要有一副强健的体魄,而且还需要有一个完美的形体,这是人们普遍追求的目标。形体训练是一种能实现人体形体美的有效健身运动,经常参加此项运动,能塑造优美的形体,培养独特高雅的气质,使人的身心得到全面的发展。

第一节 形体美的概念与评价

形体美,主要是指人的体形美、姿态美和动作美,要想实现这样的目标,不仅需要在日常生活中保持科学的作息规律,同时还要学习和掌握形体训练的手段和方法。下面重点介绍一下形体美的概念、形体美评价的内容及标准等。

一、形体美的概念

人身体的形态、体态,就是所谓的形体。其通常是由3个方面构成的,即体格、体型、姿态。人的身高、体重、胸围等往往会被用来作为体格指标。其中,骨骼的生长发育状况主要通过身高来反映,骨骼、肌肉、脂肪等重量的综合变化状况主要通过体重来反映,胸廓的大小及胸部肌肉的生长发育状况则主要通过胸围来反映。因此,身高、体重、胸围作为3项基本指标来对人体形态变化进行衡量。

人体的形态主要是指身高与肩宽的比例,躯干上、下之间的比例,胸围、腰围、臀围之间的比例等。骨骼的组成与肌肉的状况在很大程度上决定着体型。著名画家达·芬奇说过:"美感完全建立在各部分之间神圣的比例上。"由此可以看出,身体各部分发展的均衡与整体的和谐统一决定着体型是否完美。

人坐、立、行等各种基本活动的姿势,就是姿态。人体的姿势主要是从脊柱弯曲的程度、四肢、手足以及头的部位等几个方面来进行表现的。正确、优美的姿势会对人的形体美产生影响,同时,还能够将一个人的精神面貌与气质反映出来。可以说姿态是展现人的"内在美"的一个重要窗口。

从构成形体美的要素方面可以看出,不管是从自然美的法则,还是从人体外观判断,形体美都是一种综合的整体美。其包含的内容主要有两个方面:一个是人体外表形状、结构的美,一个是人体在各种活动中表现出来的姿态美、动作美。但是,人是自然的存在物的同时,也是社会的存在物,只有将自然美和社会美统一起来,才能达到人体美。如果一个女子言语粗俗、举止庸俗、态度狂傲,即使其身体匀称、亭亭玉立,也不能给人们以美的感受。著名的俄国民主主义革命者别林斯基曾说过关于这方面的观点:"人的外表的优美和纯洁,应是他内心的优美和纯洁的表现。"德国启蒙时期的思想家莱辛也曾讲过:"美丽的灵魂可以赋予一个并不优美的身躯以美感,正如丑恶的灵魂会在一个漂亮的躯体打下某种特殊的、不由得使之厌恶的烙印一样。"此外,需要注意的是,要想成功达到塑造形体美的目的,需具备3个方面的前提:第一,是动机、目标、审美标准;第二,是训练内容、方法、途径的选择;第三,是严格遵守生活作息制度、良好的生活习惯及合理的膳食结构。而这几个方面则都受内在的素质美的影响与制约。所以,在社会主义物质文明建设与精神文明建设的今天,对形体美的内外统一的强调与重视的时代性与现实意义重大。

综上所述,可以将形体美的概念归纳为:由健美体格、完美体型、优美姿态、良好气质融汇而成,并充分展现出来的和谐的整体美。

二、形体美的评价

(一)形体美评价的内容

形体美评价的内容主要包括两个方面,一个是体格、体型,一个是姿态美,具体内容如下所述。

1. 体格、体型

对体格和体型进行评价的指标和标准主要有以下几个方面。

(1)身高指数

身高指数是由身高(厘米)减去体重(千克)而获得的。我国青年中男子的身高指数应为109,女子的身高指数应为104。

(2)体重指数

由体重(克)除以身高(厘米)而获得体重指数。通常情况下,我国的男子体重指数应为348克/厘米,女子的体重指数应为335克/厘米。如果男子的体重指数超过450克/厘米,女子的体重指数超过420克/厘米,就说明偏于肥胖;如果男、女的体重指数低于300克/厘米,则说明较为瘦弱。

(3)胸围指数

胸围指数是由胸围(厘米)减去身高的1/2(厘米)而获得的。男、女的胸围指数大于1者,则表示胸廓和胸部发育良好;反之,就表示胸廓和胸部肌肉发育较差。

(4)肩宽指数

通常将身高的1/4作为肩宽指数。

(5)腿长指数

通常将身高的1/2作为腿长指数。

2.姿态美

人体常见的姿态主要有3种,即站姿、坐姿以及走姿,每一种姿态都有其各自美的评价标准,具体如下。

(1)站姿

标准:男子挺拔刚健,女子亭亭玉立。

要求:头、颈、躯干和脚的纵轴在一条垂直线上,两腿直立并拢,双肩平而放松,两臂自然下垂,挺胸收腹,收臀,立腰,立背,颈直,下颌微收,双目平视前方。

(2)坐姿

标准:端庄,优美。

要求:女子要求两膝并拢;男子双膝可稍分开,略窄于肩宽。腰背要挺直,肩放松,挺胸、收腹,脊椎与臀部成一直线,略收下颌,目视前方。

(3)走姿

标准:男子自然稳健,风度翩翩;女子轻捷自如,优美大方。

要求:以标准站姿为基础,行走时头与躯干成直线,目视前方。步位正确、重心平稳,步幅基本一致,双臂自然摆动。

(二)形体美评价的标准

在人类历史的发展过程中,由于形体美的标准是变化的,时代、民族特点、种族差异、地理环境、审美习惯等方面的不同,都会对美的标准产生一定的影响,使其存在着一定的差异性。可以说,美是没有固定的标准的。普列汉诺夫就曾说过:"美的标准是不存在的,并且不可能存在。"但总有一些相对稳定的评价标准成为人们的共识。

衡量形体美的基本标准可以大致归纳为以下几个方面。

(1)骨骼发育正常,关节灵活自然,不显粗大突出,体态丰满不显肥胖臃肿。匀称是关键。

(2)骨骼均衡发达,皮下脂肪适当。

(3)脊柱正视垂直,侧看曲度正常。

(4)双肩对称,男宽阔,女圆浑。肩部不沉积脂肪,略外展下沉。

(5)五官端正,肤色红润,皮肤细腻并有光泽。

(6)臀部圆满适度,略上翘,有弹性。

(7)两腿修长,腿部线条柔和,小腿腓部较突出,跟腱长。

(8)踝细,足弓较高。

(9)男子胸廓隆起厚实,正面与侧面看略成"V"形;女子胸部丰满而不下垂,侧视有明显的曲线,微挺胸拔背。

(10)女子腰细而结实,微成圆柱形,腹部扁平,腰部比胸部约细小1/3;男子有腹肌垒块隐现。直立时,腹部要上立。

第二节 形体训练的概念与分类

一、形体训练的概念

总的来说,形体训练不仅是以改变人的形体的原始状态,提高灵活性,增强可塑性为目的的形体素质基本练习,同时也是以提高人的形体表现力为目的的形体技巧训练,其在人体科学理论的基础上,通过徒手或利用各种器械,运用专门的动作方式和方法来达到上述目的。

形体训练的手段主要有两种:一种是各种徒手练习。比较常见的有徒手姿态操、健美操、太极、韵律操、按摩、健身跑以及各种舞蹈动作;另一种是采用不同的运动器械进行各种练习,比较常见的有圈带、球、把杆、绳、杠铃、哑铃、肋木、壶铃以及各种特制的综合力量练习架。另外,现代开发出来的一些多功能的健身器械也可以得到相应的运用。

形体训练的内容有很多,基本上都与基本功训练和基本形态训练有关。在进行训练时,可以通过健美操、舞蹈、野外健身跑等方法进行训练。形体训练具有简单易行、适用性强等特点,能够使人们的体质得到有效增强,同时,还能增进健康,陶冶情操,使人的体型、体态得到有效的改善。

二、形体训练的分类

形体训练有多种分类,主要包括芭蕾舞、现代舞以及其他体育项目中有关身体练习的内容。形体训练的素材主要来源于古典芭蕾中的把杆系列类动作、中间舞姿舞态的训练、体育项目中的健身操、健美操、竞技体操及杂技中的一些小技巧动作练习等。以形体训练的练习形式及要求为主要依据,可以将形体训练分为两大部分,一个是徒手练习,一个是功房练习(图1-1)。

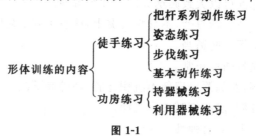

图1-1

(一)徒手练习

徒手练习主要包括4个方面的具体内容。

第一,把杆系列动作练习。比较常见的有胸、腰部柔韧性及灵活性的练习,能够有效发展和提高腿部肌肉的柔韧及力量的下肢外开、外展练习,头部动作的练习等。通过把杆训练,能够使练习者的用力习惯得到较好的培养,从而使其能够有效地控制身体。

第二,姿态练习。具体来说,就是有目的地进行专门的姿态动作的培养与训练。通过专门的动作练习,能够使练习者在各种练习中逐步学习并体会动作要求,从而达到取得有效练习效果的目的。

第三,步伐练习。主要是对练习者灵活及敏捷的动作,以及他们在行进间对自身的姿态控制的培养。

第四,基本动作练习。具体来说,就是一些专门性的有针对性的动作练习,其中,比较具有代表性是有针对某一部位力量性单一的练习或提高身体机能性的练习等。通过这些专门性的动作训练,能够使练习者身体的机能能力得到有效的提高,从而达到健身、健美的效果。

(二)功房练习

在练习馆内利用一定的器械进行的形体训练,就是所谓的功房练习。功房练习包括的内容主要有两大部分,一个是持轻器械练习,一个是利用器械进行练习。

1.持器械练习

手持一定的器械进行有针对性的练习,就是持器械练习。通常情况下,这种练习基本上都是对身体某一部位进行专门化的练习,比较具有代表性的有:持具有一定重量的哑铃进行增强上肢力量的训练,或用拉力器进行背部肌肉及上肢肌肉的力量训练。

2.利用器械的练习

利用器械的练习,通常都会选用一些大型的综合器械对身体素质及机能进行较为全面的训练。一般来说,这些练习是在专业教师的指导下进行的,它对训练有着较高的要求,比如,不仅要有周密详细的训练方案和训练进度,而且还要求有针对性地进行训练,这样才能够有效达到练习要求。

第三节 形体训练的特点与功能

一、形体训练的特点

(一)群众性

形体训练的形式有很多,不论男女老少、何种职业,都可以以各自不同年龄性别、能力、爱

好为依据,选择并参加对身体某部分有改善和增强作用的形体训练。

(二)针对性

形体训练是内外结合的全身运动,运动量可大可小,动作可难可易,体力上也可自由调节。通过形体训练,不仅可以使机体新陈代谢旺盛,改善各器官功能,增强体质、延年益寿,同时还能够使身体某一部分(发达肌肉、祛脂减肥、矫治畸形)得到有针对性的改善,从而达到体形匀称、协调、优美的目的。

(三)多样性

形体训练的多样性特点主要从以下4个方面得到体现。

1.形体训练内容的多样性

从形体训练的内容上看,有着非常丰富的基本动作、器械及项目,形体训练的动作有很多,不仅有用于身体局部练习的系列动作,也有用于身体整体练习的单个动作,同时还有用于形体练习的健身系列的成套动作以及用于矫治康复的专门动作。

2.形体训练项目的多样性

从形体训练的项目上看,通常可以将形体训练分为以下几种:第一,用来强身健体的健美体型的训练;第二,用来训练正确的坐、立行走姿势的专门训练;第三,适合中老年人强身健体的训练;第四,适合瘦人发达肌肉、丰腴健美的训练;第五,适合胖人减肥的训练;第六,适合疗疾康复的训练。除此之外,形体训练还有繁多的器械,不仅有专门的单项器械,也有联合器械,除此之外,还有自制的娱乐器械。

3.形体训练形式的多样性

从训练的形式上来看,往往可以将形体训练分为以下几种形式:第一,单人的训练、双人的训练、集体训练;第二,徒手的和持轻器械的,站姿和坐姿的,还有垫上的;第三,柔和的慢节奏、动感很强的快节奏训练,有局部的也有全身性的。

4.形体训练方法的多样性

从形体训练的方法上看,形体训练与一定的科学指导有着密切的关系,主要涉及运动生理学、人体解剖学、运动心理学、运动训练学、人体艺术造型学等。以不同的训练目的和各自的水平以及不同的年龄和性别为主要依据,可以选择相应的训练方法。

(四)灵活性

形体训练不管是形式的选择还是安排上,都充分体现出了灵活性的特点。首先,形体训练大多数为徒手练习,同时也可以广泛利用把杆辅助,在形式方面,集体和个人都允许,具体看训练者的实际情况。其次,训练的时间安排较为灵活,可以在统一的时间内进行,也可以分散安排、性别、年龄、体质、体型、素质以及地点和器材不同也都可以进行形体训练,只要训练者有计划地安排,不间断地进行科学训练,就能达到理想的训练效果。

(五)艺术性

在形体训练中,音乐是其重要的组成部分,是灵魂。音乐不仅能使训练者的想象力和表现力得到进一步的丰富,而且对训练者尽力完成形体训练的计划也有重要的激励作用,同时,还能够对其履行那些枯燥的训练程序和把握动作的节奏、准确地完成动作起到有效的帮助作用。除此之外,音乐还能够将训练者的欲望和激情激发出来,使人在锻炼中更加愉快,更有兴趣,达到忘我的境界。需要强调的是,根据不同风格的乐曲,选择和创造出不同风格、形式的形体训练动作,能够使成套形体练习的感染力有所提高,进而使训练者的音乐素养和气质得到提升,达到愉悦身心的目的。

二、形体训练的功能

不管在生理方面还是心理方面,形体训练都有着重要的作用,具体可以从以下几个方面得到体现。

(一)促进肌肉发育

肌肉广泛分布在人体内,并且与骨骼关节和韧带相连,两者共同组成了人体的运动器官,同时也使人们进行各种各样的复杂运动得以实现。人体的各器官系统的变化也是有一定规律的,具体来说,就是按生物界"用进废退"的自然规律进行变化的。通过形体训练,能够使肌肉更加发达,对骨骼肌的新陈代谢、骨骼的抗拉、抗压、抗扭等机械性能的提高起到积极的促进作用。同时,还能够对骨骼的生长、发育起到促进作用,使体内多余的脂肪得到尽快的消除,从而达到形体美的目的。

(二)矫正骨骼形态

在现代社会中,办公室人员,尤其是职业女性如果日常不能保持正确的站、走、坐姿势,往往就会导致"O"形腿、弓背、扣肩等不良现象,而这些现象会直接影响到形体美。经常进行形体训练,就可以有效改善各种不良骨形,使其向正确方向发展,矫正身体形态,健美身材。

(三)培养审美情趣

一系列的身体练习构成形体训练。只有通过反复的、多样的、不间断的训练,才能够使练习者对外界各种刺激的适应能力和对信息的反应能力,以及对生活中美好事物的深刻感知能力得到大的提高。

(四)锻炼意志

要想取得理想的形体训练效果,需要坚持长期不懈的锻炼,时刻与自己身上可能出现的娇

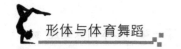

气、任性、散漫、脆弱、惰性等不良性格作斗争。因此可以说,获得形体美的过程往往就是战胜自我、品格升华的过程。

(五)增强自信心

良好的体型能够对自己产生一种良性心理刺激,会使人更加朝气蓬勃,奋发向上,在一定程度上改善情绪和性格。通过形体训练,能够使练习者体魄强健、精力充沛、气度不凡。长期进行形体训练的人,往往能够对自己有正确的认识和评价,树立自信心。

第二章　形体训练的基本理论

学海导航
XUEHAI DAOHANG

　　科学地进行形体训练需要掌握一定的理论知识,尤其是一些疲劳损伤等事关形体训练安全性的基本理论。本章主要讲解形体训练的生理学、心理学、营养学基础以及常见运动损伤、疲劳与恢复等理论知识。通过本章的学习,学生要掌握相关的理论知识,并能运用于形体训练实践中,从而取得理想的锻炼效果。

第一节　形体训练的理论基础

一、形体训练的生理学基础

(一)形体训练的物质代谢

1. 糖代谢

(1)运动与糖代谢

　　糖是人体细胞的重要组成部分,在进行形体训练时,人体所需要的能量也有一部分来源于糖。一般来说,人体每天所需能量的70%左右是由体内的糖提供的。因此,糖可以为肌肉和大脑组织细胞活动提供必要的能源,对维持人体正常活动具有重要的作用。

　　当人在运动时,首先动用肌糖原,肌糖原储备最多,为350~400克。随着训练时间的不断增加,当肌糖原耗尽且血糖下降时,肌糖原就被分解而进入血液之中,因此,肌糖原储备和血糖之间有着非常密切的关系。

(2)补糖对形体训练的影响

　　人在参加形体训练的过程中,会消耗一定的能量,而补充一定的糖分能极大地提高训练的效果。据研究发现,在训练前半小时或两小时补充糖的效果较好,这是因为在运动开始前补糖可以直接将糖随血液运送到肌肉组织或者已经完成糖原的合成转化过程,在运动开始后,肌、肝糖原被动员进入血糖供给需要,能保持较高的血糖水平。

　　但需要注意的是,在运动前一小时之内最好不要补糖,这是因为此时补糖会引起血糖升

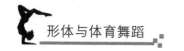

高,甚至会出现胰岛素反应,从而导致运动性低血糖等不良的训练效果。

在训练的过程中可以服用低浓度的含糖饮料,这样有利于人体的渗透和吸收,而高浓度的饮料会延长胃排空的时间,对糖的吸收不利,也不利于训练的进行。

2. 蛋白质代谢

(1) 运动与蛋白质代谢

蛋白质主要是由氨基酸构成的,氨基酸主要用于建造、修补和重新合成细胞成分以实现自我更新,也用于合成酶、激素等生物活性物质,并可以作为机体的能源物质。人们每日都要摄取一定量的蛋白质,摄取量要与消耗量保持在同等的水平上,以维持蛋白质的平衡。

人在运动的过程中,会消耗掉一部分蛋白质,这也就会破坏很多的组织细胞,从而加强蛋白质的修补和再生过程。因此,进行形体训练必须适当地补充一定量的蛋白质,以保证形体训练的效果和人体的健康。

(2) 补充蛋白质对形体训练的影响

参加形体训练,必须补充一定的蛋白质,蛋白质的补充必须充分考虑蛋白质的成分。大量的研究表明,比例为 2∶1∶1 的亮氨酸、异亮氨酸和缬氨酸 3 种氨基酸的混合物为理想的营养补剂。其中的亮氨酸是肌蛋白的结构分子,它能抑制分解效应,诱发生长激素和胰岛素的分泌,以非激素式地促进肌纤维内主要蛋白的新陈代谢。使用这种营养补剂可以最大限度地减少蛋白质在体内的分解和破坏,增强形体训练者的肌肉力量。

(二)形体训练的能量代谢

物质代谢和能量代谢之间有着密切的联系,能量代谢过程可以使糖、脂肪、蛋白质等能量物质中蕴藏的化学能充分地释放出来,以供人们在进行形体训练时利用。

1. 运动与能量代谢

人在参加运动时,会消耗掉一定的能量,而消耗的能量来源于 ATP,它是人体和其他任何细胞活动的直接能源。人体运动主要是由肌肉活动来完成的,而使肌肉能持久地活动就是靠 ATP 分解供能。能量来源主要有 3 种:一是磷酸肌酸分解放能,二是糖原酵解生能,三是糖和脂肪氧化生能。ATP 主要作用不在于它在肌肉中的存量,而在于它的迅速合成过程是否顺畅。

2. 形体训练对能量代谢的影响

进行系统的形体训练能提高人体供能的能力,表现为在完成同样强度的训练活动时,需氧量减少,能量消耗量也减少,也就是说,在完成同样的运动负荷时,训练者消耗的能量较少。通过系统的形体训练,能让训练者熟练掌握动作技巧,提高动作技术水平,同时还能节约能量,节省下来的能量能更好地发挥在强度的保证和难度动作的开发上,使得能量的利用更加合理和经济。

二、形体训练的心理学基础

(一)形体训练的动机

推动一个人进行活动的心理动因或内部动力,被称为动机。动机能引起并维持人的活动,将该活动导向一定目标,如满足人们的一个念头、愿望或理想等。动机是人体的内在过程,行为是这种内在过程的结果,动机有3种机能:第一种是始发机能;第二种是指向选择机能;第三种是强化机能。

1. 引起动机的条件

(1)内在条件

因个体对某种东西的缺乏而引起的内部紧张状态和不舒服感,就是"需要",需要使人产生欲望和动力,引起活力。

(2)外在条件

外在条件是人体之外的刺激,这些刺激也就是环境因素,环境因素又包括物质因素和社会因素。这些都能引起动机。

2. 动机与需要

需要与动机相互联系,又有区别。

(1)动机是需要的动态表现,而需要处于静态时,不能成为动机。换言之,只有当需要转化为动机后,人才会开始活动。

(2)行为并不是全部都由需要引起,如突然产生的念头,意识的情绪冲动,这些都不是需要的心理因素,但是这也会成为行为的动机。

3. 动机与目的

动机是驱使人们去活动的内部原因,而目的则是人们通过活动所要达到的结果。动机与目的之间既有区别又有联系:第一,动机和目的是可以相互转换的,因此,目的也常常具有动机的功能;第二,有时目的相同,动机不同;有时动机相同,目的不同。

例如,在选择形体训练项目时,同样以选择瑜伽为目的,有的人是因为瑜伽这一项目适合自己的兴趣,有的人则是因为这一运动项目有一个知名的瑜伽教练。

(二)形体训练的情绪

1. 情绪的概念

有机体受到外界刺激时,心理产生的暂时性的较剧烈的态度及体验,包括愉快、愤怒、恐惧、悲哀、忧愁、赞叹等,这就是情绪。人在情绪上会产生不同的体验和态度,是由于客观事物

具有不同特点及客观事物与人之间的关系不同。

形体训练对情绪的产生具有积极调解的作用,其表现在训练过程中能促进产生脑啡肽,刺激下丘脑,进而产生愉快的情绪体验。另外,通过形体训练在增强体质、增进健康的同时,可以享受成功,提升承受挫折的能力,提高情绪的适应性,对大学生以积极的态度适应各种生活环境,迎接生活不同的挑战具有重要意义。

2.情绪的调节

针对形体训练过程中出现的情绪,我们可以通过两个方面来进行调节,即进行管理和自我调节。

(1)管理情绪

情绪是健康心理中不可缺少的一部分。因此,学会管理情绪也是一件必须学习的事。情绪有正常和不良两种情况,在对情绪的管理中,对待正常的情绪要合理宣泄,不能过分压抑,而对产生的不良情绪则需要适当地控制。

①合理宣泄

过多情绪的堆积,有害身心健康。对情绪的合理宣泄有两种方式。

直接宣泄:直接宣泄就是通过本身直接对引发情绪的刺激来表达情绪。如适当地哭泣、痛快地喊叫。

间接宣泄:间接宣泄是在直接发泄的方式显得比较极端,对自己或者对身边人会产生不良影响时选择其他方式进行发泄。如向周边人诉说,或者做其他事情进行有意识地转移。

②适当控制

当不良情绪产生时,首先要正视情绪的存在,学会理智地分析其产生的原因,以理性的认识进行控制。其次,要改变态度,学会在事物的不利中寻找有利的一面,在消极中寻找积极的因素,学着自我安慰。最后,选择对情绪有利的事情进行放松。如看书、学习、进行身体活动等。

(2)自我调节

自我调节情绪的方法有很多,下面介绍几种常用的自我调节方法。

①认知疗法

人的情绪变化是由认知评价引起的。一个人不良情绪的产生,在一定程度上是自己对周围事物的最初评价,而给自己带来了不良心理暗示,对于人的这种认知评价直接影响情绪,产生了认知疗法,即保持清醒头脑,避免过于自卑、消极的心理,学会正确评价自己的认知活动。

②静观与内审

以一种反观自身的方式,发现自身存在的问题,并以正确的方式消除不良情绪、进行自我调节的方法,就是静观与内审。这时候可以采取呼吸调节和活动调节的方式。呼吸调节是个体通过调节呼吸的频率、深度和方式来控制情绪。活动调节是通过调节身体活动方式以控制情绪。在这些方式中对自己的思维活动和行为进行思考,然后进行必要的调节。

③音乐疗法

音乐是调节情绪最简单实用的一种方式。音乐丰富多样,每个人都可以根据自己的喜好以及当时的情绪状态,选择适合自己的音乐来放松心情,从而达到消除不良情绪的目的。

(三)形体训练的心理过程及特征

1. 形体训练的心理过程

形体训练的心理过程主要包括 3 个过程,即感知过程、记忆过程、思维过程。

(1)感知过程

感知过程包括两个方面,一是感觉。感受器及对应的神经系统从外界环境中接受和表征刺激信息的过程,就是感觉;二是知觉。对感觉信息进行选择、组织和解释的过程,被称为知觉。

在形体锻炼的过程中,感觉和知觉是一个统一连贯的过程,两者联系密切不可分。但是,它们有着本质上的区别。

第一,感觉反映的是客观事物的个别特征;知觉反映的是客观事物的整体特征。

第二,感觉发生在前;知觉发生在后。

第三,感觉是知觉的基础,知觉是感觉的延续。

(2)记忆过程

记忆是过去经验在人脑中的反映,是一个机器复杂的心理过程。形体训练是一个学习和掌握的过程,在这个过程里,记忆的 3 个基本环节即表现如下。

第一,识记。在学习一个技术动作时,通过了解,初步掌握动作的外形、结构、要点,理解并建立相关概念。这就是识记。

第二,保持。真正掌握每个动作的技术要领,需要经过思考并且反复练习,多次强化才能在头脑中得以保存。这就是保持。

第三,再认或再现。再做之前的动作,能够很好地完成,或者能很快认出、想出这一动作,这就是再认或再现。

记忆过程有一个阶段。这一阶段分成 3 个部分。

第一,瞬时记忆。又称感觉记忆,在这一记忆中内容保持的时间不长。

第二,短时记忆。记忆信息保持时间在 1 分钟左右的记忆,被称为短时记忆。动作短时记忆的容量相当有限。

第三,长时记忆。经过反复练习,储存在短时记忆中的一部分信息可转化为长时记忆。长时记忆的量很大。

(3)思维过程

思维是人脑对客观事物一般特性和规律的一种概括性的、间接的认识过程。形体训练是一项系统的体育活动,在活动中,不仅需要生理结构协调工作,还需要大量的心理活动参与,其中包括思维和想象。形体活动中的思维可分为两种。

①操作思维

操作思维是反映肌肉和操作对象的规律以及它们之间相互关系的思维过程。形体训练中大学生思维过程的主要形式就是操作思维。其主要特点在于行动性。

②预测思维

完成动作之前在脑中对运动客体和对自身动作的未来事件发展的预测过程。形体训练中的预测思维,主要包括两种:一种是对运动客体的预测。许多项目中,运动客体思维直接影响运动水平发挥的结果;一种是对自身运动的预测。即没有完成动作之前,就能预知该动作的结果。

2. 形体训练的心理特征

(1)能力

能力是指一个人能顺利实现某种活动的条件,是在具体实践中才能得以体现出来的一种心理特征。能力发展的条件是身体的整体素质;能力发展的基础是身体器官系统拥有健全的功能。另外,能力的发展还受其他因素影响,如周边环境和所受教育。

(2)气质

气质是表明一个人心理活动稳定的动力特征。其具有稳定性、灵活性和指向性等特征。心理过程中思维的快慢、情绪的强弱、注意力的集中时间、心理活动倾向、注意力转移都是其主要表现。

根据情绪和行为方式上的典型表现不同,气质可分为4种类型,即多血质、抑郁质、胆汁质、粘液质。气质作为个人心理活动的一项动力特征,本身并不分好坏,气质产生的影响具有两面性,通过形体训练是可以改变气质的,在训练的过程中,行为规范的控制或集体活动中,会发挥出气质积极的一面。

(3)性格

性格的形成需要一个过程,首先是建立在一个人生理素质的基础上,其次,通过社会实践逐步形成,最后,性格的形成会根据每个人环境和教育的不同而各具特色。

性格形成后具有稳定性,不同的性格反映不同的心理特征。性格还具有可塑性,在不同的环境中,性格会随着不同的教育而产生变化。形体训练也是学习的过程,在这一过程中,所具备的环境条件和训练学习,都会对性格的塑造产生重大的影响。

(四)形体训练对心理健康的作用

心理健康是一个人全面健康的重要组成部分,是大学生生活和学习的基础条件。具有良好的心理素质有利于全身心的健康发展。经常参加形体训练,对自身的心理健康起着多方面的积极作用,具体如下。

1. 消除心理疲劳

大学生在持续紧张的学习和生活的压力中,很容易产生疲劳,疲劳是一种综合性症状,与人的心理因素密切相关。疲劳对人体危害很大,会严重影响人的机体健康。

运动可以有效消除疲劳,进行形体训练也是运动项目的一种,通过参加形体训练可以改善身体素质,个体也会以自我锻炼反馈的方式将其成就信息反馈给大脑,从而获得成就感和幸福感。这样不仅能消除疲劳,还能避免一些心理疾病的发生。

2. 改善情绪状态

情绪状态是衡量个体心理健康影响的主要指标。人生活在错综复杂的社会中,面对各种压力经常会产生忧愁、紧张、压抑等情绪反应。研究表明,经常参与运动的人,负面消极心理的产生明显低于不喜欢运动的人。

经常参加形体训练可以有效转移日常生活中不愉快的意识、情绪和行为。在选择形体训练的项目时,选择自己喜欢的项目,能使人从中得到乐趣,获得快乐的情绪,从而使得压力得到缓解。

3. 提高智力功能

非智力因素对人的智力具有促进的作用。研究表明,伴随着学习、思考和发现的兴奋和激动,会产生愉快的心理体验,从而强化人的智力活动。大学生经常参加形体训练,对促进智力发展具有重要的作用,主要体现在3个方面:一是增强系统的功能,促进大脑的开发利用;二是对减缓大学生的应激反应会产生明显效果;三是可以在一定程度上消除疲劳,提高大学生的学习效率。

4. 增强人的自信心

在形体训练的过程中,会通过各种运动产生一种积极、愉快、和谐的情感体验,从而使人产生一种面对困难无所畏惧的心理。大学生们集中在一起参与运动的同时,相互交流、鼓励与关爱,能有效调节心理,驱赶心中不快,产生一种努力向上的状态,这种良好的精神状态会被带入到生活和学习当中,各方面都将得到提高。这样既能加强大学生的自信心,又能使其心理健康程度产生质的飞跃。

三、形体训练的营养学基础

(一)营养与营养素

1. 营养

营养是一种全面的生理过程,具体是指人体不断从外界摄取食物,经过消化、吸收、代谢和利用食物中身体需要的物质来维持生命活动的全过程。

有机体的生长发育有赖于体内的物质代谢过程。体内进行物质代谢所需的新物质,主要是从食物中摄取。营养摄取是保证人体正常生长和发育的重要因素。合理的营养能维持人体正常的生理机能、增强免疫功能、预防疾病、提高学习和工作效率及运动能力。营养缺乏或过剩不仅会使人体的各项生理机能下降,降低人体对外界环境变化的适应能力和防御能力,甚至还会成为某些疾病的致病因素。因此,讲究科学的食物营养摄取、注重合理的体育锻炼,是人体科学运动健身的基础。

2.营养素

营养素是指能在体内消化吸收,具有供给热能、构成机体组织和调节生理的功能,为机体进行正常物质代谢所必需的物质。人体所需要的营养素主要包括糖、脂肪、蛋白质、维生素、矿物质和水 6 大类。人体主要是通过进食的方式摄取营养物质,但任何一种食物都不可能包含人体所需要的一切营养素,各种营养素有各自独特的功能,但在体内代谢过程中又密切联系,其基本功用和在人体中的比例如图 2-1 所示。

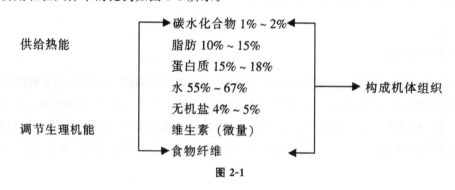

图 2-1

(二)人体所需的营养素

1.水

水是人体的重要成分,是人体重要组成部分和不可缺少的营养物质。人体新陈代谢的一切生物化学反应都必须在水的介质中进行,食物的消化、吸收、运输、生物氧化,以及代谢产物的排泄过程,都需要水参与才能正常进行。当体内水分损失 20% 时,就无法维持生命。水是人体数量最多的成分,在正常成人体中,水占成人体重的 60%~70%。

(1)水的生理功能

①代谢介质:水是体内各种生理活动和生化反应必不可少的介质,参与机体内代谢过程,没有水一切代谢活动便无法进行,生命也就停止了。

②代谢载体:水有很强的溶解能力,它是人体内吸收、运输营养物质,排泄代谢废物的最重要的载体,许多物质可以溶解在水中通过循环系统转运。

③润滑功能:人体含有大量的水,泪液、唾液、关节液、胸腔腹腔的浆液起着润滑组织间经常发生的摩擦的作用。

④维持体温:水的汽化热很大,1 克水汽化要吸收 580 卡热量。汗液的蒸发可散发大量热量,从而保持体温恒定,避免体温过高。

(2)水的主要来源

正常人体内的水分是相对恒定的,即需水量和排水量基本相等。一般来说,正常成年人每日每千克体重供水 40 毫升为宜,即每天 2 500 毫升左右(表 2-1)。人体水的吸收和排出受饮食状况、生活环境、劳动强度等因素的影响。

人体所摄入的水的主要来源包括直接饮入的液体,食物中含有的水分,以及蛋白质、脂肪和糖在体内代谢产生的水分。

表 2-1　正常成年人每天水代谢情况

摄入与排出		每天的毫升数
摄入	固体食物中的水	1 115
	饮水	1 180
	代谢水	279
	总摄入	2 574
排出	尿液	1 125
	粪便中的水	56
	从肺及皮肤蒸发的水	1 214
	总排出	2 565
水平衡		+9

2.蛋白质

蛋白质由碳、氢、氧、氮、硫、磷等元素组成,基本单位是氨基酸,是构成细胞的主要成分,占细胞内固体成分的80%,肌肉、血液、粘膜、肌腱、软骨、皮肤等组织主要由蛋白质组成。蛋白质也是机体生长和损伤后组织更新和修复的主要物质。蛋白质在体内的贮存量甚微,营养充分时可储存少量,过多的蛋白质进入体内,则经肝脏分解为尿素等排出。

(1)蛋白质的生理功能

①提供能量:研究表明,蛋白质在运动中供能的比例取决于运动的类型、强度、持续时间及体内肌糖原的状况。一般来说,蛋白质供能比例较小,一般运动情况下,蛋白质提供6%~7%的能量;当体内肌糖原储备充足时,蛋白质供能仅占总消耗的5%左右;肌糖原耗竭时蛋白质供能可上升到10%~15%。

②合成酶、激素和其他化合物:酶是具有催化功能的一类特殊蛋白质;体内的激素有一部分是从氨基酸演变或合成而来的;一些氨基酸还是合成体内某些物质的原材料,如酪氨酸是人体黑色素的原材料,色氨酸是神经递质血清素的原材料。

③合成抗体:生物体的抗体是由氨基酸组成的,它能够识别属于自身的蛋白质和入侵人体的外源微粒(通常为蛋白质),而且只与后者发生作用。机体可识别外源性蛋白质(如细菌、病毒或毒素),并产生专门用来抑制入侵的蛋白质。

④维持细胞组织的代谢:足够质和量的蛋白质能维持细胞组织的生长、更新和修补。首先,蛋白质是肌肉、内脏、骨骼、皮肤等的主要组成成分,占细胞内固体成分的80%以上。其次,组织细胞的修复需要蛋白质,蛋白质和氨基酸的合成代谢增强有利于组织细胞的修复和骨骼肌支链氨基酸的储备。

⑤保持体液和电解质平衡:一方面,蛋白质可利用自身生物大分子和蛋白质亲水性的特征来维持细胞内外的水分;另一方面,细胞膜上的运输蛋白通过不断地将各种物质运出或运进细胞以维持体液的构成。

⑥维持体内的酸碱平衡:研究表明,蛋白质可以作为保持血液正常pH值的缓冲物质,维

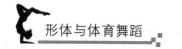

持体内酸碱平衡。如当机体 pH 值下降时，蛋白质可以利用其两性电解质的带负电特征接受带正电的氢离子，缓解 pH 值的进一步下降。但如果体内 pH 值变化过大，超出蛋白质的缓冲能力，会导致蛋白质变性，从而使身体受到损伤。

(2) 蛋白质的主要来源

个体从膳食中摄取的蛋白质主要来源于动物性食物和植物性食物，一般来说，奶、蛋、鱼、瘦肉等动物性食物中蛋白质的氨基酸含量和比值接近人体组织蛋白，因此，营养价值非常高，其中鸡蛋和人乳蛋白质是营养价值最高的蛋白质。植物性食物主要是谷类和豆类，大豆含有丰富的优质蛋白质。人类日常所采用的膳食主食——谷类中蛋白质的含量约 10%，是膳食蛋白质的主要来源之一，蔬菜水果等食品蛋白质含量比较低。

3. 脂肪

脂肪主要由碳、氢、氧 3 种元素组成，是构成细胞的重要成分。脂肪可分为中性脂肪和类脂质两大类。

(1) 脂肪的生理功能

①供给能量：脂肪是产能最高的一种热源质，1 克脂肪在体内氧化燃烧可产生 37.65 千卡热量，比 1 克蛋白质或 1 克碳水化合物高一倍多。脂肪也是储存能量的"燃料库"，有储存热能的作用。其占空间小，可大量储存在腹腔空隙、皮下等处。人在饥饿时首先动用体脂来避免体内蛋白质的消耗。

②保护脏器：脂肪作为填充衬垫，支持和保护固定体内各种脏器和关节，避免机械摩擦和移位，使手掌、足底、臀部等更好地承受压力。

③维持体温：脂肪是热的不良导体，皮下脂肪可防止体温过多向外散失，也可阻止外界热能传导到体内，有维持正常体温的作用。可以阻止身体表面的散热。

④构成生理物质：磷脂、糖脂和胆固醇构成细胞膜的类脂层，胆固醇又是合成胆汁酸、维生素 D 和类固醇激素的原料。

⑤促进脂溶性维生素的吸收：鱼肝油和奶油富含维生素 A、D，许多植物油富含维生素 E。脂肪能促进这些脂溶性维生素的吸收。

⑥增加饱腹感：和其他营养物质相比，脂肪在胃肠道内停留的时间长，有增加饱腹感的作用。

(2) 脂肪的主要来源

食物中的脂肪主要来源于动物性食物和植物性食物。动物性食物包括动物油，如猪油、牛油、羊油、鸡油、鱼油、奶油等；植物性食物包括植物油（如豆油、花生油、芝麻油、菜籽油、橄榄油）、各种果仁（如核桃、榛子、杏仁）和种子（如葵花子、西瓜子）等。膳食中的胆固醇主要来自动物食品，通常来讲，鱼类的胆固醇和瘦肉差不多（表 2-2）。

表 2-2　常见食物中脂肪含量(%)

食品	脂肪含量	食品	脂肪含量
猪油	99.5	食油	99.5
肥肉	72.8	人造黄油	80.0

(续表)

食品	脂肪含量	食品	脂肪含量
猪瘦肉	35.0	黄豆	16.0
牛肉(肥瘦)	13.4	绿豆	0.8
羊肉(肥瘦)	14.1	花生	48.0
草鱼	5.2	核桃仁	62.7
鲢鱼	3.6	芝麻	39.6
带鱼	4.9	杏仁	54.0
大黄鱼	2.5	燕麦片	6.0
鸡肉	9.4	面包	0.5
鸡蛋	10.0	苹果	0.3
牛奶粉(全脂)	21.2	油菜	0.5

4. 糖

糖是最重要的经济热能物，又称碳水化合物。根据分子结构，可以把糖类分为单糖、双糖和多糖3大类。单糖是最简单的糖类，易溶于水，可直接被人体吸收利用；双糖是由两分子单糖脱去一分子水缩合而成的糖，易溶于水。它需要分解成单糖才能被身体吸收；多糖是由许多单糖分子结合而成的高分子化合物，无甜味，不溶于水。

(1)糖的生理功能

①供给能量：糖供给热能比脂肪和蛋白质易消化吸收，分解迅速，产热快，耗氧少，而且在有氧或无氧条件下都能分解放出热能。糖类最重要的生理功能就是为机体提供能量，它是供给人体能量的最主要、最经济的来源。脑组织中无能量储备，全靠血糖供给能量；肌肉中的糖原是肌肉活动最有效的能量来源；心脏活动主要靠磷酸葡萄糖和糖原氧化供给能量；血中葡萄糖是供给神经系统能量的唯一来源。人体每天所摄取的能量有60%来自于糖类。

②构成神经和细胞：糖类存在于一切细胞中，例如，糖是细胞膜的糖蛋白、神经组织的糖脂、结缔组织的黏蛋白以及传递遗传信息的脱氧核糖核酸(DNA)的重要组成成分。

③节省蛋白质：糖类有益于人体内氮的储存。人体吸收和利用膳食中的蛋白质需要能量，糖类不仅可以为机体提供能量，还可以为蛋白质的吸收和利用提供能量，以减少机体从蛋白质获取能量，节省蛋白质。

④抗生酮作用：糖类可以为脂肪在体内的氧化提供能量。脂肪在体内代谢所产生的乙酰基必须与草酰乙酸结合进入三羧酸循环中才能被彻底氧化。脂肪代谢过程中必须有糖存在才能完全氧化而不产生酮体。因此，糖类具有抗生酮作用。

⑤保肝解毒作用：肝脏中肝糖原储备较充足时，其中生成的葡萄糖醛酸对某些化学毒物以及各种致病微生物感染引起的毒血症有较强的解毒能力。体内糖类供给不足会出现脂肪因氧化不全而产生酮体，而机体内的酮体积存过多容易引起酸中毒。糖类物可以增加肝糖原的储备，保护肝脏免受有害物质的损害的同时，保护肝脏的正常解毒功能。

(2)糖的主要来源

糖类在自然界的分布十分广泛,主要来自于植物性食物,动物性食物中糖类含量较少。植物性食物中糖类含量较多的是谷类和薯类;蔬菜水果含有少量的果糖(表 2-3)。

表 2-3　常见食物的血糖指数

食物	血糖指数	食物	血糖指数
白米	81±3	黄豆	23±3
大米(糙米)	79±6	扁豆(鲜)	42±6
小米	101	豌豆(鲜)	56±12
玉米(甜)	78±2	利马豆	46
速食饭	128±4	花生	21±12
粗大麦	36±3	粗面条(糙面)	53±7
荞麦	68±3	通心粉	64
燕麦胚	78±3	苹果	52±3
膨化米	123±11	杏脯	44±2
膨化小麦	105±3	香蕉	83±6
裸麦粒	71±3	猕猴桃	75±8
大麦米	49±5	橙	62±6
小麦面粉	99±3	橙汁	74±4
烤豆	69±12	梨	54±4
眉豆	42±6	芒果	80±7
牛奶(全脂)	39±9	芋头	73
脱脂奶	46	蜜糖	104±21
酸牛奶(加糖)	48±1	果糖	32±2
酸牛奶(加甜味剂)	27±7	葡萄糖	138±4
土豆(烤)	121±16	砂糖	84±2
土豆(煮熟)	80±2	乳糖	65±4

5.矿物质

人体的矿物质种类很多,其总量约占体重的 5%,其中,钙和磷的含量最多,占矿物质总量的 70%。人体中的钠、钾、镁、氯等的含量较少。还有些矿物质,如铁、铜、碘、氟、锌等在体内含量极少,故称微量元素。营养中的矿物质是指在体内含量较多(如钙和磷)或具有特殊功用的(如铁和碘),必须经常从食物中摄取。

(1)矿物质的生理功能

人体所需的矿物质有很多种,这里重点介绍以下几种。

①钙的生理功能:人体中有99%的钙集中在骨髓和牙齿中,若缺钙,就会影响骨的生长或难以维持正常状态。此外,钙也参加血液凝固过程,若缺钙,血液凝固将会受到影响。

②铁的生理功能:铁是人体内含量最多的一种必需微量元素。它的主要生理功能是通过在血液、肌肉中含铁的血红蛋白(Hb)和肌红蛋白完成运输 O_2 和 CO_2 的任务,以及含铁的酶如细胞色素酶、过氧化物酶等,参与组织的氧化呼吸,催化生物的氧化还原反应。若缺铁,则会因 Hb 生成少而产生缺铁性贫血。

③锌的生理功能:人体吸收进入肠黏膜细胞的游离状态的锌可直接进入大循环,再分布于各个组织器官;另一部分锌保留在肠黏膜细胞内与金属硫蛋白结合。当血浆锌浓度下降时,金属硫蛋白释放锌离子入血,使血浆锌离子浓度升高,以保证机体的需要。

④磷的生理功能:磷也是构成骨与牙齿的主要成分,并参与物质和能量代谢过程,能与脂肪合成磷脂,参与维护血液的酸碱平衡。此外,磷还具有帮助机体吸收其他营养素的功能。

(2)矿物质的主要来源

①钙的主要来源:奶和奶制品是钙的主要食物来源,其钙含量和钙吸收率均比其他食物高,常见食物中含钙较多的食物还有绿叶蔬菜、虾皮、豆类、海带等。

②铁的主要来源:人体主要是靠摄取动物肝脏、全血、肉类、豆类和绿色蔬菜等来获得铁的。

③锌的主要来源:人体所需的锌主要通过食用动物性蛋白质来进行补充。

④磷的主要来源:一切富含蛋白质的食物中都含有磷,如蛋类、肉类、鱼类等;植物性食物中,豆类和绿色蔬菜含磷量也较高。

6.维生素

维生素是维持人体生命和正常功能不可缺少的一种营养素。维生素可分为两大类,一类是脂溶性维生素,主要有维生素 A、维生素 D、维生素 E、维生素 K;另一类是水溶性维生素,主要有维生素 B 族(即维生素 B_1、维生素 B_2、维生素 B_6、维生素 B_{12}),维生素 C 及维生素 PP 等。

(1)维生素的生理功能

各种不同的维生素在体内都有特殊的功能,总的来说具有调节人体的物质代谢和促进人体的生长发育两大功能,具体可参考表 2-4。

表 2-4 人体中维生素的主要生理功能

维生素的种类		主要生理功能
脂溶性维生素	维生素 A	维持正常视力;维持上皮结构的完整与健全;构成丘脑、脑垂体等分泌的激素的营养成分;清除自由基;增强免疫力
	维生素 D	促进钙吸收,骨骼与牙齿及发育
	维生素 E	增强抵抗力;延缓衰老
	维生素 K	促进血液凝固;参与骨骼代谢

(续表)

维生素的种类		主要生理功能
水溶性维生素	维生素 B_1	辅助糖代谢,构成辅酶,维持体内正常代谢;减缓疲劳;抑制胆碱酯酶的活性,促进胃肠蠕动;强化神经系统功能,保持心脑功能的正常活动,增强学习能力
	维生素 B_2	维护眼、皮肤、口舌及神经系统的正常功能;构成体内酶的重要成分;参与细胞的生长代谢
	维生素 B_6	参加多种酶的反应;参与所有氨基酸代谢;刺激白细胞生成,提高免疫力;参与碳水化合物和脂肪的代谢
	维生素 B_{12}	参与红细胞的发育、分裂和成熟;预防恶性贫血;促进蛋白质的合成,促进人体生长发育;增强体力、记忆力与平衡感
	维生素 C	提高生物氧化能力与机体抵抗力;预防动脉硬化;预防和治疗坏血病、牙龈萎缩、出血;对某些有毒物质具有解毒作用
	维生素 PP	促进体内物质代谢

(2)维生素的主要来源

①维生素 A 的主要来源:人体所需的维生素 A 可以通过摄取动物的肝脏、鳕鱼、大比目鱼和鱼油、鸡蛋、肉类、奶及奶制品获得。此外,绿叶菜类、黄色菜类以及水果类,如胡萝卜、豌豆苗、红心甜薯、青椒、菠菜、苜蓿等食物中富含维生素 A 原(胡萝卜素)。

②维生素 B 的主要来源:人体所需的维生素 B 主要有维生素 B_1、维生素 B_2、维生素 B_6、维生素 B_{12}、烟酸、泛酸、叶酸等。这里重点介绍前 4 种维生素的来源。维生素 B_1 主要可以通过摄入豆类、糙米、牛奶、家禽、葵花子仁、花生、瘦猪肉等,以及小麦、小米、玉米、大米等谷类食物来进行补充;通过摄入瘦肉、蛋黄、糙米、小米及绿叶蔬菜、紫菜、香菇、鲜豆、花生等食物可以补充维生素 B_2。牛肝、鸡肝、螃蟹、鳝鱼、小麦胚芽、鸡蛋、乳、奶酪中,也含有丰富的维生素 B_2;维生素 B_6 主要存在于鸡肉、鱼肉、牛奶、酵母、豆类、蛋黄、糙米、绿叶蔬菜、香蕉和坚果类等食物中;人体所需的维生素 B_{12} 主要通过食用动物的肝、肾、肉,以及蛋、鱼、奶等来进行摄取。

③维生素 C 的主要来源:水果、蔬菜等植物性食物中含有大量的维生素 C,例如刺梨、猕猴桃、鲜枣等。此外,苹果、梨、香蕉、柑橘、菜花、草莓、荔枝、白菜、西芹、番茄、莴笋等水果、蔬菜中也同样拥有丰富的维生素 C。

④维生素 D 的主要来源:动物肝脏,特别是海鱼肝脏制成的鱼肝油、鱼肉、蛋黄、奶油等食物中含有丰富的维生素 D。

⑤维生素 E 的主要来源:维生素 E 主要存在于小麦胚芽、大豆、植物油(向日葵籽油、芝麻油、玉米油、橄榄油、花生油、山茶油等)、绿叶蔬菜、猕猴桃、坚果类。瘦肉、乳类、蛋类、鱼肝油中也含有一定的维生素 E。

(三)塑造形体美所需营养素

通过对以上营养素的介绍,可知营养素对人体都有着不可缺少、不可替代的重要作用。然而,没有任何一种食物能具备所有的营养素,我们要吃出健康、吃出健美的形体,就必须科学合理地安排膳食,讲究均衡营养。

在平时的生活中,年轻人还应根据自己的生理特点和心理特点,有目的、有意识地选择一些身体必需的营养素。

1. 骨骼生长所需营养素

青年人都渴望身体高大、体形匀称,身高也已成为当代社会某些职业的必备条件,而优良的"后天"因素,如饮食的调配、锻炼等,可以弥补"先天"遗传因素的不足。因此,如何长得高一些,已越来越多地被人们所关注。骨骼是由有机物和无机盐两部分组成的。

占 1/3 的有机物可以使骨骼具有弹性,而占 2/3 的无机盐使骨骼变得坚硬。两者相结合,使骨骼变得既坚硬,又有韧性和弹性。骨骼要成比例地发展,上下匀称,左右对称,各部分骨架有协调性和整体性。骨的弹性和硬度缺一不可。在青春期,女孩(13~18 岁左右)骨骼发育快,初中阶段可越出男孩。18 岁时,发育趋向尾声,下肢骨骼不再生长。而男孩青春期(15~20 岁)结束时,下肢骨骼仍会继续生长,一般延续到 23 岁左右才逐渐中止,身高随之稳定。

在骨骼迅速发育的时期,需要从饮食中获得足够的新鲜蔬菜、优良的蛋白质、丰富的钙和磷。蛋白质能够转化为有机质骨胶,使骨骼具有一定的弹性。而钙和磷可以使骨骼不断骨化,变得坚硬。最好每天喝一杯牛乳或豆浆,这样可以获得较多的蛋白质和钙。多吃一些动物蛋白或豆制品,还有蔬菜、海带、虾皮、芝麻,还要多晒太阳,因为钙和磷的吸收,离不开维生素 D,而维生素 D 除了在食物中获得以外,还可以通过阳光中的紫外线获得。在此时期,如果以上营养供给不足,就会使骨骼愈合达不到应有的高度,而形成矮小的身材。

2. 肌肉所需营养素

肌肉美是体形美的组成部分,肌肉的健美表现在肌肉、脂肪的比例适度,上下肢的比例和左右发展对称,富有力度感,身体各部位的围度比例适当。肌肉的结缔组织、两端的肌腱、肌膜和数百条各式各样的韧带,大部分或主要部分是由胶质蛋白构成的,因此,在饮食中多获取一些蛋白质,对增进健康和发达肌肉,提高肌肉的质量和体形健美,都有直接关系。此外,还应多增加维生素 B、维生素 C 和维生素 E 以及一些矿物质的摄取量,应多吃一些水果和蔬菜,以帮助尽快消除肌肉疲劳,促进恢复。

3. 皮肤所需营养素

皮肤健美的主要标志是光洁度好、无褶皱、具有弹性。富有光泽、弹性的皮肤,不仅给人以美感,而且是健康的象征。体内如缺少蛋白质和必需的脂肪酸,皮肤就变得粗糙,显得暗淡无光。但是动物性蛋白质不宜过量,因为肉类食物呈酸性,它们能增加血液和体液中的酸度,侵蚀敏感的皮肤表皮细胞,使皮肤逐渐失去弹力和强力,同样变得粗糙、枯黄、没有光泽。而蔬菜、水果中的维生素(维生素 C、维生素 A、维生素 B_1、维生素 B_2 等)和无机物(钙、钾、钠、镁等),能降低血液的酸度,对调节体内酸碱平衡具有不可替代的作用。植物油中的豆油酸、亚麻酸和花生四烯酸,对皮肤的健美也至关重要。补充足够的水分,也是养颜的妙法。每天至少要喝 6~8 杯水,最好是温的白开水,而不是其他各种饮料,尤其是含咖啡因的饮料。这样既有利于排泄毒素,促进新陈代谢及血液循环,还可滋润皮肤,使皮肤变得更加柔润有光泽。值得注

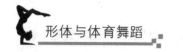

意的是,喝水也需均衡饮用,每次补充水分以60毫升为宜,切忌暴饮。

4. 毛发所需营养素

要想拥有一头乌黑发亮的头发,可多吃一些含优质蛋白质、维生素A和矿物质(铁、铜、碘、硫、锌、钙等)较多的食物,如水果、蔬菜、葵花籽、黄豆、豆芽和鱼肝油等。因为蛋白质是构成头发的基本原料,若蛋白质摄入不足,可以使头发变细,失去光泽,毛根发生萎缩,容易脱落。而维生素A和矿物质是头发生长发育所必需的营养物质,若缺乏维生素A和矿物质,会大大影响头发的数量和质量。黑豆、花生、黑芝麻中含有丰富的胱胺酸、甲硫丁胺酸,是促进头发秀美的营养素。当人们吃糖、脂肪过多时,会使体内酸性代谢物质增多,日久会导致头发变黄,因此,要注意摄入含碱性蛋白、铁、碘的食物,如牛奶、蔬菜、水果等,以减少酸性物质的产生,防止头发变黄。

5. 眼睛所需营养素

"眼睛是心灵的窗口",一双明亮有神的眼睛,会使人风采大增。维生素A不仅对皮肤、头发的健美起着独到的作用,与人的眼睛的健美也密切相关。含维生素A的食物,如动物的肝脏、鱼类、乳类、禽蛋类和胡萝卜、菠菜等,也应成为我们加以选择的食物。

6. 牙齿所需营养素

摄入足够量的钙、磷,还有维生素D_1,是牙齿坚固的基本保证。多吃些含维生素的食物和较硬的食物,细细咀嚼,有利于牙齿的磨炼和面部肌肉的锻炼。粗纤维食品不仅能促进牙齿咀嚼功能的发展,还犹如毛刷一样起到清洁牙齿的作用。

第二节 形体训练的常见运动损伤

一、运动损伤的原因

(一)缺乏运动损伤的知识

在进行形体训练或运动之前,如果不介绍有关运动损伤方面的知识,那么在运动中会忽视可能引起运动损伤的因素,很容易造成损伤;而且在运动损伤之后如不加以总结,会形成恶性循环。在这种情况下,就会影响正常的练习,不仅达不到运动的效果,还会使身心受损。

(二)训练者生理和心理的状态较差

1. 训练者身体素质较差

一方面,刚刚参加锻炼的训练者,这时候肌肉力量薄弱,关节的稳定性较弱,而且分散和吸收冲击力的能力较低,因此易造成运动损伤。

另一方面,柔韧性也与运动损伤有着密切的联系。这是因为:如果柔韧性较差,一旦强烈地拉伸就可能致伤;但是柔韧过度,导致关节的稳定性下降,也容易在运动中发生扭伤。

2.训练者心理状态较差

心理状态与机能水平紧密相连,任何一种形体训练方式的最终目的都是健心和健身两方面。运动之前,情绪不高,思想不集中,机体的反应迟钝。必然容易受伤;在运动中,情绪急躁,急于求成,不顾自身的客观条件,也很容易造成身体损伤。

(三)形体训练安排不当

1.准备活动的问题

准备活动可以降低肌肉的黏滞性,起到热身的作用。在未做准备活动或准备活动不充分的前提下进行运动,肌肉轻微地用力或肢体稍微地伸展都有可能造成损伤;但是也要注意到,准备活动的运动量太大易导致机体疲劳,疲惫的机体在进行后面的练习时,由于力量、协调机能均下降,也会引起运动损伤。

2.动作设计的问题

动作的设计包括动作的选择和动作的编排两个方面:在动作的选择中,连续的高冲击力动作使得无论是运动系统、呼吸系统还是神经系统都很快产生疲劳而造成损伤的发生;在动作的编排上,突然的方向变化既有悖于解剖系统的功能,又使神经中枢长时间处于兴奋状态,从而提高损伤发生的可能性。

3.组织方法的问题

在组织教学方面,如果没有充分认识到不同年龄、性别的学生,其解剖、生理、心理特点不同,也没有认识到即使年龄、性别相同,个体之间在身体发育、健康状况及身体素质、运动能力及技术水平方面也存在着大的差异,而是千篇一律对待,便易发生运动损伤。

(四)运动器具、场地设施及运动服装

使用运动器具前,要仔细检查,场地设施应经常维修。在形体训练时,在选择服装、鞋袜及装备时要注意尺码、类型是否合适。例如,选择运动鞋,必须配合不同的运动而做出适当的选择。

二、运动损伤的预防

(一)形体损伤预防的意义

参加形体训练不仅可以增强体质,提高健康水平,还可以保持很好的身材。但是,在形体

训练时,如果不重视运动损伤的预防工作,不采取积极的预防措施,就可能发生各种伤害事故,轻者影响学习和工作,重者则造成终身残疾甚至危及生命,对个人、家庭和社会都会带来不应有的损失。

因此,积极预防运动损伤对推动全民健身运动、形体训练都具有重要的意义。

(二)预防形体损伤的方法

(1)学习预防运动损伤的技术与理论,积极开展形体运动损伤的宣传教育工作。

(2)使用适当和慢节奏的热身方法,走、踏步、慢速跑跳、伸展等,选择合适的运动鞋、护腕、护膝等。

(3)保持有氧运动和无氧运动的锻炼均衡,同时参加一些力量和柔韧练习能有效地防止受伤。

(4)根据自己的身体及时调整运动,如果在某部位运动产生酸痛,可以考虑减轻运动或停止运动。

(5)加强身体的全面训练,有利于提高机体对运动的适应能力。

(6)合理安排一节课的运动负荷,合理安排练习内容。

(7)加强医务监督,建立和健全自我监督意识,使训练者学会运动损伤的治疗方法和预防措施,学会自我保护。

(8)要注意场地设备条件及周围环境,调整形体训练者的心理状态,听取他人的建议。

三、常见运动损伤及处理

在形体训练中发生的常见运动损伤主要有以下几种。

(一)擦伤

1. 概念

擦伤就是皮肤受外力摩擦所致的皮肤出血或组织液渗出。按损伤面积的大小,擦伤可分为小面积擦伤和较大面积擦伤。

2. 处理方法

小面积擦伤处理方法:发生表皮擦伤时,可用碘酒或碘伏局部涂擦,不需包扎。如果是关节及其附近的擦伤,则在局部消毒后,再涂以消炎软膏,以免局部干裂而影响运动。另外,要注意运动卫生,以免感染而致伤情加重。

较大面积擦伤处理方法:先应以生理盐水或0.05%的新洁尔灭溶液清洗创面,然后进行局部消毒。最后盖以消毒凡士林纱布和敷料,并包扎。如有需要,可加服抗生素预防感染。

(二)拉伤

1. 概念

拉伤是指由于外力的作用,肌肉过度主动收缩或被动拉长致伤。拉伤的原因有很多种,如运动前的准备活动不充分,动作不协调,训练方法不得当等。发生拉伤后,伤处会出现肿胀、压痛、肌肉痉挛等症状,诊断时可摸到硬块,肌肉断裂是比较严重的拉伤,要给予及时的治疗和处理。

2. 处理方法

拉伤轻者可立即冷敷,局部加压包扎,抬高患肢。24 小时后可实施按摩或理疗。病情严重者急救后,应立即送医院治疗。

(三)挫伤

1. 概念

挫伤是指在钝器直接作用下,人体皮肤或皮肤下组织所受的伤,如运动时相互冲撞、踢打所致的伤。挫伤以四肢多见,可伴有功能障碍。发生挫伤后会出现局部青紫,皮下淤血肿胀、疼痛的现象。严重者可发生肌肉断裂、骨折、失血、内脏损伤和脑震荡等。

2. 处理方法

单纯性挫伤在局部冷敷后外敷新伤药,加压包扎、抬高患肢。有肌肉、肌腱断裂者,应将肢体包扎固定后,送医院治疗。头部、躯干挫伤导致休克症状出现者应首先进行抗休克处理方法,保温、止痛、止血、矫正休克后,立即送医院治疗。

(四)踝关节扭伤

1. 概念

踝关节扭伤属于关节韧带损伤,在运动训练中最为常见。造成踝关节扭伤的原因是踝关节过度内翻或外翻而导致的踝关节内、外侧韧带受损。发生扭伤时,伤者伤处疼痛、肿胀,韧带损伤处有明显压痛,皮有下淤血。

2. 处理方法

暂停运动,冷敷,加压包扎,抬高患肢。24 小时后可以进行热敷和按摩。严重的扭伤或怀疑有韧带撕裂时应及时求医。

（五）肘关节损伤

1. 概念

肘关节损伤是由于运动技术不合理、运动方法不得当而发生的损伤。要避免肘关节损伤的发生，就必须做好准备活动和整理活动，加强保护。

2. 处理方法

（1）急性肘关节损伤，要对伤肘进行特殊处理，要进行适当的休息制动，以促进恢复。

（2）损伤发生后，可以局部冷敷，加压包扎，外敷新伤药。24小时之后，可进行理疗、按摩、外敷中药。

（3）可采取局部封闭注射肾上腺皮质激素类药物的方法，对慢性伤者，应以理疗、按摩、针灸治疗为主。

（4）对有肌肉韧带断裂或伴有撕脱骨折者，宜进行手术缝合。

（5）发生急性损伤后，在治疗期间要禁止参加大强度的运动训练，以免加重损伤或出现新的损伤。

（6）经过一定的处理后，如果伤者损伤部位没有疼痛，即可进行运动，但需要注意的是，要合理地安排运动的负荷量与强度，负荷量与强度要逐渐增加。

（7）伤者在练习与康复时，要佩戴必要的保护装置，如护肘、弹力绷带等，以免加重机体的负担，造成其他的运动损伤。

（六）肌肉拉伤

1. 概念

肌肉拉伤是指在外力直接或间接作用下，使肌肉过度主动收缩或被动拉长所致的肌肉纤维损伤或断裂。发生肌肉拉伤时，会出现疼痛、压痛、肿胀、肌肉紧张、发硬、痉挛等症状。其中，有些损伤还伴有闪痛、撕裂样感，肿胀明显及皮下淤血严重，触摸局部有凹陷及一端异常隆起者，可能为肌肉断裂。

2. 处理方法

伤势轻者可停止训练，立即休息，抬高患肢，局部冷敷并加压包扎。疼痛严重者，可酌情给止痛药。24小时后进行理疗和按摩，对于肌肉断裂患者，应加压包扎并立即送往医院处理。

（七）肩袖损伤

1. 概念

肩袖损伤是指肩袖肌腱或合并肩峰下滑囊的损伤性炎症病变。发生肩袖损伤时，肩外展会感到疼痛,有时会向上臂、颈部放射。肩外展或伴内、外旋时,疼痛加重,压痛局限于肩峰与肱骨大结节之间。肩袖损伤可分为急性损伤和慢性损伤,急性损伤期间常伴有三角肌痉挛疼痛,慢性损伤期间继发三角肌萎缩乏力。

2. 处理方法

损伤发生后,可适当进行休息、调整,可采用物理治疗、针灸、按摩等方法治疗。除此之外,还可活动运拉肩关节和上肢,以促进恢复。如果发生肌腱断裂,则要立即就医。

(八)髌骨劳损

1. 概念

髌骨具有保护股骨关节面、维护关节外形和传递股四头肌力量的作用,是维护膝关节正常功能的主要结构。髌骨劳损一般是膝关节长期负担过重或反复损伤积累而成的。髌骨劳损是膝关节酸软疼痛,髌骨压迫痛,单足半蹲的时候有痛感。少数患者因长期膝关节疼痛不敢用力而肌肉萎缩或有少许关节积液。

2. 处理方法

采用按摩、中药外敷、针灸等方法;加强膝关节肌群力量练习,比如采用高位静力半蹲,每次保持3~5分钟即可,每日进行1~2次。

(九)腰部扭伤

1. 概念

腰部扭伤是腰部软组织的损伤。有明确的外伤史,伤后立即或一两日后发生腰痛,为急性腰部扭伤,亦称"闪腰"。肌肉轻度扭伤后疼痛显著,脊柱不能伸直;因肌痉挛而引起脊柱生理曲线改变者为较重的扭伤。如是棘上韧带与棘间韧带扭伤,则受伤当时感到局部突然撕裂样疼痛,过度前弯腰时疼痛加重,腰伸展时疼痛较轻,棘突上或棘突之间有局限而表浅的明显压痛点。若是筋膜破裂,则多发生在骶棘肌鞘部和髂嵴上、下缘,伤处有明显的压痛点,弯腰和腰扭转时疼痛较重,腰伸展时疼痛较轻。如果是小关节交锁,受伤当时即有腰部剧烈疼痛;呈保护性强迫体位,不敢做任何活动,亦惧怕任何搬动,尤其不能做腰后伸活动,疼痛位置较深,不易触到压痛点,但叩击伤处可引起震动性剧烈疼痛。

2. 处理方法

(1)休息。可仰卧于垫子或木板床上休息,腰部垫一薄枕以便放松腰肌,活动时要避免受伤组织受到牵拉。轻度扭伤可休息2~3天,较重扭伤需休息一周左右。

(2)按摩。穴位按摩。取人中、扭伤、肾俞、大肠俞、委中等穴,手法强度应使病人有较强的酸麻胀感为宜。

(3)其他疗法。如外贴活络止痛膏,内服活络止痛药,火罐疗法、针灸疗法、局部注射强的松龙、理疗等。

(十)关节脱位

1. 概念

运动中,因受外力作用,使关节失去正常的连接关系叫关节脱位,又称脱臼。发生关节脱位时,伤者会感到剧烈疼痛,关节周围出现显著肿胀,关节功能丧失。有时还发生肌肉痉挛,严重时会出现休克。

2. 处理方法

发生关节脱位后,切不可随意做复位动作,以免加重伤情。用夹板或三角巾固定伤肢,并尽快送医院治疗。

第三节 形体训练的疲劳与恢复

一、形体训练疲劳的产生

(1)疲劳与人体各器官系统功能的降低及能源物质减少有极大的关系。生理学家早年的实验及近年的研究表明,疲劳时血糖有所下降,能源物质消耗加剧,各器官系统的功能在长时间剧烈活动中可能由于代谢产物堆积,氧及能量供应不足,出汗使水、盐平衡失调等导致生理功能降低,无疑是造成疲劳的重要因素。

(2)疲劳与运动能力和身体素质变化有关。人体的运动能力和身体素质与各器官系统的功能有着极大的关系。各器官功能下降,一定会影响运动能力与素质水平。如力量练习,由于力量素质在重负荷后有所降低,以致在完成规定练习时就觉得疲劳而力不从心;在耐力训练中,由于心肺器官疲劳而使有氧耐力下降,因而在承受耐力训练时很容易产生疲劳。

(3)疲劳与精神意志因素的变化有关。人体神经系统是协调、调节各器官功能的指挥中枢。精神意志因素首先直接影响脑细胞的兴奋水平,进而影响神经系统对各器官的调节及各器官系统功能的充分发挥,同时它还和疲劳感密切相关。一般会出现这样的情况:在精神饱满、情绪兴奋时,身体虽然有一定程度的疲劳,但自我感觉精力充沛,各器官功能的潜力得以充分调动;精神萎靡、情绪低落时,身体并不十分疲劳,但却感到筋疲力尽。

(4)过度训练。过度训练的主要症状是机体机能失调,中枢神经系统的兴奋和抑制之间的平衡遭到破坏,导致过度兴奋或过度抑制。

二、形体训练疲劳的分类

形体训练疲劳根据运动方式不同、产生部位不同、产生机制不同,可以分为很多种。对疲劳的种种划分,并不是说存在多种实质性完全不同的疲劳。人们会采用不同的划分方法,主要是为了帮助大家从不同的侧面更好地了解疲劳问题,利于掌握疲劳的有关知识。其主要分类方法有以下几种。

(一)按疲劳发生的部位划分

按照这个方法可分为脑力疲劳和体力疲劳。而在女性形体训练中,体力疲劳(身体疲劳)和脑力疲劳(心理疲劳)是密切相关的。

(1)脑力疲劳是由于运动刺激使大脑皮层细胞工作能力下降,大脑皮层出现广泛性抑制而产生的疲劳。例如,在周期性耐力运动过程中,由于运动时的单调刺激,在体力尚未明显下降时,大脑细胞的工作能力已经开始下降,并引起整个身体机能下降。脑力疲劳往往同时伴有心理疲劳。

(2)体力疲劳是由于从事身体训练使身体工作能力下降而产生的疲劳。在形体训练中,体力疲劳十分普遍。例如,剧烈运动后出现的周身乏力、工作能力下降等均属于体力疲劳症状。

(二)按身体的整体和局部划分

按照这种方法可分为整体(全身)疲劳和局部(器官)疲劳。

(1)整体疲劳是由于全身运动使全身各系统机能下降而导致的疲劳。

(2)局部疲劳是以身体某一局部进行运动使该局部器官机能下降而导致的疲劳。例如,前臂负重屈伸运动可以造成前臂肌肉力量下降、负重深蹲则导致下肢肌肉群疲劳等。

整体疲劳和局部疲劳存在着紧密关系。通常来说,局部疲劳可发展为整体疲劳,而整体疲劳往往包含着某一系统为主的局部疲劳。

(三)按身体各系统划分

(1)骨骼肌疲劳是由于运动引起的骨骼肌机能下降。例如,力量训练后肌肉收缩力下降、肌肉僵硬、肌肉酸痛等。在形体训练中骨骼肌疲劳最为常见。

(2)心血管疲劳是由于运动引起的心脏、血管系统及其调节机能下降。疲劳时表现为:心率恢复速度减慢、血压升高、心脏射出的血液减少。

(3)呼吸系统疲劳是由运动引起的呼吸机能下降等。呼吸系统疲劳一般在运动中并不常见,多出现在长时间运动或憋气用力后,并伴随着心血管系统疲劳。例如,剧烈运动时呼吸表浅、胸闷、喘不过气、肺功能下降等。

(四)按运动方式划分

(1)快速疲劳是指由于短时间、剧烈运动引起的身体机能下降。例如,100米跑和400米跑

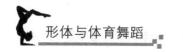

在不足10秒和1分钟的时间内就可以造成机体极度疲劳。快速疲劳产生快,消除也相对较快。

(2)耐力疲劳是指由于小强度、长时间运动引起的身体机能下降。例如,形体舞蹈、长距离游泳等可产生耐力疲劳。耐力疲劳发生较为缓慢,但恢复时间也相对较长。

通过主观感觉判定疲劳

通过观察自己的面色、精神和运动能力等变化可大致判断疲劳的发展。疲劳时常常表现为:面色苍白、目光呆滞、表情淡漠、情绪改变(易于激动或趋于消沉)。同时,运动能力出现进行性的下降。在疲劳初期和中期,动作幅度和协调性下降,易出现错误,但通过意志努力仍可以维持正常运动。当疲劳加深时,已经难以用意志和努力来克服了,甚至已牢固掌握的动作也不能准确完成。

三、消除形体训练疲劳的方法

疲劳是一种生理现象,也是承载了运动负荷的标志。从某种意义上说,形体训练是以疲劳为媒介而不断提高身体机能水平的。所以,没有疲劳的训练是无效的训练,没有恢复的训练是危险的训练。大量的研究证明,在运动训练中,恢复与训练同等重要,忽视任何一个方面都不会取得好的成绩。如果不重视训练后的恢复,训练后的疲劳不能及时消除,日积月累,必然会使受训者的身体受到伤害,甚至会发生伤病。因此,运动后要及时消除疲劳,恢复体力,才可以有效地提高机体的功能水平。

(一)整理活动

整理活动是消除疲劳、促进体力恢复的一种十分有效的方法;剧烈运动后进行整理活动,可以促进心血管系统和呼吸系统仍保持在较高水平,有利于乳酸的排除;同时让肌肉及时得到放松,可以避免由于局部循环障碍而影响代谢过程及所导致的恢复过程延长。

(二)静止性休息——睡眠

形体训练中能源物质大量被消耗,身体机能出现明显下降,运动导致身体疲劳之后,保证良好而充足的睡眠是使身体疲劳尽快消除并得到恢复的重要方式。因为睡眠时人体各器官、系统活动下降到最低水平,物质代谢减弱,能量消耗仅维持基础代谢水平,这时的合成代谢有所加强,在运动时消耗的能源物质逐渐得以恢复。同时,睡眠对大脑皮质细胞来说也是一种保护。大脑皮质细胞较脆弱,很易因长期兴奋而产生过度消耗。睡眠能防止大脑皮质细胞机能过度消耗,同时还能促进人体器官机能恢复。此外,当身体劳累之后,坐下或躺下休息也有助于疲劳的消除。可见,运动后要保证足够的睡眠,但是睡眠时间要比不运动时的睡眠时间长,否则就会出现虽然运动很努力,却收效甚微的情况。

(三)积极性休息——适宜运动

当局部肢体疲劳之后,通过另一部分肢体肌肉的适当活动来加速已经疲劳肌肉的体力恢复,称为活动性休息。后来很多的生理实验研究进一步证实,当局部疲劳之后,可以利用另一些没有疲劳的肌肉的适当活动促进全身代谢过程,缓解身体的疲劳。这是因为体内消除疲劳的主要承担者是血液循环。血液循环可以补充氧气及其他营养物质并排除废物,而积极性消除疲劳的方法就是积极促进重点转换部位的血液循环。疲劳后的放松活动、按摩、沐浴等都属于积极性消除疲劳的方式,可以达到活动性休息的目的。此外,为积极性休息安排的练习活动,强度应小,时间应短,这样在神经细胞内产生的兴奋才可以集中,对疲劳的神经细胞方可以起到负诱导作用,使后者抑制加深,并促进恢复。由于静止性休息和积极性休息对消除疲劳都有良好的效果,因此将这两种方法结合起来进行。在保证睡眠的情况下,采用积极性休息效果会更加好。

(四)合理补充营养

形体训练出现疲劳的原因之一,就是能源物质的大量消耗,因而只有适当地补充营养,才有利于机体的恢复。

糖是人体运动的基本能源物质。肌糖原储量多少直接影响运动能力,因此应重视糖的补充。吃果糖对肝糖原的恢复速度大于吃葡萄糖。

蛋白质是一切细胞和组织结构的重要成分,是生命的物质基础,在训练时应注意蛋白质的补充,特别是必须有氨基酸的补充。

大强度运动中,由于产生乳酸等代谢产物,使肌肉中的pH值下降,造成肌肉疲劳。因此形体训练之后适当地补充碱性盐类,可以提高训练者耐乳酸的能力,提高负氧债的能力。常用的碱性盐的使用方法是:碳酸氢钠0.2~0.3克/千克体重,运动前30~60分钟加在足够的水或饮料中使用;磷酸盐能够提高运动员的运动能力,促进训练后恢复,可以在赛前3~4天食用磷酸钠,每次1克,1天4次,最后一次要在赛前2~3小时服用。

当维生素缺乏时,会影响训练者的运动能力,因此还要注意维生素的补充,尤其是维生素B_1、维生素B_2、维生素B_6、维生素C、维生素E的补充,但达到每日的推荐量即可,不必用量过大,以免产生毒性作用。

人体内的微量元素含量极少,仅占体重的0.05‰~0.1‰,但微量元素是维生素和酶的必需因子,构成某些激素,并参与激素的作用,影响蛋白质和核酸的代谢与合成。训练者常用的微量元素补充剂为施尔康,每日服1~2粒。

强壮食品及复方中药目前也被广泛应用,例如蜂蜜、人参蜂王浆、花粉、麦芽油、阿胶、鹿茸、中华鳖精、刺五加、复方丹参、田七、冬麦、枸杞子、紫河车、女贞子、何首乌等均被较多训练者应用。

(五)心理调节

1. 自我暗示

这是一种心理学恢复的方法。通过调节大脑皮质的机能,达到消除疲劳的目的。还可以结合健康气功进行自我调节,通常采用三线放松法。

2.音乐疗法

音乐能使中枢神经系统的疲劳得到缓解,可以调节呼吸、循环系统功能,对骨骼肌能产生影响。有镇静、镇痛、增强记忆力、改善注意力的作用。选曲要根据运动者的情绪选择合适的音乐,还应考虑到个人的文化素质和对音乐的欣赏能力。

值得注意的是,单独采用以上任何一种方法消除运动疲劳,其效果都不够理想。必须根据个人的具体情况,加以综合运用,才可以获得好的消除疲劳的效果。

(六)消除肌肉迟发性酸痛的持续静力牵张练习

静力牵张练习能缓解运动后迟发性肌肉酸痛和肌肉僵硬,使肌肉放松,并可以加强骨骼肌蛋白质的合成过程,促进骨骼肌变化的恢复。

静力牵张伸展练习要以静为主,动静结合。开始进行静力牵张伸展练习时,伸展动作的速度比较缓慢,伸展幅度应适当。牵张练习持续时间约1分钟左右,间歇1分钟,重复2~3次为1组。牵张时间的长短、重复组数的多少,以及每天进行牵张练习的次数,可以根据负荷大小而定。静力牵张伸展练习最好在主项训练结束后立即进行。牵张后可以适当配合揉捏、抖动等按摩手法,有利于消除牵张引起的不适感。

(七)沐浴

沐浴是最简单的消除疲劳的一种方法。如果水温适宜,它可以加速人体新陈代谢,调节机体,使机体兴奋。人体疲劳时还常常表现为肌肉酸痛,而温水浴对副交感神经产生刺激,可以起到镇静作用。当然,每个人对水温的适应能力不同,通常来说,能忍受温度高些的热水浴,则更能降低血液中的乳酸浓度,但入浴时间过长,水的温度过高,反而会因消耗大而导致疲劳,因此要根据自己的具体情况,进行适当控制。另外,水的浮力作用还可以使身体变轻,对缓解肌肉紧张程度也有一定的效果。

(八)吸氧及空气负离子疗法

吸氧能促进新陈代谢,改善微循环,有助于消除疲劳。如果有条件,在大运动量训练后采用高压氧治疗,对消除疲劳有明显效果。空气负离子可以改善肺的换气功能,增加氧吸收量和二氧化碳排出量,改善大脑机能,刺激造血机能,使红血球、血红蛋白、血小板增加,血流速度加快,心搏输出量加大,扩张毛细血管,加速乳酸的代谢,所以有助于疲劳的消除。

知识拓展

空气负离子是一种带负电荷的空气微粒,它像食物中的维生素一样,对人的生命活动有着很重要的影响,所以有人称其为"空气维生素"。因此,科学界从18世纪就开始了对负离子的研究。到20世纪末加快了研究步伐。对负离子的作用有了新的认识。人工生成负离子技术已经成功用于环保、医疗和保健,并取得了较好的效果,现在负离子备受国人青睐。

第三章　形体训练的教学指导

> 形体训练是一种有利于人的身体形态养成与保持优美状态的训练方法。因此,形体训练得到了众多人士的重视,它不仅单独成为一种身体形态养成的训练手段,同时还是许多富含艺术性的体育项目的基础练习项目之一。为了方便对形体训练的学习,本章就对其教学指导理论进行深入的研究,具体包括形体训练的教学原则、教学方法和教学要求。

第一节　形体训练的教学原则

一、培养良好形态原则

形体训练的重要目标就是为了培养出人体优雅的形态。因此,这就成为形态训练的首要原则,即进行形体训练时,要以有效培养良好形态为准则。如果形体训练脱离了这个基本原则,那么它存在的意义便失去了。

秉承着这一原则,训练时对于形态控制效果好和具有实用意义的基本体操、基本功的训练,要在各训练段反复出现,逐步提高;对技术性较强的内容,要考虑训练本身的技术体系,又要有利于良好形态的保持,特别是对发展形体素质有利的训练内容要坚持每次训练都要安排。

二、理论与实践相结合原则

理论指导实践,实践反作用于理论。形体训练是一项实践性练习,对其教学理论的研究有助于日后开展形体训练的指导工作,同时这也有利于练习者更好地学习训练方法。因此,理论与实践相结合原则也就成为形体训练具体方法上的指导原则。

形体训练以培养良好形态的身体练习为主要特征,但也必须重视形体训练基础知识的学习。练习者只有初步掌握和确立良好形态的原理和方法,并运用人体相关的知识,指导自己以提高保持良好身体形态的能力,才能够在具体的训练中把每一个动作做到位,这样才会有锻炼效果,达成进行形体训练的目的。

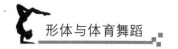

三、循序渐进原则

对待运动实践类的项目学习,一定要秉承循序渐进的原则。一味地揠苗助长和拔高式的教学不仅收不到预期的效果,反而还会对练习者基本功的夯实和日后的提高不利。另外,参加形体训练与其他很多健身运动一样,要有恰当的生理和心理负荷量,没有生理和心理负荷量,锻炼绝对不会有效果。

循序渐进就是在体育训练过程中要按照规律,注重一定的顺序,逐步地、有次序地安排训练的运动负荷和相关体育技能的学习,并注重按由小到大、由易到难、由浅入深的合理顺序进行安排,切不可操之过急。在训练过程中,操之过急和欲速则不达是经常出现的问题。参加训练的人们往往对体育训练的期望值过高,总是指望一投入训练就能立竿见影,取得明显的锻炼效果;而在运动技能的学习中,则是急于求成,期望一学即会,一会就能熟练地掌握和运用相关技能。这些急功近利的思想和行为的存在和发生,严重影响和挫伤着人们的训练兴趣、热情和参与程度。因此在训练过程中,要针对上述存在的问题,遵守客观规律,科学地进行体育训练。

四、全面锻炼原则

形体训练是一种全面提升并保持人体优美状态的运动方式,与之相关的所有练习几乎涉及所有身体部位。因此,在选择形体训练的内容时,只有坚持身体全面锻炼,然后再练习不足的部分,才能达到全身肌肉有弹性,发展匀称、丰满,内脏器官机能旺盛这一目的。这对于追求保持身体形态美的练习者是非常重要的。

然而在现实中,经常能够看到有些练习者片面地着重练习某单一部分肌肉群,如男性过于重视对上肢形态的锻炼;女性过于重视对腰腹与下肢形态的锻炼。总的来看,这是一种不科学的形体训练方式。因为对于身体某部位的锻炼并不能达到从整体上提升人的气质、体形的作用,也达不到消耗其脂肪,促进肌肉全面发展的目的。所以,在参加形体训练时必须遵从全面锻炼的原则。

不坚持全面锻炼性原则,不仅不能塑形,还有可能丑化人的形体。如只练上肢而不练下肢,就会导致头重脚轻,只练下肢而不练上肢就会造成上细下粗,这并不是形体美的标准。全面性原则具体来说就是要做到以下几点。

(1)动力性和静力性练习相结合。
(2)大肌肉群与小肌肉群相结合。
(3)全身与局部的练习相结合,要针对身体某部位进行强化训练;又要兼顾身体的全面发展。
(4)力量与速度、耐力、协调、柔韧等素质练习相结合。
(5)负重练习与徒手练习相结合。
(6)无氧运动与有氧运动相结合。

五、适宜负荷原则

参加形体训练要有恰当的生理和心理负荷量。训练的效果如何,很大程度上取决于对运动的刺激强度,太弱的刺激不能引起机体功能的变化,过强的刺激不仅不能增强体质,改善体型,相反还会损害健康。因为身体由弱变强,由丑变美,急于求成是办不到的。因此在内容的选择上,要注意由少到多,动作节奏由慢到快,负荷由小到大,并根据实际情况,循序渐进,只有这样遵循人体发展和适应环境的基本规律,逐渐提高,才能有效地训练体型。

六、针对性原则

在形体训练内容层次上应与练习者年龄阶段的心理和生理发展的规律、身体素质、形态控制能力发展的现状和要求相适应。确定形体训练内容要注重系统性,逐步提高形体素质和技能要求,同时也要注重形体科学发展的新内容。

七、多样性原则

形体的身体素质练习是艰苦的,训练时会疲劳,并且,形体训练的目标也不是短时间内能够达到的,如果形体训练的内容过于单一、枯燥,就很容易让人放弃练习。

形体训练目的明确、美体观念强的人,会自己在形体训练的苦中找乐,但自控能力差的人就很难坚持下去,因此只有坚持通过采用多种的形体训练内容和方法进行训练,充分调动和激发练习者的兴趣,培养其积极主动的参与心理,才能克服由于训练内容的单调、枯燥和一定的难度对良好身体形态的确立和保持造成的影响。

八、科学性原则

形体训练的效果怎样,有没有效果,就看有没有科学地坚持进行形体训练。因此,形体训练的科学性原则必须坚持。

在形体训练中,坚持科学的训练方法不仅可以让锻炼达到最佳效果,而且不会因为训练方法的错误造成负面的影响。在训练中,不科学地进行练习,比如针对某一部位进行反复练习,就有可能造成这一部位的疲劳与损伤,更有可能使这一部位与其他部位的发展出现不平衡,不仅不能塑形,反而会影响美观。

九、思想性原则

一般来说,形体训练是想拥有优美的身姿、良好的体态。形体训练的确也能帮助练习者达到目的,但是,这不是一朝一夕能够达到的,需要长时间地、规律地、科学地进行形体训练。形体训练的开始是很难看到明显效果的。如果没有做好长时间坚持形体训练练习的心理准备,兴趣来了就练两下,兴趣一走就放下练习,这是达不到塑造良好形体的效果的。

对于形体训练,不仅要有长期练习的思想准备,而且要有良好心态来对待。因此,思想性原则是很重要的,可以说,思想性原则虽然不是形体训练的首要原则,但必然是坚持形体训练的首要原则。

形体与体育舞蹈

第二节 形体训练的教学方法

形体训练并不是简单地摆出几个优美造型,实际上它拥有一套非常完整的练习体系,拥有严谨的教学步骤和多样的练习方法。良好的练习方法有助于练习者顺利掌握形体训练的学练方法,本节就主要阐述几种常见的和现代新型的形体训练教学方法。

一、常见教学方法

(一)语言法

体育教学中运用各种形式的语言,指导练习者掌握学习内容,进行练习的方法是语言法。其能同时向许多练习者传递有关信息,正确运用语言法能启发练习者的思维,形成正确的认知,促进练习者运动技能的形成,培养练习者分析问题与解决问题的能力,激发练习者学习锻炼的积极性,活跃课堂气氛,融洽师生关系。语言法在形体训练中非常实用。语言法主要包括讲解法、口令与指示、口头评价、口头汇报、默念与自我暗示。

1. 讲解法

讲解法是形体训练中运用最为普遍的语言法形式,它是指教师将教学的任务、内容、要求、动作名称、动作要领等用语言向练习者说明,从而进行教学的一种方法。讲解法在理论教学、思想教育和技术教学中都起着重要的作用。实际教学中教师运用语言启发练习者积极思维,加深对教材内容的理解,是促进练习者对技术、技能掌握的基本方法。讲解的科学性和艺术性非常重要,在很大程度上影响着教学效果,是教师教学水平的一个重要标志。在教学过程中要不断进行经验总结,在语言表达上精益求精是教师需做的工作。形体训练中,讲解法的运用有以下几点需要注意。

(1)注意讲解要明确目的。体育教学中教师的讲解必须根据教学目标、教学内容、练习者特点来具体选择讲解内容、讲解方式、讲解的速度、讲解的语气,抓住重点与难点,有目的、有针对性地讲解。

(2)注意讲解要系统逻辑。系统性和逻辑性是运用讲解法需要重点注意的。这就要求体育教学中教师讲解的内容必须科学、全面、完整,注重新旧知识的有机联系。教学大纲的要求和教材的特点以及练习者的认知规律都是讲解法运用时需要考虑的因素,讲解时要从简到繁,由浅入深。技术动作讲解要注意顺序性,一般按照动作形式→用力顺序→动作幅度、衔接和速度→原理依据→动作节奏等的顺序进行。此外,讲解时动作的过程、身体各个部分的位置以及运动方式等还必须用专业术语来描述。

(3)注意讲解要具有启发性。讲解的启发性要求教师在讲解时运用的语言要具有启发性,让练习者分析问题时充分利用自身的知识和经验,自觉地解决技术中存在的错误,使其对技动作的理解得到加深,自觉学习的积极性得到调动。在提问时,老师的语言要深入浅出,从而使练习者对技术要求知其然,并知其所以然,起到事半功倍的效果。

(4)注意讲解要简明生动。简明生动也是运用讲解法需要注意的问题。运动技术具有鲜明的动作性,教师要善于借助练习者在生活中已经接触过的事物或已经学过的运动技术,与所学运动技术产生联系,帮助练习者更好地理解动作。另外,在运动技能教学中,要抓住重点,简洁明了地讲解所学内容。

(5)注意讲解的时机和效果。运用讲解法时还要把握住有利时机,只有抓住最有利的讲解时机,才能最大限度地帮助练习者快速准确地掌握动作要领,这就要求讲解要及时。在刚学习某一形体训练项目动作时,应该详细讲解分析技术的动作要点,因为此时练习者对技术还不了解。等练习者基本掌握了技术后,则应以精讲为主,讲解要针对错误进行,留更多的时间让练习者自己去练习和改正错误。细致观察和准确分析是教师把握讲解时机必需的素质,抓住了问题所在,并加以及时讲解,自然会有好的效果。

(6)注意讲解与示范结合。讲解还要注意与示范相结合。示范主要展示动作的外部形象,讲解则能反映技术的内在要求,讲解和示范是相互补充的。正确的动作示范配以生动形象的讲解,能够引导练习者把直观感觉和理性思维很好地结合起来,达到更好的教学效果。

2. 口令与指示

口令是有一定的形式和顺序,有确定的内容,并以命令的方式指导练习者活动的语言方式。在形体训练中,口令的运用应做到洪亮、准确、清晰、及时,并注意根据人数、队形、内容、对象等特点控制声音的大小、节奏的快慢等。

指示是运用比较简明的语言,组织指导练习者活动的语言方式。口头指示一是在组织教学中运用,如布置场地、收拾器材;二是在练习者练习未能意识到的、关键的动作时用简洁的语言提示出来,口头指示应准确、及时、简洁,尽量用正面词。

3. 口头评价

口头评价是指形体训练过程中,教师按一定的标准、要求,口头给练习者进行一定评价的方法。口头评价运用很广泛,是教师对练习者掌握知识、技术、技能的情况和思想作风等方面表现的一种反馈。在运用口头评价时应注意几点,如坚持以正面鼓励评价为主;否定的评价要注意分寸与口气;要能指明努力方向,提供改进提高的方法。

4. 口头汇报

口头汇报是教师要求练习者根据教学目标和自身的体验,简明扼要地说明自己的见解、想法的语言方式。形体训练中运用口头汇报时,应注意提问的内容、时机、方式,并在事前做好相关的准备。

5. 默念与自我暗示

默念是练习者在形体训练实际练习前,通过无声语言重现整个动作或动作的某些部分的过程、重点、时空特征,以提高练习效果的语言方式。自我暗示是指在练习过程中,暗自默念技

术动作的关键字句,自我调控练习过程的语言方式。

(二)直观法

体育教学中教师通过实际的演示或外力帮助,借助练习者的视觉、听觉、触觉、肌肉本体感觉器官来直接感知动作的方法便是直观法。直观法也是形体训练运动教学的常用方法。在形体训练中,常用的直观法的具体方式有:动作示范、直观教具与模型演示、电影、电视、幻灯、投影、录像、定向与领先、助力与阻力等。

1.动作示范

动作示范指教师(或练习者)以具体动作为范例,使练习者了解所要学习的动作规范、结构、要领和方法,其在形体训练中运用得非常普遍。动作示范具有简便灵活、真实感强、针对性高的优点。教学中教师应经常研究探讨,不断提高动作示范的质量。具体运用动作示范法时,应注意以下几个方面的问题。

(1)要有明确的目的。运用示范时,教师一定要有明确的目的,并注意结合教学内容、练习者特点、客观条件等,选择动作示范的次数、速度、位置、方向、示范与讲解结合的方式。

(2)重点和难点要突出。形体训练的示范教学过程中,各技术动作的重难点及关键必须得到鲜明的展示,并以简明扼要的讲解作为辅助,这样就使练习者对动作的要点和关键的掌握更加清楚,也能顺利解决其他问题,动作的学习也能更顺利地完成。

(3)动作示范的位置要合理。形体训练过程中应根据练习者队形和方位,示范动作的技术特点及安全要求,合理而准确地选择示范位置,如果示范的位置选择不当,则会影响部分练习者的观察和模仿,进而形成错误的动作概念,影响教学效果。

(4)动作示范要准确优美。动作示范的准确优美与否直接关系到教学效果的好坏。优美的示范可对练习者产生巨大的吸引力和诱导性,为学习创造良好的心理与生理条件,加快运动条件反射的建立。另外,示范动作必须层次清楚,基本动作、慢动作、分解动作环环相扣,循序渐进。

(5)动作示范的时间要科学。形体训练中,何时进行动作示范可以根据教学对象和动作的难易来决定。有的可以先示范,后讲解,再练习;有的可以先讲解,后示范,再练习;也有的可以先练习,再示范讲解;或者也可以边练习边讲解示范。动作示范的时机掌握应该依据不同的教学内容来选择。

(6)动作示范要正误对比。教师在进行正确技术示范后,可以形象地模拟一下常见的或典型的错误动作,这样可以使练习者在学习新动作时,更清楚地建立动作概念,预防错误动作的发生,在纠正错误动作时,明确自己的错误所在。通过鲜明的对比,练习者对正确技术和错误动作都会有更明确的认识。

2.直观教具与模型演示

直观教具与模型演示指通过挂图、图表、照片等直观教具所进行的一种教学方法。教师的示范往往一晃而过,而教具则可以长时间观摩,而且还可根据情况突出某个细微的环节,所以应充分利用图表、模型和照片等直观教具。采用该方法有助于练习者建立正确的动作形象,了解技术动作的全过程。直观教具与模型演示要有明确的目的,要有适宜的演示方式,注意演示的时机,并注意与讲解示范结合运用。

3. 电化教学

电化教学方法是利用电影、录像、多媒体等现代电化教学手段进行教学的,是一种生动、形象、富有真实感的教学方法。看一次实际训练或比赛,往往印象不深;或看了这个,看不了那个;注意了这方面,忽略了那方面,而视频和录像等电化教学手段却可弥补此缺点。特别是慢速视频,更有它的独到之处。该方法的灵活运用,能引起练习者的学习兴趣,有助于练习者明确技术的进程,还可以根据教学的需要放慢动作,甚至定格,对动作进行深入地分解和剖析。

4. 定向与领先

定向是以相对静态的具体视觉标志,如标志物、标志线、标志点,给练习者指示动作方向、幅度、轨迹、用力点。领先则是以相对动态的、超前的视觉为信号。在运用定向与领先方法时,要根据教学内容、对象特点合理设置视觉标志。

5. 助力与阻力

借助外力帮助或对抗力的阻碍,使练习者通过触觉和肌肉的本体感觉,直接体会动作的要领和方法,多在初学或纠正错误动作或体会某一动作细节时运用。

(三)完整法

从动作的开始到结束,不分部分和段落,完整地进行教学的方法便是完整法。其优点在于能保持动作的完整性,不会破坏动作的结构和各部分之间的内在联系,便于练习者完整地掌握正确技术。一般动作比较简单,或者动作虽然比较复杂,但难以进行分解的技术,或为了不破坏动作结构时采用完整法。运用完整法有下面几种常用方式。

1. 直接运用

在教授一些简单、易于掌握的动作时,教师讲解示范后,练习者直接进行完整动作的练习。

2. 强调重点

在教授一些较为复杂的动作时,教师要求练习者完整练习时,要注意动作学习的重点,甚至在完整练习中将某一环节单独学习。

3. 降低难度

在完整练习时,减轻投掷器械的重量,跳高横竿的高度,跑的距离与速度或徒手完成一些本来持器械的完整动作等。

4. 改变练习的外部条件

如在练习前滚翻时由高处向低处完成动作,在外力的帮助下完成完整动作。

(四)分解法

把一个完整动作的技术合理地分成几个部分,按部分逐次进行教学,最后完整地掌握动作技术的方法便是分解法。分解教学能化繁为简,化难为易,使复杂的动作变得简单明了,从而简化教学过程,增强练习者学习的信心,有利于练习者更快更好地掌握复杂动作。但分解教学如果运用不当就容易造成动作割裂,破坏动作结构的完整性,从而影响正确技术的形成。所以在进行分解教学时,要使练习者明确所划分的部分在完整动作中的位置与作用;同时还要考虑到各部分动作之间的有机联系,使动作部分的划分不致改变动作的结构。

通过分解教学基本掌握所授动作之后,应适时向完整动作练习过渡,以便更快地掌握完整技术。应明确分解只是手段,完整才是目的。

(五)预防与纠错法

预防与纠错法是在动作技能教学过程中,针对练习者形成与掌握运动动作中产生的错误动作及其原因,采取有效的手段与措施,防止出现和及时纠正练习者错误动作的方法。预防与纠正错误是有机联系的,对于一个动作错误的预防措施,也可能是这一动作错误的纠正手段。预防具有超前性,能预见练习者可能出现的动作错误,准确找出可能的原因,主动地、积极地采取有效的手段与措施,"防患于未然"。纠正具有鲜明的针对性,既能及时准确地发现练习者的动作错误,又能正确分析产生动作错误的原因,采取有效的手段,尽快纠正。教师预防与纠正动作错误可以采取相应的手段或措施,具体包括以下方法。

1. 强化概念法

强化正确的动作概念,促进正确动作表象的形成。通过加强讲解、示范,结合练习者已有知识对比的讲解示范,使练习者明确正确与错误动作最主要的差异在哪里,主动避免与及时纠正错误动作。

2. 信号提示法

当练习者在练习中由于用力时间或空间方向不清楚而出现动作错误时,可以用听觉信号,口头提示练习者的发力时间、用力节奏等;还可以用标志线、标志点、标志物来标明动作方向、幅度等。

3. 转移法

练习者因为恐惧和焦虑或旧运动技能影响而形成错误动作时,应采取变换练习内容,采用一些诱导性、辅助性练习,将练习者从已经形成的动作错误中转移出来。

4. 外力帮助法

在练习者由于用力的部位、大小、方向、幅度不清楚而出现动作错误时,体育教师可以运用推、顶、送、托、拉、挡、拨等外力,帮助练习者建立正确动作的本体感觉。

5.降低难度法

在练习者完成动作过程中,由于体能与紧张心理造成动作错误,应运用改变练习条件、降低作业难度、分解完成动作等方法,以便练习者在相对容易的条件下完成动作。

(六)竞赛法

现今,形体训练的最高要求就是参加形体展示比赛。而在日常的训练中,也可以将形体比赛的场景移植过来,作为经常开展的教学方法。这种在比赛的条件下组织练习者进行练习的方法便是竞赛法。

竞赛法具有激烈的对抗性、竞争性,练习者要承受很大的运动负荷,能促进练习者最大限度发挥机体的功能,有利于培养练习者良好的思想意志与道德品质。运用竞赛法时应注意以下几点。

(1)明确运用竞赛法的目的,无论是内容的确定、竞赛方式的选择还是结果的证实,都要服务、服从于教学目标。

(2)合理配对、分组,无论个人与个人比赛,还是组与组比赛,都要注意练习者的实力比较均衡,或创造较为均衡的条件。

(3)合理运用,竞赛法通常是在练习者较为熟练地掌握动作技术的前提下运用,并注意对练习者完成动作质量的评价和要求。

(七)游戏法

在规则许可的范围内充分发挥个人主动性和创造性,完成预定任务的方法便是游戏法。运用游戏法时应注意以下几点。

(1)根据教学目标,选择合适的活动内容与形式,采取相应的规则与要求。

(2)在教育练习者遵守规则的同时,鼓励练习者充分发挥主动性、创造性。

(3)认真做好游戏的评判工作,要客观公正地评价游戏的结果,包括胜负,以及练习者在游戏中的表现。

二、现代教学方法

(一)自主学习法

自主学习又称"主动性教学",它是为实现教学目标,练习者在体育教师指导下根据自身条件和需要制定目标、选择内容、规划学习步骤、完成学习目标的体育学习模式。其优点在于:有利于确立练习者的主体地位,激发学习体育的热情;有利于培养练习者的体育学习能力,为终身体育奠定基础;有利于提高体育教学的学习效果,练习者在体育课程中学习效果主要不是由教师教多少决定,而是由练习者如何接受、如何学习、如何练习决定。

自主学习具有能动性、独立性和创造性的特点。能动性指练习者自律学习,主动学习。掌握知识技能、探索未知、提高自身的动机是学习活动开展的基础。独立性是独立开展体育学习

活动,根据自己的体能、技能情况,制定目标,选择内容,寻找方法,评价结果。创造性是练习者在体育学习中,能运用独特的思维、手段,富有独创性地探索解决体育学习的问题,寻找解决知识技能、发展身体的独特方法。自主学习的教学步骤如下。

(1)自定目标。依据学习目标,恰如其分地分析估计自己的能力,充分发挥潜能,自己确定学习目标。

(2)自主选择学习活动与学习方法。练习者运用所学到的知识和已有的经验,合理地安排和选择达到目标的具体学习活动。

(3)自主评价。练习者能依据体育学习目标,对自己的学习状况进行观察、分析、反思,看到进步与发展,找出不足与问题。

(4)自我调控。对照学习目标,分析学习情况,及时调整学习目标,改进学习策略和方法,及时恰当地"纠偏",以促进体育学习目标的达成。

(二)探究式学习法

探究式学习是教师在教学过程中引导练习者在体育与健康学科领域或体育活动过程中选择和确定研究主题,创设类似于研究的情境,通过练习者自主、独立地发现问题、实验、操作、调查、搜集与处理信息,表达与交流等探索活动,获得体育知识、运动技能、情感与态度的发展,特别是探索精神和创新能力的发展的学习方式。

1.探究式学习法的特点

(1)问题性

问题性是指探究学习总是从创设各种问题开始的,并以此引发练习者学习的动机,使其积极参与学习活动。

(2)实践性

实践性是指探究学习时练习者实际参与问题的研究,通过实践来加以拓展认识,加深对问题的理解。

(3)参与性

参与性是指在探究学习中,每一位练习者都必须实际参与到各种实验、练习、调查、搜集与处理信息、表达与交流等活动之中。

(4)开放性

开放性指在探索学习中问题的答案或解决问题的途径并不是唯一的,往往可能有多种答案或途径,对于培养练习者的开放式思维具有重要的作用。

2.运用探究性学习法的教学步骤

(1)提出问题

体育教师应根据练习者已经学习与掌握的知识理论,结合所学的具体内容为练习者提出具有多种可能性的问题。

(2)分组讨论

在体育教师提出问题后,将练习者分成若干个学习小组,各自提出假设与解决问题的方案。

(3)验证方案

各组根据教师的指导与要求将假设与方案运用于体育与健康学习活动的实践中,验证假设与方案。

(4)评价与提高

在小组探究的基础上进一步对解决问题的过程与效果进行评价,激发练习者的探索热情,提高练习者的创造性思维能力。

3.运用探究式学习法的注意问题

(1)合理设置问题

合理设置问题,即体育教师提出的问题应充分考虑练习者的基础与学习内容的特点,要能激发练习者的探究动机。

(2)鼓励练习者积极探究

体育教师应有目的、有意识地鼓励练习者提出问题,大胆创新,对于练习者在探究过程中出现的不足,甚至错误,应予以宽容、理解。

(3)充分发挥小组的集体智慧

体育教师应注意充分发挥小组成员的集体智慧,群策群力,各显神通,取长补短。

(4)注意运动技能学习的特点

运动技能的探究学习,不仅是解决懂不懂、知不知,更是解决会不会的问题。要注意结合练习者的体能和运动技能的基础,注意运动的安全。

(三)发现式教学法

发现式教学法又称问题法,是从练习者求知心理特点出发,以发展练习者创造性思维为目标,以解决问题为中心,以结构化的教材为内容,使练习者通过再发现的步骤进行学习的一种教学方法。

1.运用发现法的教学步骤

(1)提出问题或创设问题的情境,使练习者在这种情境中产生疑难和矛盾,按照教师提出的要求带着问题去探索。

(2)练习者通过反复练习,掌握动作技术的基本原理方法。

(3)组织练习者提出假设和通过实践进行验证,开展讨论与争辩,对动作技术的原理方法和争论的问题作出总结,得出共同的结论。

2.运用发现法的注意问题

(1)教师善于提出问题,激发练习者的学习热情。练习者首先要有问题的意识,并能积极和善于提出问题。教师要善于创设问题情境,激发练习者的学习热情。

(2)要因势利导,运用已知,探求未知。运用发现法时,教师应注意根据练习者已有的知识经验和运动技能基础,提出适当的问题。

(3)要善于设问质疑,利用矛盾,启迪思维。体育教师要善于在练习者无疑处质疑,利用体

育活动中出现的各种矛盾,启发练习者的思维。

(4)采取由简到繁,由个别到一般,由具体到抽象,步步深入的方法。

(5)要集中力量,突出重点,突破难点,消除疑点。在练习者发现问题、解决问题的过程中,体育教师要引导练习者抓住问题的重点。

(6)要鼓励练习者标新立异。留下悬念,让练习者继续探索。

(四)合作学习法

合作学习法是练习者在小组或团队中,为完成共同的任务,有明确的责任分工的互助性学习的形式。

1. 合作学习的特点

(1)小组成员之间的相互依赖

每个成员都认识到自己与小组及小组内其他成员之间是同舟共济、荣辱与共的关系,每个人都要为自己所在小组的其他同伴的学习负责。

(2)个人责任

所谓个人责任是指小组中每个成员都必须承担一定的任务,小组的成功取决于所有组员个人的学习。在群体活动中,如果成员没有明确的责任,就容易出现成员不参与群体活动,逃避工作的"责任扩散"现象。

(3)社交技能

不合作的原因往往不是练习者缺乏合作的愿望,而是练习者缺乏合作的方法——社交技能。所以,教师最好在传授专业知识的同时教练习者掌握必要的社交技能。

(4)小组自评

为了保持小组活动的有效性,合作小组必须定期地评价小组成员共同活动的情况。

(5)混合编组

在组建合作学习小组时应保证小组成员的多样性,可以激发出更多的观点,形成更深入、更全面的认识。

2. 运用合作学习法的教学步骤

(1)进行组内异质、组间同质的分组

根据班级的规模、场地器材、学习内容,将练习者分成若干个6~8人组成的异质合作学习小组,组与组之间同质。

(2)制定合作学习小组的学习目标

在体育教师的指导下,根据本单元的学习主题,由小组的全体成员共同确定学习目标。

(3)选择学习的具体课题,并进行组内分工

具体课题应由师生共同研究确定,具体课题的选择与进行应来源于练习者的"最近发展区"。

(4)合作学习的具体实施

在小组长的组织下,围绕学习的主题,小组成员各司其职,各尽其能,共同完成学习任务。

(5)小组间的比较与评价

小组间进行交流与反馈,教师和其他小组的同学进行分析;分享学习与研究的成果,纠正不足,提高学习能力。

(6)学习效果的评价

从合作技巧、合作效果、合作是否愉快、进步程度等方面对合作小组和个人进行评价,并做好记录。

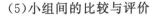

专业形体训练是针对专业舞蹈演员和学员的,有一定的专业难度,比如双脚外开一般人就很难做到。但根据相同的原理,可以用简化的方法替代,比如正常站立时,把前脚垫高(前脚踩一本书),也可以强制重心后移,矫正驼背,这也是很多舞蹈教师使用的形体训练方法,主要针对初学者,降低难度。同样,在日常生活中,还可以使用鞋底前高后低的形体训练鞋,也是垫高前脚,强制重心后移,这样可以在日常生活中逐渐矫正不正确姿势,挺拔体态。

第三节 形体训练的教学要求

形体训练的教学非常严谨,并且非常注重对细节的纠正。除此之外,在教学中或教学期间,教师和练习者还应遵照一定的要求开展形体学练活动,甚至是日常生活。这就是本节主要研究的内容。

一、教学过程中的要求

(一)锻炼前的身体检查与评定

锻炼不科学,会损害身体。专家建议,锻炼前一定要做身体检查与评定。每个人的身体条件都不同,要想获得最佳的健身效果,就要通过身体检查与评定结果,制定出一套完全适合练习者的健身方法。

检查一般包括身体形态检查评定、生理机能检查评定和身体成分检查评定。

(1)身体形态检查。目的是了解自身目前身体形态生长发育的程度,需要做哪些改进,并经过一段训练后,对照检查效果。

(2)生理机能检查。目的是了解目前身体各系统机能处在什么水平,为制订锻炼计划提供依据,还可以评定运动效果,检查运动后疲劳和恢复的程度。

(3)身体成分检查。目的主要是检查人体脂肪含量和分布,主要是针对肥胖人群,通过测定肥胖程度,确定是否需要减肥,制定减肥运动方法。

(二)运动量适宜

在进行形体锻炼时,总的原则是运动量要由小到大、由低到高,保持一定的时间后,再根据大、中、小有节奏地调整处理。

有些人在锻炼中运动量太大,使身体疲惫不堪,同时在肌肉疲劳尚未消除之前,又开始新的锻炼,这种锻炼时间过长或锻炼太频繁,会使机体得不到足够的时间来恢复和补充在长时间锻炼中所消耗的能量物质,会使练习者削弱甚至失去精神集中的能力,容易引起运动损伤。

(三)做好准备活动

许多人往往忽略锻炼前做准备活动,他们认为形体训练出现损伤的可能性很小,不需要做准备活动,这种想法是不正确的。

通过准备活动可以使内脏器官逐渐兴奋起来,克服内脏器官的生理惰性,使全身的肌肉、韧带和关节得到充分的活动,并使机体尽快达到适宜的、协调的运动状态,为正式锻炼做好机能上的动员和准备。这样,机体在进入正式运动时,才能发挥更大的工作效率,并可避免或减轻心慌、气喘、出冷汗、腹痛和动作变形等现象,防止肌肉韧带和关节出现损伤。

准备活动的时间一般在15分钟左右,夏天可短些,冬天可长些,以自我感觉的好坏为准。做准备活动,要求轻松自如,由弱至强,根据每个人的具体情况,强弱适度,不求一律。

(四)做好整理活动

运动后的整理活动是指通过肌肉放松而有节律地收缩,改善肌肉的血液循环,使缺氧的感受和积聚的代谢产物迅速消散的放松活动。它有助于缓解肌纤维痉挛并使吸氧量维持在一定的水平,有利于偿还"氧债"和加快乳酸消除,减轻疲劳,促进体力恢复,使肌体由紧张状态转入轻松安静状态。

做整理活动时,应先慢跑,然后再做全身性的肌肉放松活动。整理活动量要逐渐减小,速度要逐步减慢,活动时要结合深呼吸运动。整理活动的最佳强度约是锻炼强度的50%~60%,这样才有利于促使循环与呼吸功能保持一定的水平,加速代谢产物的消散。

(五)动作与呼吸协调配合

呼吸在形体训练中起着非常重要的作用,只有呼吸和动作的协调配合,才能使肌体摄取更多的氧气和排出更多的二氧化碳,从而增加肌肉力量,提高运动能力。否则,运动时呼吸与动作配合不好而造成气喘,人体便会缺氧,肌肉无力,很快出现疲劳状态。

在进行练习时,呼吸以自然为准,一般应在用力时或肢体伸展时,用鼻子深深地吸气,在运动还原或肌肉放松时,用口充分地呼气。但在做某些动作,如负重深蹲、仰卧起坐时,为了发力,有时需要憋气。

(六)合理安排锻炼时间

进行形体锻炼要根据每个人的作息时间和生活规律来安排练习时间。一般来说,早上、白天和晚上都可以锻炼,每次锻炼 1 小时左右,每周练习的次数,根据各自的体质和学习情况而定。

饭前锻炼后要休息半个小时才能用餐,饭后最好要休息 1 个小时后再练习,晚上在临睡前 1~2 个小时结束练习,以免影响入睡而有碍第二天的正常活动。

在条件允许的情况下锻炼,最好安排在下午 4~6 时,因为午饭 2 小时以后,食物经消化吸收,进入血液循环,对组织细胞的能量代谢起到化学刺激作用,这时人体产生热量最高,有利于满足锻炼时能量代谢成倍增长的需要。

(七)有针对性地锻炼

形体训练应当在青少年时期进行,青少年的长骨正处于生长期,加强下肢骨的锻炼,可增加高度和腿的长度,使人体的比例美观。

进行形体训练,应根据性别的不同合理安排训练内容。女子的健美锻炼与男子的健美锻炼有区别。女子要重视胸部和腹背部肌肉的锻炼,促进胸部发育,减少腹部脂肪堆积;男子则要重视身体各部位的肌肉锻炼,促使肌肉发达。

(八)要注重安全训练问题

(1)形体锻炼中一些略带难度的动作可能会造成运动性损伤,因此要认识到可能存在的问题,掌握正确的动作方法,防止如扭伤、拉伤等运动损伤。

(2)重视练习者的着装。应尽量穿运动服、运动鞋,总原则是舒适、质地柔和、通气和吸汗性能良好,以有利于身体自由活动。

(3)进行器械的形体练习,要养成使用护腕、护膝、护腰、半指手套等保持器材的良好习惯,避免不必要的损伤。

(4)在冬季锻炼要防止感冒。

二、生活中的要求

(一)要注重饮食健康

科学健康的饮食能为个体的形体训练提供良好的生理基础,同时促进形体效果的实现。一般来说,人体需要的营养有糖、脂肪、蛋白质、维生素、无机盐和水等,其中糖、脂肪、蛋白质是人体热能的 3 大来源,维生素是维持人体生命的不可缺少的一类有机化合物,矿物质是构成体质和调节生理机能的重要物质,水则是机体不可缺少的重要营养素,约占成年人体重的 60%~70%。这些营养都来自我们日常所吃的食物,只要不偏食,就能从多种食物中摄取各种营养素,满足日常生活和锻炼所需要的营养物质要求。

(二)要注重睡眠质量

形体训练中,不论用什么方法来推迟疲劳,都不会阻止疲劳的产生,只能说是减缓。而疲

劳是很容易影响生活和学习的因素。那么,除了注意训练不要过量造成身体过于疲劳之外,更应该学会更好地在训练后消除疲劳,培养个人良好作息习惯。如果睡眠不好,就不会有一个好的状态来进行形体训练。所以进行形体训练,一定要保证睡眠。

知识拓展

双腿收紧在形体训练中的重要作用

双腿收紧在形体训练的一位训练中是非常重要的一点要求。这个技巧可以在增强训练强度的同时有利于足部健康。双腿收得越紧脚跟的受力越大,前脚的受力随之减小,这样即使有轻微的倒脚,也不致伤害拇趾。对已有拇趾外翻的训练者,还可以减轻痛苦,延缓病情的发展。

第四章　形体的基本素质训练实践指导

学海导航

　　形体训练即通过各种方法改变人的形体原始状态的形体素质练习,同时它也是以提高人的形体表现力为目的的技巧训练。形体素质是形体训练中最为重要的内容,能够为提高身体的控制能力打下坚实的基础。通过对身体各部位进行规范的训练,能够提高身体各部位的动作力量和动作幅度,塑造良好的身体形态,从而对学生的身心健康产生重要的影响。

　　本章就形体训练中各身体部位动作训练以及地面素质训练的方法进行了研究,旨在更好地促进学生形体素质训练水平的提高。通过本章的学习,学生能够对形体训练的各种方法进行全面的理解,能够更加科学地进行形体素质训练。

第一节　身体各部位动作训练

　　大学生通过学习和掌握相应的形体训练基本知识和技能,能够使得自身的身体形态更好,精神风貌更加积极向上。大学生的身体形态尚处于发展和变化阶段,应针对其身心发展规律和特点,制定出各部位动作训练的计划,使得身体各部位得到良好的发展。通过进行选择性的身体训练,能够提高学生对身体的控制能力,并发展自身的身体表现能力,为其未来的工作和生活提供身心保障。

一、手臂与肩部训练

　　手臂、肩部的力量和柔韧性练习能够促使上肢骨骼、肌肉韧带和肩带的正常发育,增强力量和灵活性,培养正确姿势,进一步提高肩部的控制能力,使站立姿态更加优美;同时由于练习动作灵敏有力、变化多样,因此可促进上体的血液循环,增进胸部各内脏器官的营养与机能。

(一)手臂、肩部力量训练

1. 双手握哑铃体前屈伸训练

　　双手握哑铃拳心向前,两臂由体侧自然下垂开始,在体前做屈伸练习,上身保持直立,双臂尽量屈伸到最大限度,每组连续做20次,反复练习3组。

2. 双手握哑铃胸前侧平举训练

双手握哑铃拳心向上，两臂由胸前平屈开始，做侧平举练习，上身保持直立，肩与双臂尽量保持水平，连续做20次，反复练习3组。

3. 双手握哑铃上举后屈伸训练

双臂上举，双手握哑铃拳心相对，做向后屈伸练习，手臂和身体保持一条直线，收腹立腰，每组连续做20次，反复练习3组。

4. 俯卧撑训练

练习者手臂伸直，双手掌撑于地面，双膝离地，双腿与肩同宽，双臂与地面垂直，收紧腰腹，背部和臀部尽量保持水平，双肩膀不要超过手指尖，停留120秒钟为一组，反复练习3组。

5. 双膝着地俯卧撑训练

双膝跪在地面上，双臂与地面垂直，指尖向前，背部平直；收腹，肘关节弯曲成直角，臀部和身体尽量保持水平，双肩膀不要超过手指尖，胸部尽量贴于地面，每组连续做15次，反复练习2组。

6. 双手握哑铃含展胸训练

双臂屈肘于胸前，双手握哑铃拳心向内，做含展胸练习，每组连续做20次，反复练习3组。

（二）手臂、肩部柔韧性训练

通过手臂和肩部的柔韧性训练，能够促进练习者上肢骨骼、韧带的生长和发育，使其更加灵活，更好地控制手臂和肩部的动作。手臂和肩部柔韧性训练的方法主要有以下几种。

1. 后伸臂训练

练习者站立或直角坐在地毯上，双手臂向后伸直，握双手。

1×8拍的第1～4拍，双手握好后抬至最大限度。第5～8拍双臂慢回落成预备姿势。2×8拍的第1～2拍体前屈，双臂后举。第3～6拍，保持不动。第7～8拍还原成预备姿势。反复做练习4×8拍。

做动作时，练习者应控制挺胸、抬头、立腰的形态，双臂伸直于体后，握紧双手，抬至最大限度后再做体前屈。

2. 俯卧手臂和肩部拉伸训练

练习者俯卧于地毯上，双臂屈肘，手扶头后，双腿并拢、伸直、绷好脚面。协助练习者站于练习者体后，两手抓住其肘关节向上微微拉起，同时用膝关节顶住其肩胛骨中间，双手与膝关节反方向用力，停留5～10秒钟。

3. 坐地伸臂辅助压肩训练

练习者面对把杆,双脚开立,上体前倾,双手臂伸直,双手扶把(或手扶椅子靠背)。协助练习者站其侧面,双手扶练习者肩背部。一拍一压,反复练习4×8拍,压至最大限度,控制4×8拍。双人互换练习。

练习者压肩时应挺胸、塌腰、双臂伸直。协助练习者双手用适当的力压练习者肩背部,将肩关节韧带拉开。

4. 俯卧拉手臂和肩部训练

双人同向站立。练习者右脚在前,左脚后点地,十指交叉直臂上举;协助练习者右手抓住练习者双手,左手用手掌推练习者背部。

一拍一拉,第1拍的前半拍,协助练习者右手水平后拉一次,后半拍稍放松。反复做练习4×8拍。拉至最大限度,控制4~8拍。双人交换练习。

做动作时,练习者应保持挺胸、抬头、立腰、立背的形态,双臂伸直。协助练习者一手拉练习者双臂,另一手用力推其背部,将肩关节韧带拉开。

5. 俯卧牵拉训练

练习者趴于地面,同伴双手握紧双手向上微微拉起,脚踩住双方肩胛骨中间,手与脚相反用力。

通过以上的训练,能够使得人体肩部宽窄适度,与人体总身高的比例匀称协调,可使人显得开阔、稳健而有朝气,突出体型之美。如果肩部过于狭窄,不仅会影响人体的整体外观,给人以纤细无力的感觉,同时还会对内脏器官的功能造成一定的消极影响。

二、胸部与腹部训练

胸、腹部力量和柔韧性较强,则人能够更好地控制自身的身体,因此,胸部与腹部的训练非常重要。在训练过程中,要提高胸、腹部练习的质量,使之更安全、更有效,首先要做的是用科学的方法进行训练。胸、腹部练习的方法多种多样,一般采用单人练习、双人配合两种形式进行。

(一)胸部与腹部力量训练

1. 仰卧抬上体训练

仰卧,屈膝,两脚同肩宽,双手扶头后,腹肌收缩,上体抬起,腰部始终与地面接触。每组连续做20次,反复练习2组。

2. 侧卧抬上体训练

屈膝侧卧,两手扶头后,腹侧肌收缩,上体尽量高抬。每组连续做20次,反复练习2组。

3. 仰卧同时抬双手、双脚练习

仰卧,双腿并拢上举,同时头肩部离开地面抬起,双臂向上方伸展。双臂和上体向上抬起到最大限度,手指尖伸向双脚的方向,双腿保持不动。每组连续做 15 次,反复练习 2 组。

4. 仰卧抬上体、伸腿训练

仰卧,双腿并拢屈膝,脚尖点地,双臂上举,上体抬起时,双腿向斜侧方伸直,双手前伸。连续做 15 次为一组,反复练习 3 组。

5. 仰卧抬双脚和上体训练

仰卧,双腿抬至上举弯曲,双脚脚踝交叉,双手抱头,肘部向外弯曲,上体慢慢抬起,尽量控制双腿姿势,连续做 20 次为一组动作,反复练习 2 组。

(二)胸部与腹部柔韧性训练

1. 举臂侧下腰训练

开立,双手侧平举,身体向左下侧腰,同时左臂前伸,右臂上举。停留 20 秒再还原。反复练习 3 组,换方向做。

2. 仰卧抱踝训练

仰卧,双腿屈膝,大腿与小腿贴紧,双手抱住脚踝,双腿向前伸展,不落地控制在 45°,双肩向头上方伸展,每组连续做 15 次,反方向练习 3 组。

3. 仰卧伸腿训练

仰卧,双腿并拢,双臂放于身体两侧,双腿伸直抬起,伸向上方 90°,然后慢慢往下落,背部压紧地面,尽量拉长手臂。每组连续做 20 次,反复练习 3 组。

4. 上体前倾训练

开立,双臂侧平举,上体前倾,平行于地面,向上充分伸展,停留 20 秒钟后还原,反复练习 2 组。

5. 仰卧抬异侧腿和手臂训练

仰卧,双腿并拢,左手小臂支撑,右腿和左臂向上抬起,左手指尖伸向右脚尖方向,还原后换另一条腿做。连续做 20 次为一组,反复练习 2 组。

三、腰、背部训练

腰背部力量的大小和柔韧性的强弱直接影响站立姿势,良好的腰背部力量和柔韧性体现

出来的是肌肉结实而具有弹性、身姿优美、曲线动人,给人的感觉是一种充满活力的青春美。因此,在形体训练中,腰、背部力量和柔韧性训练是不容忽视的,也是必不可少的。具体训练方法如下。

(一)腰背部力量训练方法

1. 双人背对背训练

两人背靠背分腿站立,两人手挽手,一人用力挽住另一个人的手臂,背起另一个人,使其后倒呈弓状,自己尽量含胸圆背,两腿直立,控制两个八拍后换人。

被背起来的人要放松髋关节和腿部,使背部、胸部和腰部肌肉充分伸展,而背的人却一定要分腿直立,同时圆背,反复练习多次。

2. 俯撑抬腿训练

右腿跪立,左脚尖后点地,双手向前撑于地面,身体保持水平,右腿向上抬起,展肩挺胸抬头,停留30秒钟为一组动作,反复练习3组。换方向练习。

3. 俯卧抬异侧腿和手臂训练

俯卧于地面,双臂前伸,手心朝下,右臂和左腿向上抬起,挺胸抬头,伸直腿部,还原,换方向做20次为一组,反复练习3组。

(二)腰背部柔韧性训练方法

1. 后下腰训练

双手扶住凳子,与肩同宽,向后连续甩腰10次,然后下腰停留10秒钟,双膝微屈。

2. 跪地后下腰训练

练习者跪于地面,同伴面对面站立,扶于练习者腰部,练习者向后甩腰,胸部向后下方卷曲,手臂夹耳两侧向头部方向尽量伸直。

3. 下腰前推训练

练习者后下腰呈拱形,两手着地或两臂弯曲交叉,肘关节着地,同伴扶于对方腰部,轻轻向前施力。

4. 侧躺屈伸训练

练习者侧躺在地上,双手胸前交叉抱上体,双脚并腿屈膝,双手贴地面上举,双腿伸膝,伸成弓形,反复练习10次。练习者的头部和脊椎骨保持在一条直线上,蜷曲时要收紧双膝。

5. 俯地弓背、沉背训练

练习者双膝跪地,双手撑地,保持背部平直,收腹。

(1)将背部向上弓起并收腹,同时让骨盆向前倾,保持弓背姿势两个八拍。

(2)背部向下沉,胸部贴近地面;略微抬头并让臀部向前移动,使头部和脊椎骨保持在一条直线上,同时注意呼吸的协调配合。反复练习多次。

6. 跪地扶踝后下腰训练

练习者双腿跪立,身体向后下腰,双手扶于脚踝,下腰时头尽量向后抬。

四、髋部训练

髋部柔韧性是形体训练的重要内容,它是增强人体协调性和柔韧性的重要手段。髋部柔韧性的优劣,直接影响动作的舒展与优美程度,同时通过髋部的柔韧练习也可以雕塑臀部的线条曲线。

(一)坐地下压膝关节训练

练习者坐在地板上双腿屈膝分开,双脚脚底相触,双手撑于膝关节处,双手用力下压膝关节,保持立腰,立背,挺胸,用力下压。

(二)俯地打开双腿训练

练习者俯撑于地面,双腿屈膝,脚心相对,把膝关节压至最大限度,脚心相贴紧,臀部下沉,做练习时,大腿尽可能打开至最大限度。

(三)坐地屈身训练

练习者分腿坐在地上并保持背部平直挺胸,同时向内收腹,双手扶大腿内侧,腰始终保持笔直状态,从臀部开始向前屈身,双手平放于体前,头和脊椎骨保持在一条直线上,膝盖和脚趾始终保持向上。

五、腿部训练

腿部的力量和柔韧性关系到人体的各项行为举止,腿部训练是形体基本素质训练的重要组成部分。腿部训练的重点是要加强髋关节、膝关节、踝关节的坚固性和灵活性,以提高站立姿态腿部支撑能力和体形的优美程度。它对其他各部位练习以及组合练习都有重要的作用,是体现形体美、姿态美的一个重要标志。

(一)腿部力量训练

1. 平直下蹲训练

两腿开立,双手放于身体两侧,双腿屈膝下蹲,下蹲时收腹立腰,两臂握拳前平举,两腿伸直还原,两臂下垂,连续做20次为一组,反复练习2组。

2. 两脚前后开立下蹲训练

两脚前后分开站立,双手放于身体两侧,双腿屈膝下蹲,两臂握拳前平举,两腿伸直还原,两臂下垂,连续做20次为一组,反复练习2组。

3. 提踵训练

双手叉腰,右腿做提踵练习,身体保持直立,脚跟尽量抬高,每组连续做20次,反复练习3组,换反方向练习。

4. 连续团身跳训练

自然站立,双手叉腰,原地连续团身跳,上体保持直立,双膝尽量靠拢胸部,连续做15次为一组,反复练习2组。

5. 左右高抬腿跳训练

自然站立,双手叉腰,身体保持直立,左右高抬腿跳,大腿和膝盖保持水平,连续做30次为一组,反复练习3组。

(二)腿部柔韧性训练

1. 前韧带训练

练习者双腿并拢坐于地面上,上体伸直紧贴双腿,稍抬头,同伴将双膝顶于对方后背部,双手按于对方腰部,向前下方施力。

2. 侧韧带训练

(1)练习者双腿自然分开,上身帖于地面尽量向前趴,同伴双膝顶住对方腰部,双手按对方背部,向前下方施力震颤。练习者膝盖和脚背保持向上姿势。
(2)练习者双腿分开坐立,右臂向左侧伸展,身体向右侧下压。左肩尽量贴近大腿,上身尽量保持直立,连续做10次,换反方向训练。

3. 后韧带训练

练习者右腿跪立于地面,左腿后伸直。左手扶于右膝,右臂上举,身体和手臂尽量向后摆

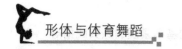

动,稍抬头,连续做10次,换反方向练习。

4. 大胯部韧带训练

练习者平躺于地面,双腿伸直分开,绷脚,同伴跪于地面,双手扶于练习者双膝向下施力震颤。练习者髋部尽量放松。

5. 脚面柔韧训练

(1)练习者坐于地面,伸直膝盖,钩脚尖,也可在同伴的帮助下进行(同伴一手按住对方膝盖,一手按住对方脚底向练习者膝盖方向施力)。练习者膝盖不能弯曲,稍停一会,换反方向脚进行练习。

(2)练习者坐于地面,伸直膝盖,绷脚尖,也可在同伴的帮助下进行(同伴一手按住对方膝盖,一手按住脚尖向下施力)。稍停一会,换反方向脚进行练习。

(3)练习者一只脚小腿跪于地面,另一只脚脚尖与地面接触,臀部坐在脚跟上,向下用力。双手尽量轻轻扶于地面。

(4)练习者站立,双手扶住凳子,一只脚脚掌触地;另一只脚脚尖与地面接触,上身直立,膝盖伸直,向下用力。

通过对以上内容的学习和实践,能够增强人体的各项形体素质,促进人体朝着更好的方向发展。在形体素质训练过程中会遇到相应的困难和挫折,只有将之一一克服,才能够到达相应的学习目的。所以形体训练的过程在一定程度上也是增强学生身心承受能力、适应能力、自制能力等的过程。

形体素质训练方法多、内容范围广,在训练中本着由易到难、由简单到复杂、循序渐进的原则,绝不能操之过急。训练前应先做准备活动,根据学生的接受能力安排适量内容,不能超负荷,以免发生伤害事故。

知识拓展

形体训练过程中对于热能的消耗会有所增加,因此,应注重及时、科学地补充能量。如果人体长期热量不足,会影响人体的新陈代谢,造成身体消瘦、精神不振、抵抗力低下等问题;而人体热能过剩,则会引起人体脂肪的积累,从而造成人体的肥胖。因此,进行形体训练前后,应注重膳食的合理性。

第二节 地面素质训练

地面素质训练主要包括坐在地面上以及仰卧、俯卧以及侧卧在地面上所做的各项素质训练活动。它包括对学生的头颈、肩背、腰腹、臀胯、腿等部位的练习。地面素质训练能够发展学生的支撑能力、身体柔韧性等,并且幅度和力度较大,能够起到较好的效果。因此,本节对地面素质训练的内容进行了研究。

一、锻炼前的热身运动

在进行运动时,开展相应的热身运动是必不可少的。人体具有一定的生理惰性,应该进行相应的舒展活动使身体适应接下来的运动负荷量。这样不仅能够在一定程度上促进身体的灵活性,还能够防止活动中的意外受伤。热身运动过程中,呼吸方法为:动作开始前吸气,动作时呼气。所有动作以维持8秒钟左右为宜。

(1)双手合十用大拇指抵住下巴向上提,拉伸脖子的前面部分,可以起到很好的放松效果。

(2)头部后仰,双手在脑后交叉,肘部向前,轻压头部(图4-1)。

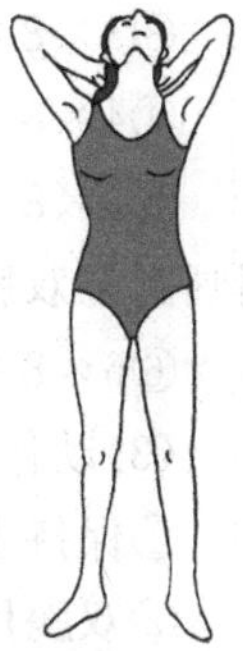

(3)一只手臂从背后绕过与另一只手相握于腰际并用力拉扯。之后,反方向做同样动作。

(4)大幅度转动头部,顺时针逆时针各两圈。

(5)一侧手臂弯曲置于脑后,用另一侧手抓住其肘部向里侧拉。

(6)一侧手臂伸直与地面平行,用另一侧手扳住其肘部向里侧拉,同时头部向反方向摆出。反方向做同样动作。

图4-1

(7)双手交叉于背部,向左右各拉伸8秒钟。

(8)两手向后交叉,双脚同肩宽双腿伸直,上体俯身向下。

(9)两手交叉,手臂向前伸直,背部向后弓起。

(10)单脚向前迈出一小步,双手把臀部向前推移,拉伸后腿肌肉。反方向做同样的动作。

(11)身体重心置于身体一侧,另一侧的脚和脚踝向外翻8秒钟,再向内翻8秒钟。两腿交替进行。

(12)两腿交叉站立,上身向下压,双手够地,保持8秒钟,然后换腿交叉重复此动作。

知识拓展

模特必须具备较高的形体表现力,这就需要其具备良好的动作技术水平和艺术修养水平。模特的形体训练是一项比较优美、高雅的舞蹈练习,主要通过舒展优美的舞蹈基础练习,结合经典、身韵、民间和各个民族的舞蹈进行综合训练,可塑造优美的体态,培养高雅的气质。

二、足、踝、腿部力量及柔韧性训练

通过对足、踝、腿部力量及柔韧性进行训练,其最终目的是要让学生养成绷脚面的习惯和提高绷脚面的能力,从而增强腿部肌肉收缩力量和柔韧性。

(一)单人训练

1.勾、绷脚面训练

(1)预备姿势

练习者直角坐在地面上,双臂置于体侧,如图4-2所示。

(2)动作方法

①1×8拍,前4拍勾脚面,后4拍双脚绷脚面。

②2×8拍,动作同1×8拍。

③3×8拍,前4拍左脚勾脚面右脚绷脚面,后4拍反之。

④4×8拍,动作同3×8拍。

⑤5×8拍,前2拍双脚勾脚面,3~4拍双脚尖向外分开至最大限度。后4拍双脚尖从外侧画圆至双脚并拢,绷脚面。

⑥6×8拍,动作同5×8拍,方向相反。

(3)动作要求

①保持上体直立与地面垂直,同时成收腹、挺胸、立腰的姿态。

②双腿用力并拢伸直紧贴地面。

③做勾绷旋绕时踝关节要用力,动作要充分。

图4-2

(4)教学建议

①应紧臀、立腰、立背,双腿并拢伸直,踝关节动作幅度要大。

②练习时,还要注意将拉伸与放松腿和腰的动作结合起来。

③按4×8拍反复练习。

2.仰卧伸腿训练

(1)预备姿势

练习者身体仰卧在地面上,两手打开置于体侧,掌心朝下。

(2)动作方法

两腿伸直上举,向两侧分开45°,然后两腿伸直向内交叉后接着向两侧打开(图4-3)。

(3)动作要求

做动作时,两腿伸直绷脚,做快速有力的开合练习。

图4-3

(4)教学建议

①可采用坐姿开合举腿或仰卧前、后举腿动作的练习。

②练习的速度和次数因人而异,一腿做够指定的次数后再换另一腿练习。

③按 20～30 次/2～3 组或 4×8 节拍完成练习。

3.仰卧双腿上举蹬伸训练

(1)预备姿势

练习者仰卧在地面上,两腿离开地面,两手扶于臀部。

(2)动作方法

一两腿屈膝上举,另一腿伸直上举,两腿交替向上方蹬伸。

(3)动作要求

保持身体基本姿势不变,蹬伸腿是要迅速、有力、充分。

(4)教学建议

①可以用肩肘倒立的姿势增加蹬摆动作的练习难度。

②姿势的选择和练习次数要因人而异。

③按 20～30 次/3 组或 4～8 拍练习。

4.侧卧前摆腿训练

(1)预备姿势

练习者侧卧在地面上,手臂伸直手心向下,耳朵贴手臂,另一只手臂屈肘放于体前。

(2)动作方法

①一腿伸直向前摆动,另一腿伸直贴于地面。

②一腿伸直向上侧抬起,另一腿伸直贴于地面。

(3)动作要求

①摆动腿尽量向远处摆出,脚面绷直,使腿部和整体有拉伸的感觉。

②做侧踢腿时要迅速有力。整个动作要注意立腰、立背的形态。

(4)教学建议

①一腿连续做够指定的次数后再换另一腿练习。同时还要向前、侧做控腿练习。

②按 20～30 次/组或 4～8 拍换方向练习。

5.坐姿压腿训练

(1)准备姿势

直角坐在地毯上,立腰,立背,头向上顶,双手屈臂放在大腿两侧。

(2)动作方法

①1×8 拍,一拍一次,双脚并拢,上体前压,前压时稍抬头,用胸腹部尽量贴近大腿面,双小臂贴近地面。

②2×8 拍的 1～2 拍,两腿分开,上体左侧压,右手三位,左手一位,3～4 拍上体还原直立,5～8 拍同 1～4 拍方向相反。

③3×8拍两腿分开,上体前压,1拍1次,慢慢前压至最大限度。

④4×8拍双腿一屈一直分腿坐,上体侧压,2拍1次,5～8拍换反方向做。

(3)动作要求

做动作时,应控制好双腿伸直,呈绷脚面的形态。上体前压时,胸腹应贴近大腿面;侧压时,双肩应水平侧倒,带动上体完成动作。

6.后踢腿训练

(1)预备姿势

双手臂伸直,手心向下,身体俯卧。

(2)动作方法

①1×8拍的1～2拍,左腿向后上踢,右手直臂向上摆起,3～4拍还原成预备姿势。5～8拍同1～4拍。

②2×8拍的动作相同,换另一手脚做。

③3×8拍、4×8拍为1拍1次练习。

④5×8拍的第1拍,两手臂和双脚向后摆起后控制4×8个拍。

(3)动作要求

双腿伸直,绷脚尖,后踢腿时挺胸,抬头,成最大的反背弓。

(二)双人配合训练

1.卧垫抬腿和拉伸训练

(1)预备姿势

练习者两腿伸直仰卧和侧卧、俯卧在地面上,协助者两手握住练习者一腿的踝关节。

(2)动作方法

①练习者将一腿伸直向上、向侧举起、向后抬起时,协助者帮助其完成每一个动作。

②练习者将腿落下后,协助者将腿做拉伸放松练习。

(3)动作要求

练习者腿要伸直,绷脚,保持身体姿势不变,主动配合协助者完成加压和拉伸动作。

(4)教学建议

①两人一组,下压用力大小、幅度要因人而异。

②按10～30次/组或4～8拍,两人交替练习。

2.弓步压腿训练

(1)预备姿势

练习者左脚在前成跪膝大弓步,双手叉腰,协助者站在练习者后面,双手扶练习者的肩膀。

(2)动作方法

①1×8拍的1～2拍,协助者用脚踩在练习者的右髋关节处,向前下方用力,3～4拍还原成预备姿势,5～8拍同1～4拍。

②2×8拍为一拍一动的弹动踩压。
③3×8拍、4×8拍踩压至最大限度后控制2×8个拍,换脚反复练习。
(3)动作要求
练习者要保持立腰、抬头、挺胸的姿态,同时要保持重心平衡,不要前倾后倒。协助者在踩压时,要注意用力方向朝正前下方,同时,双手扶练习者的双肩,帮助其保持平衡。

3.脚掌相对屈伸踝关节训练

(1)预备姿势
两练习者直角坐在地毯上,两人脚掌相对贴紧,双手在体后支撑上体。
(2)动作方法
①1×8拍,一人踝关节屈,另一人踝关节伸,一拍一动交换进行。
②2×8拍两人踝关节向外绕环,4拍一动,脚跟不离地。
③3×8向内绕环,4×8拍重复1×8拍的动作。
(3)动作要求
练习者要紧臀、立腰、立背、挺胸,要最大限度屈伸踝关节并配合协调。

三、躯干力量及柔韧性训练

躯干一般是指除了头、颈以及四肢之外的躯体部分,它是身体的主体。躯干是形体塑造的重要组成部分。躯干的运动带动了躯体的整体运动,因此,躯干灵活性、柔韧性决定了四肢的配合能力,因此,应注重躯干力量和柔韧性的训练。

(一)肩胸背部的训练

通过对人体肩胸背部的柔韧性进行训练,能够加大肩关节的灵活性及挺胸、立腰的能力,同时紧致背部肌肉。

1.单人练习

(1)俯卧仰体训练
①预备姿势
练习者俯卧在地,两臂前伸,双腿伸直绷紧脚面。
②动作方法
仰头展胸,使上体和双脚抬起呈弓形,双臂上举或侧举。
③动作要求
腹部支撑腰背肌用力,使上体上抬。
④教学建议
A.按照20～30次/2组或4×8拍练习。
B.练习动作幅度和次数可逐渐递增。

(2)俯卧屈腿抓踝训练

①预备姿势

练习者俯卧在地面上,两臂前伸,两腿并拢伸直。

②动作方法

A.两手掌触地,手臂伸直将上体有力撑起。

B.仰头展胸使上体身后屈,用两手抓住踝关节。

③动作要求

撑地时收腹,背部肌用力上身尽量后屈。

④教学建议

A.因人而异来增加练习幅度和次数。

B.按 20～30 次/2 组或 4×8 拍练习同时可稍加控制。

(3)跪坐直背后屈仰卧训练

①预备姿势

练习者跪坐地面,两臂伸直上举,掌心相向。

②动作方法

A.练习者上体挺胸立腰抬头做后屈,两臂随之后伸;然后上体直起成分腿跪坐姿势。

B.上体直背后屈仰卧在地面上,同时两手臂撑地使胸、腰向上挺起并稍加控制后仰。

③动作要求

练习者后屈体下腰时,髋关节向上挺起,保持上体挺直。

④教学建议

A.初次练习者可在他人的帮助保护下来完成此练习。

B.按 6～8 次/组或 4～8 拍重复练习。

2.双人配合练习

(1)俯卧提拉训练

①预备姿势

练习者俯卧在地面上,两臂上伸;协助者分腿站在练习者身后,与练习者双手拉紧。如图 4-4 所示。

②动作方法

A.协助者将练习者的双臂用力向上提,使练习者的肩、胸、腰离开地面成最大的反弓形姿势。

B.协助者连续向上做提拉振动并稍加控制后,将练习者还原到预备姿势。

③动作要求

A.练习者挺胸抬头,配合协助者使上体尽量向上抬起。

B.协助者提拉动作要柔和地用力。

C.还可将练习者双腿做最大幅度的提拉。

④教学建议

A.尽可能提拉到最大限度。

B. 按 8~12 次/2 组或 4×8 拍两人交替练习。

图 4-4

(2)俯卧抬身训练
①预备姿势
A. 练习者俯卧在地面上,两臂置于颈后。
B. 协助者跪坐在练习者的脚后方并按住其踝后处。
②动作方法
练习者上体用力向上抬起,使肩、胸、腰部离开地面。
③动作要求
A. 练习者挺胸抬头时,要使身体用力向上抬起。
B. 协助者按压动作要柔和。
④教学建议
A. 练习者起上身的动作要做到最大幅度并稍加控制。
B. 初学者可先用双臂撑起上体后推起后屈并稍加控制。
C. 按 10~15 次/2 组或 4×8 拍两人交替练习。

(二)腹部的训练

通过进行腹部训练能够有效增强训练者的腹部肌肉力量,使得腹部充满弹性。同时,通过腹部训练还能够在一定程度上起到减肥的目的,塑造更好的形体线条。

1. 单人练习

(1)仰卧抬上身训练
①预备姿势
练习者仰卧平躺在地面上,两臂向上伸直,膝盖并拢弯曲,双脚撑地。
②动作方法
A. 用力收紧腹部,上半身抬起时,腰部要紧贴地面只需肩膀离开地面即可。
B. 两臂向膝盖方向伸出,动作完成后还原到预备姿势。
③动作要求
下巴尽量放松,上半身不能抬起过高,要用腹肌的力量完成此动作。

④教学建议

A.初次练习者可先将腿部抬起并弯曲呈 90°来完成,随后再过渡到此动作练习。

B.做动作时,注意呼吸节拍和控制动作的时间。

C.按 10 次/3 组或 4×8 拍来完成此动作。

(2)仰卧抬脚蹬伸训练

①预备姿势

练习者仰卧平躺在地面上,肘部和手掌触地面支撑上体,两腿并拢,抬起呈直角。

②动作方法

保持上身不动,收紧腹部,两腿交替蹬直练习。

③动作要求

A.双肘应位于肩膀的正下方,同时收紧腹部。

B.膝盖弯曲的角度应始终保持在 90°,自始至终两腿都要腾空,不能接触地面。

④教学建议

A.初次练习可先进行简易动作,如双腿伸直平放地面后再同时抬双膝。然后再过渡到完整加难动作练习。

B.按 10 次/3 组或 4×8 拍来完成此动作练习。

(3)仰卧双腿上举训练

①预备姿势

练习者两腿并拢伸直,两手体侧打开,仰卧平躺在地面上。

②动作方法

A.两腿伸直向上举起,与地面保持垂直,静止不动,控制 20 秒钟。

B.然后慢慢放下双腿还原预备姿势。休息 20 秒钟做第二组。

③动作要求

A.膝盖不能弯曲,臀部也不能离开地面。

B.脚与双腿呈直角,并向下勾住脚尖,进一步拉伸腿部后方肌肉。

C.始终收紧腹部用腹部的力量抬起双腿。

④教学建议

A.初练者可采用单腿交替或者双腿上举 45°进行练习。

B.按 20 次/3 组或 4×8 拍来完成此练习。

(4)侧卧抬腿训练

①预备姿势

练习者侧卧在地面上,一只手支撑头部,另一只手放于体前,手掌撑地保持身体平衡。两腿伸直身体微前倾。

②动作方法

A.先抬起上面的腿,然后再将下面那条腿也抬起,两腿在空中并拢。

B.先将下面那条腿缓缓放下至几乎触地面的位置,然后将上面的腿也放下两腿并拢。

③动作要求

A.用腹部的力量控制住身体,两腿伸直。

B. 不要为了抬高双腿而导致上半身后仰。
④教学建议
A. 在此练习的基础上可将两腿做前后交替伸直运动。
B. 按 4 次/3 组或 4×8 节拍左右两侧交替来完成此动作的练习。

2. 双人配合练习

(1)平卧抬双腿训练
①预备姿势
练习者仰卧在地面上,双腿并拢伸直绷脚面,双手臂屈肘握住协助者双踝关节处。协助者双腿开立站在练习者双肩处,双臂伸直前平举。
②动作方法
练习者双腿用力上举触及协助者双手后再伸直并拢轻轻回落预备姿态。
③动作要求
A. 练习者双腿伸直、并拢、绷脚面,上体紧贴地面。
B. 当练习者双脚触及协助者时,协助者用力推其双腿轻慢回落到地面。
④教学建议
A. 练习者尽量利用腹肌的力量来完成每一个动作。
B. 按 10~20 次/2 组或 4×8 拍两人交替练习。

(2)侧卧拉引训练
①预备姿势
练习者侧卧在地面上,两腿伸直并拢一手臂贴于地面,另一手臂侧伸抓住协助者的手。协助者分腿站在练习者小腿的前端,抓住练习者的手。
②动作方法
在协助者的帮助下,练习者上体向上抬起做侧屈,落地手臂离开地面成侧举,完成后还原预备姿态。
③动作要求
练习者起上身时,侧腰腹肌要用力,不能屈胯,保持抬头、挺胸、立背的姿势。
④教学建议
A. 做练习时,动作要做到最大幅度并稍加控制。
B. 按 10~15 次/2 组或 4×8 拍两个方向交换练习。

(三)腰、臀部训练

通过对腰部和臀部的力量及柔韧性进行训练,可以塑造良好的腰部线条,使得臀部富有弹性,使人体更加灵活。

1. 俯撑后抬腿训练

(1)预备姿势
练习者两手体前撑地,一腿跪地,另一腿伸直在后,成单腿跪撑姿势。

(2)动作方法

将伸直腿先屈膝向头部方向内收,然后用力将运动腿伸直向后上方抬起,同时抬头、挺胸绷脚面。

(3)动作要求

肩膀和手臂成直角,躯干与地面保持平行,收腹。后抬腿尽量向上抬高。

(4)教学建议

①可参照此练习,做单膝侧屈举腿的练习。

②按 10~20 次/2~3 组或 4~8 拍两腿交替练习。

2.仰卧抬臀训练

(1)预备姿势

练习者仰卧、屈腿,两脚打开同肩宽。两手掌心朝下放于臀下方。如图 4-5 所示。

(2)动作方法

将臀部用力向上抬起收紧,挺髋、挺身。

(3)动作要求

向上抬起时,臀部和腹部要收紧,上身尽量抬起。

(4)教学建议

①初学者可以用肘关节做支撑,双手扶于后腰处,将臀部托起。

②按 8~12 次/2 组或 4~8 拍反复练习。

图 4-5

3.坐位腹部上顶训练

(1)预备姿势

直角坐在地面上,双手体后撑地双脚绷直。

(2)动作方法

①腹部向上顶,臀部离地,使得身体呈一斜面。

②控制 10 秒钟后,还原成预备姿势。

(3)动作要求

①收腹、收臀,腹部用力向上顶。

②挺胸,脊椎伸展成一斜线。

(4)教学建议

①腹部向上顶时,整个身体从头到脚呈一斜面,收腹收臀绷脚面。

②按 4×8 拍反复练习并控制 10~20 秒钟。

5.仰卧绷脚抬腿训练

(1)预备姿势
练习者俯卧,双臂弯曲,双肘撑地,大臂与地面垂直,上体尽量立直,双腿伸直,绷紧脚面。
(2)动作方法
一腿用力向上抬起后,还原成预备姿势。另一腿紧贴地面。两腿交替练习。
(3)动作要求
①控制上体不乱晃,同时抬头挺胸。
②大臂与地面垂直,腹部撑地,臀部收紧。
③运动腿抬起至最高限度。
(4)教学建议
①练习的幅度、次数逐渐增加。
②按 10~20 次/2 组或 4×8 拍两腿交替反复练习。

四、髋部柔韧性训练

强化对髋关节的训练,不仅可以提高髋部的柔韧性和灵活性,还可以改善和塑造臀部的曲线,为模特训练走台提供正确运用髋部的技巧。

(一)单人训练

1.仰卧臀部侧转训练

(1)预备姿势
练习者仰卧在地面上,两腿屈膝抬起与胸部靠拢,两臂体侧伸直。
(2)动作方法
将双腿成预备姿态转向体侧,然后屈膝再转向另一侧。
(3)动作要求
①用臀部带动双膝侧转,腰部配合臀部做最大幅度的转动。
②转动时头部、颈部、肩部、手臂紧贴地面,保持躯干上部与地面紧贴。
(4)教学建议
①在此练习上加大难度,可将两腿侧伸直转动。
②可根据练习者的情况,逐渐增加转体的幅度和次数。
③按 15~20 次/2 组或 4×8 拍反复练习。

2.双腿劈叉训练

(1)预备姿势
练习者直腿坐在地面上,两手体侧撑地。

(2)动作方法

①上身挺直后,两腿前后伸直呈纵叉姿势。

②上身挺直后,两腿左、右伸直呈横叉姿势。

(3)动作要求

保持挺胸、立腰、两腿尽量打开到最大限度,同时两脚尖外旋向上。

(4)教学建议

①动作幅度可逐渐加大,动作拉开后,要在此基础上控制。

②初次练习者可在协助者的帮助下完成。

(二)双人坐位拉伸训练

1. 预备姿势

(1)练习者和协助者面对面左、右分腿坐,双腿伸直绷脚面,互相顶住。

(2)上身直立,双手拉好。

2. 动作方法

(1)协助者向后躺拉练习者的双手,双脚蹬住练习者的双脚。

(2)练习者上身向前趴,双腿尽量打开。

3. 动作要求

(1)做动作时,双方要保持立腰、立背形态。

(2)协助者后躺时臀、腰、背、肩都贴在地面上,练习者上身前倾腹部尽量贴在地面上。

4. 教学建议

(1)初次练习时,动作要小,力度柔和,然后逐渐加大动作幅度和难度。

(2)按4×8拍练习后,控制20秒钟两人反复交替练习。

五、垫上组合形态训练示例

表4-1 垫上组合形态练习示例

节	拍数	动作说明
预备姿势	1~8	跪坐于地面,两手放于体侧
跪坐	1~2	吸气时含胸低头
	3~4	呼气时挺胸抬头
	5~6	吸气时含胸低头
	7~8	呼气时上身挺胸后仰,双手放于体后,稍加控制

(续表)

节	拍数	动作说明
勾绷脚尖	1～8	一脚勾，一脚绷
	2～8	一脚勾，一脚绷
	3～8	一脚勾，一脚绷
	4～8	双臂体前交叉呈三位后，放于体侧
屈腿双臂抱	1～4	身体前倾到最大程度，两手臂随身体向前伸至脚踝
	5～8	两腿绷脚屈膝，两臂由后向前环抱双膝
屈膝左右摆髋	1～4	两手臂后屈，双膝先向左边摆髋，身体正对前方
	5～8	与上述动作相似，双膝先向右边摆髋
后屈肘半躺腹肌练习	1～4	屈膝并拢向上抬起
	5～8	慢慢还原
仰卧双腿上举腹肌练习	1～4	双腿并拢上举与地面成直角
	5～8	慢慢还原，轻触地面
仰卧顶髋提臀	1～4	双髋向上顶髋，到最大限度
	5～6	慢慢还原，轻触地面
侧卧吸腿舒展练习	1～4	侧吸腿，同侧手臂向下舒展
	5～6	腿部伸展，同侧手臂向上伸展
半侧卧踢腿	1～2	运动腿做最大限度的侧踢
	3～4	轻放回落
	5～6	重复最大限度的侧踢
	7～8	轻放回落
仰卧肩肘倒立	1～4	双手放在后髋处，抬起双腿肩肘倒立
	5～8	控制不同
	2～8	双腿向头部方向伸直，双腿着地
半俯卧跪地放松	2～8	双膝跪卧，双臂向前伸直，臀部后移，全身放松
结束	1～8	恢复到预备状态

第五章　形体姿态训练实践指导

形体训练可以使训练者的体态变得更加均衡、和谐和健美，同时形体姿态训练还可以纠正一些不好的习惯，如摇头、歪脖、耸肩、扣胸、挺腹、塌腰、撅臀等。本章重点就形体基本姿态训练、把杆练习、中间动作组合练习进行研究，以帮助初学者掌握正确的形体姿态和科学的训练方法。

第一节　形体基本姿态训练

一、形体基本姿态训练常用术语

在学习形体和舞蹈时首先需要掌握一定的舞蹈专业术语，而这些专业术语有很多，下面就常用且必须掌握的术语进行讲解。

（1）主力腿：指动作过程中或形成姿态时，支撑身体重心的一条腿，它与动力腿的配合对身体平衡以及动作姿态的优美有着重要作用。

（2）动力腿：非重心支撑的一腿为动力腿，是与主力腿相对而言的。动力腿可做各种屈伸、摆动等动作。

（3）起泛儿：也叫"起势"，指动作前的准备姿势，技巧前的准备动作。

（4）韵律：是指在舞蹈动作中人体运动的自然规律造成欲左先右、欲纵先收，以及动与静、上与下、高与低、长与短等辩证的规律，形成了舞蹈动作的韵律。韵律在舞蹈中有着重要的地位，是较难掌握的一种动作因素。

（5）身段：是指演员在舞台表演和训练中，各种舞蹈的形体动作的统称。从简单的比拟手势到复杂的武打技巧，如坐、卧、行、走、甩袖、亮相等都称为身段。

（6）节奏：是指音响活动的轻重缓急形成的节奏，其中节拍的强弱或长短交替出现而合乎一定的规律。节奏为旋律的骨干，乐曲结构的基本因素。节奏也是舞蹈动作的基本要素之一，一切舞蹈动作均在一定的节奏下进行。

（7）舞蹈动作：是指经过提炼和美化，有节奏、有规律的人体动作。是舞蹈艺术的主要表现手段。它大多来自劳动生活，并同民族的斗争生活、风俗习惯、自然条件、审美观念和传统艺术等有联系。

(8)造型:是塑造人物外部形象的艺术手段之一。在舞蹈中人们将雕塑性强的动作姿态称为"造型"。

(9)亮相:是指剧中主要人物第一次上场(有时也用于下场)或一种舞蹈、武打完毕之后,在一个短促的停顿中所做的姿态。它也是戏曲表演中的一种程式动作。

(10)舞蹈组合:指两个以上的舞蹈动作被组织联合在一起,形成一组新的动作称为组合。它包括最简单的、性质单纯的动作连接,也包括最复杂的各种不同性质的动作组合。它是用来达到某种训练目的,或是为了表现一段舞蹈思想内容的手段。

(11)舞蹈语言:主要是通过舞蹈动作来表现主题、抒发情感的,舞蹈语言也是舞蹈动作的别名,它由单一或几个舞蹈动作组合而成,具有一定的含义。舞蹈语言既包含有一定意义的简单舞蹈动作,又包含较长的动作组合。

(12)舞蹈语汇:是指把不同的舞蹈动作汇集起来,为表达舞蹈作品的主题内容服务,是一切舞蹈语言的总称。

二、形体基本姿态训练

(一)站立姿态的基本训练

站立姿态基本训练的重点是提高练习者在各种情况下,保持良好的身体形态的能力。优美的站姿,关键在于脊背要挺直,立腰,收腹,收臀,提气,身体重心向上,给人一种精神振奋的感觉。

1. 站姿的标准

(1)颈部和躯干自然挺直,身体重心在两脚之间,头、颈、躯干和腿在同一垂线上。

(2)身体各主要部位尽量舒展,做到头不歪,脖颈不前伸后仰,背不驼,胸不含,肩不耸,髋不松,膝不变。

(3)双脚略微分开或成"丁"字步,两脚均匀着地,双臂自然下垂或双手在体前交叉。

2. 站姿的学练

(1)靠墙立

在立正姿态的基础上,双腿夹紧,收腹,挺胸立腰,立背,紧臀,双肩后张下沉,下颌略回收,头向上顶,脚跟、腿、臀、肩胛骨和头紧紧靠墙。此练习是借助于墙的平面来培养和训练站立时上体挺拔,保持头、躯干和腿在一条垂线上的良好习惯,一次控制4×8个拍,反复做8~10次。

(2)分腿立

两腿在小八字站立的基础上分开与肩同宽,双手叉腰,双肘微向前扣,收腹,挺胸,立腰,立背,双肩后张下沉。此练习主要训练臀、腹及上体的正确感觉,夹臀与收腹协同紧张。

(3)移重心站立姿势练习

预备姿势:基本站姿。

动作方法:

1×8拍第1~2拍,双腿屈膝向前移重心。3~4拍成左脚在前直立,右脚后点地姿态。

5~8拍控制4拍。

2×8拍反向同1×8拍。

3×8拍,左脚1~2拍向侧擦地或侧点地,3~4拍成左脚直立,右脚侧点地,5~8拍控制4拍。

4×8拍方向相反,反复练习6~8次。

(二)坐姿的基本训练

坐姿美是形体美的重要组成部分,也是个性、气质、风度、修养及健康的一种表征。良好的坐姿对保持健美的形体大有好处。

1. 坐姿的标准

(1)入座后,上体保持自然挺直,肩部放松,两臂自然下垂,高度相同,两臂屈放在桌面上,或小臂平放在座椅两侧的扶手上,也可轻轻放在两膝上,或两手相接握放在膝上。

(2)颈部伸直前倾,两膝自然弯曲,大腿保持在水平部位,两脚掌均匀着地。臀部坐在椅子的中后部,腰部始终要挺直,保持端正的姿态。

(3)挺腰,收腹,双膝紧靠,脚尖朝外。

2. 坐姿的学练

(1)盘腿坐(地面)

重心落在臀部上,挺胸收腹,立腰提气,肋骨上提,头颈向上伸,微收下颌,两腿弯曲,两脚脚心相对盘于腹前,双肘放松,手腕搭于膝上,也可双手背于身后。

(2)正步坐

上体姿势同盘腿坐,两脚并拢,脚尖正对前方,两膝稍稍分开,两臂自然弯曲,两手自然扶于大腿处,上体正直,微向前倾,肩放松下沉,立腰,头、肩、臀应在一条线上。

(3)侧坐

上体姿势同盘腿坐,上体微向侧转,两臂自然放松,扶于腿处。两腿弯曲并拢,双膝稍移向一边,靠外侧的脚略放在前面,这样臀部和大腿看起来比较苗条,给人以美的感觉。

(三)步态的基本训练

行走是人的基本动作之一,是人体最自然、最频繁的一种周期性位移运动,属于动态姿势,具有节奏感和流动感。行走姿态的好坏,能直接反映一个子的健康状况、气质、文化修养和审美层次。

1. 步态的标准

(1)开始迈步时,以大腿带动小腿,先以脚跟着地,再过渡到前脚掌,身体重心落在前脚掌,步子要柔而轻快。向前迈步时,膝关节向前,脚尖稍微外展。

(2)颈部自然挺直,下颌内收,双目平视。

(3)两肩放松,两臂自然协调地前后摆动,向前摆动稍屈肘,后摆幅度不大,一般保持在30°左右。

(4)收腹挺胸是保持步态美的关键,有节奏地向前移动重心。重心与前进的方向成一直线。

(5)走路时,一般步长为75厘米左右,根据个子高矮有一定的区别,但步态必须自如、轻盈、矫健、敏捷。

2.步态的学练

在体现步态美的诸多因素中,除了颈、肩、腰、四肢等具有正确的姿势外,脚踝也起着极其重要的作用,但常常被人忽视。脚踝对人体起着支撑、维护平衡和缓冲的作用,拥有一双稳固、灵活而强有力的脚踝,走起路来才能支撑有力,步履优美稳健,灵活自如。因此,加强脚踝的力量练习,提高脚踝的灵活性,对于矫正走姿和体现步态美是非常必要的。

(1)坐在椅子上,用脚趾夹起地上的小卵石或笔,抛向远处。

(2)站立提踵或负重提踵。用力踮起脚尖,膝关节伸直,尽量提起脚跟至最大限度,然后脚跟下落还原。可连续做,或提踵后稍停顿再继续做,约做25~30次后放松。

(3)足尖、足跟、足外侧交替走。直立,双手叉腰,用足尖、足跟、足外侧交替行走,膝关节伸直,每个动作约走5~6米后放松。

(4)脚背屈伸练习。直角坐,双手撑地,两腿并拢伸直,脚背屈伸。

(5)脚踝绕环练习。直角坐,双手撑地,两腿并拢伸直,两脚由内向外,或由外向内绕环,绕环时脚踝幅度尽量加大。

(6)平衡感的训练。练习平衡感是为了在走路时让背部挺直,使上半身不摇晃。练习时,在头顶放一个小布垫,眼睛看前方。

(7)修正线条训练。进行修正线条训练时,可用一条5厘米宽的长带放在地上,首先踏出一步。注意此时只有脚跟内侧才可以碰到带子,接着让大脚趾像踩在带子上一样着地。另外一脚也以同样的方法踏出,必须记住只能踏到带子边缘,使双脚呈倒八字形,以脚掌内侧接触带子。此外,还需避免翘着臀部走路。

知识拓展

在形体姿态训练中,开是指肩、胸、髋、膝、踝5大关节向外打开,以腿脚动作为主。目的是为了最大限度地延长练习者肢体原有的线条,扩大动作范围,增强其表现力。为了运动的灵活,扩大运动范围及幅度,提高身体在运动中的平衡能力,是舞蹈形体中主要的审美之一。

第二节 把杆练习

把杆练习是指扶把杆完成动作训练,又称为把上动作练习。目的是要帮助练习者掌握身体重心,使力量集中在受训练的部位上,获得正确的姿势,给以后的学习打下良好的基础。可以说,把上动作训练是最基本的训练。

把上训练内容包括擦地、蹲、小踢腿、小弹腿、伸屈、画圆、腰、大踢腿、压腿、压脚跟、舞姿与控制,内容也是由浅入深。通过这些训练可使练习者身体得到全面活动,克服自然体态,掌握好身体的直立和重心的稳定,以及达到身体软度、力度、开度的要求。

一、基本手型

(1)一位:两臂弧形下垂,掌心相对,两手相距约一虎口。
(2)二位:两臂弧形,掌心相对,两手相距约一虎口,上抬至与胃平。
(3)三位:两臂弧形,掌心相对,两手相距约一虎口,上抬至上举部位。
(4)四位:一臂弧形前举,一臂弧形上举。
(5)五位:一臂弧形侧举,掌心向前;一臂弧形上举。
(6)六位:一臂弧形侧举,掌心向前;一臂弧形前举。
(7)七位:两臂弧形侧举,掌心向前。

具体要求:
(1)做一位时,上臂不要触身。
(2)手指完全放松并拢,拇指和中指相连。全臂从肩至各指关节保持柔和的圆形线条。
(3)向七位打开时,可以自由地伸长后打平。
(4)三位应放在抬眼可以看到的位置。
(5)手臂打开时,要注意呼吸配合,眼随手动。

二、基本脚位

(1)一位:脚跟靠紧,脚尖向外成一字形(图5-1)。
(2)二位:两脚一字形,脚跟间距一脚(图5-2)。

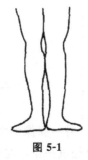

图 5-1

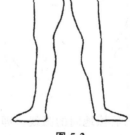

图 5-2

(3)三位:两脚前后一字形靠近,一脚跟位于另一脚的中间(图5-3)。
(4)四位:两脚外开,平行重叠,左脚尖和右脚跟,右脚尖和左脚跟对齐(图5-4)。
(5)五位:与四位相同,但两脚前后并拢(图5-5)。

图 5-3　　　　　图 5-4　　　　　图 5-5

三、把上基本训练

（一）擦地组合

擦地是指脚尖和脚掌摩擦的动作，可以向前、向后、向旁擦地。

向前擦地：脚向前擦出，脚跟前顶，并与支撑腿脚跟成一直线。收回时，由脚尖带动（图 5-6）。

向后擦地：脚向后擦出，脚尖先走，并与支撑腿脚跟成一直线。擦回时，要由脚跟带动，全脚擦回，不要只用脚的内侧擦回（图 5-7）。

向旁擦地：一腿直立，一腿向侧擦出，开始由全脚擦地，边擦边绷脚，脚跟逐渐抬起，脚尖不离地，擦出至最大距离为止。擦时，髋正，腿旋外，脚跟前顶（图 5-8）。

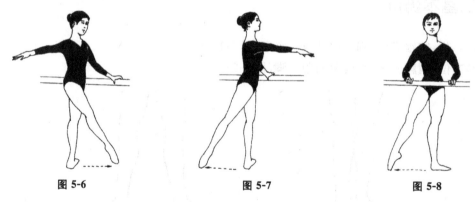

图 5-6　　　　　图 5-7　　　　　图 5-8

环动：连接旁、前、后擦地间的弧线。即以支撑腿为轴心，另一腿像圆规似的画半圆。从前向后由脚尖带动，以后向前用脚跟带动。但所有的环动都要经过一位。整个过程要连贯。

1. 擦地组合动作一

音乐：2/4 拍，中速。

预备姿态：面向把杆，双手扶把，脚成一位站立。

前奏:8拍不动,面对把杆,脚一位,绷脚背,立脚尖,练习脚背的感觉。
第一个八拍:
1~2拍:屈左腿立左半脚尖。
3~4拍:左脚立脚尖。
5~6拍:变回半脚尖。
7~8拍:放下左脚成一位。
第二个八拍:与第一个八拍完全相同。
第三个八拍:
1~2拍:屈左腿左半的脚尖。
3~4拍:右脚立脚尖。
5~6拍:变回半脚尖。
7~8拍:放下右脚成一位。
第四个八拍:与第三个八拍完全相同。
第五个八拍:
1~2拍:左腿向侧擦出,半脚尖。
3~4拍:绷脚背,立脚尖。
5~6拍:左脚再半脚尖。
7~8拍:左脚收回成一位。
第六个八拍:与第五个八拍完全相同。
第七个八拍:
1~2拍:右腿向侧擦出,半脚尖。
3~4拍:绷脚背,立脚尖。
5~6拍:右脚再半脚尖。
7~8拍:右脚收回成一位。
第八个八拍:与第七个八拍完全相同。

2.擦地组合动作二

音乐:2/4拍,中速。
预备姿态:面向把杆,成一位站立,双手扶把。
前奏:4拍不动。
第一个八拍:
1拍:左脚向左侧擦出半脚尖。
2拍:左足尖点地,重心在右腿上。
3~4拍:左脚经半脚尖收回还原成预备姿势。
5~6拍:同上1~2拍动作。
7~8拍:同上3~4拍动作。
第二个八拍:
1拍:左脚向左侧擦出脚尖着地。

2拍:足尖点地,收回。

3~4拍:同上1~2拍动作。

5拍:左脚向左侧擦出,左足尖点地,重心在右腿上。

6拍:重心下降,右腿蹲,左腿直。

7拍:重心移至左腿。

8拍:收右腿还原成预备姿势。

第三个八拍:

1~8拍:双脚一位立半脚尖控制。

第四个八拍:

1~2拍:双脚同时向下压脚跟。

3~4拍:双脚随即立起。

5~8拍:同1~4拍,如此反复8次。

第五个八拍:同第一个八拍动作,方向相反。

第六个八拍:同第二个八拍动作,方向相反。

第七个八拍:同第三个八拍动作。

第八个八拍:同第四个八拍动作。

3. 擦地组合动作三

音乐:2/4拍,稍快。

预备姿态:侧对把杆,五位站立,左手扶把,右手一位,眼看前方。

前奏:4拍不动。

第一个八拍:

1拍:右脚向前擦出,脚尖点地。

2拍:右脚回成五位。

3~4拍:重复1~2拍动作一次。

5~6拍:右脚向前擦出,同时左膝弯曲,左手由七位到三位。

7~8拍:伸直右膝,收回左腿,左手成七位。

第二个八拍:

1拍:左脚向后擦出,脚尖点地。

2拍:左脚收回成五位。

3~4拍:脚相同1~2拍,但右臂下落,经体前,向前伸,上体随右手同时向外转45°。

5~6拍:右手继续在胸前向前伸,同时屈右腿成方步。

7~8拍:伸直右腿,最后一拍左脚收回成五位,手成七位。

第三个八拍:

1拍:右腿向右侧擦出,足尖点地。

2拍:右脚收回至左脚后成五位。

3拍:同1拍。

4拍:同2拍,只收成前五位。

5～6拍:同1～2拍,但手臂到三位随身体向左侧倒,同时屈左腿。

7～8拍:身体直立,左脚收回。

第四个八拍:

1拍:右脚向右擦地,脚尖着地。

2拍:右脚收至右脚前。

3～4拍:同上。

5～6拍:左腿蹬地,右脚向右侧擦出腾空跳起,左脚先着地,右腿靠着成五位半蹲,两手打开。

7～8拍:右脚向左侧擦出腾空跳起,左脚先着地,右腿靠前成五位半蹲,两手七位。

第五个八拍:

1拍:五位蹲,手由七位到六位。

2拍:右脚蹬地收起,左脚立半脚尖,身体往左(外)旋转360°。

3～4拍:半脚尖立不动,右手二位。

5～6拍:右脚前落位,五位立。

7～8拍:脚跟落下。

(二)下蹲组合

蹲是膝关节反复的屈伸动作,能使腿的各部肌肉得到全面、均衡的发展,提高跟腱的弹性和柔韧度,是弹跳非常重要的基础练习。蹲可分为半蹲和全蹲。

半蹲:两腿旋外、膝向侧,蹲时脚跟不离地,半蹲到最大限度。起来时,慢慢站起至腿部完全伸直(图5-9)。

全蹲:两腿旋外、膝向侧,蹲至半蹲时继续向下至全蹲,同时起踵,臀部接近脚跟。起立时,脚跟先下压,然后慢慢起立至腿部完全伸直(图5-10)。

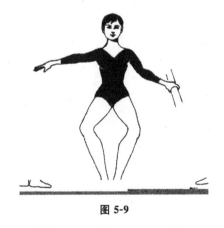

图 5-9

图 5-10

1.半蹲和全蹲

音乐:3/4拍,慢速。

预备姿态:左手扶把,右手一位。

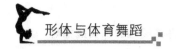

前奏:4拍,右手打开七位,回一位。

第一个八拍:

1拍:一位半蹲,右手下七位。

2拍:还原直立。

3拍:半蹲动作一次,右手到三位。

4拍:还原直立。

5～6拍:上体后倒,下腰。

7～8拍:上体右绕转,回身,右手到七位。

第二个八拍:

1～2拍:上体前屈,手不动。

3～4拍:手臂前伸。

5～6拍:上体抬起,成直立。

7～8拍:右脚向侧擦出,重心在中间,手落下到七位。

第三个八拍:

1拍:二位半蹲,右手一位。

2拍:还原直立。

3拍:手从二位打开到七位,二位半蹲。

4拍:还原直立。

5～6拍:手从七位到三位,下绕到一位,身体由上到下半蹲。

7～8拍:还原下直立,右手到七位。

第四个八拍:

1拍:上体右伸。

2拍:向左伸侧体屈。

3～4拍:上体回身,左手到七位,同时立蹲。

5拍:脚跟落下。

6拍:重心移左脚,右脚向前擦地。

7拍:重心在中间,四位脚。

8拍:四位蹲,手到二位。

第五个八拍:

1拍:直立。

2拍:四位蹲,手到三位。

3拍:直立。

4拍:提气立半脚尖。

5拍:不动。

6拍:右手后伸,左手离把前上伸。

7拍:左手扶把,重心后移,左脚前擦地,右手到七位。

8拍:右脚收回一位。

第六个八拍:

1~2拍:身体前屈。
3~4拍:向左侧绕,侧屈。
5~6拍:向后下大腰。
7~8拍:后腰、手眼肢体移动。

第七个八拍:
1拍:上体绕向右,回身手到七位,右脚前点地。
2拍:右脚收回成五位。
3拍:五位全蹲,手落下到一位。
4拍:直立,手二位。
5~6拍:右手由二位经七位到三位绕,五位全蹲,手落一位。
7~8拍:直立起,手到七位,五位立半脚尖。

第八个八拍:
1~2拍:五位立半脚尖,手列三位。
3~4拍:手臂前伸。
5~6拍:脚跟放下,右手打开到七位收回五位,脚收回五位。
7~8拍:右手还原到一位。

2. 单腿蹲

通过单腿屈伸髋部、腰部和股四头肌的力量,增加髋、膝、蹲的柔韧性和稳定性,使腿的肌肉更加协调有力,达到修饰腿形的目的。

(1)单腿蹲组合一
音乐:4/4拍,慢速。
预备姿态:成一位站立,左手扶把,右手一位。
前奏:1~4小节,右手打开成七位。
第一个八拍:
1~2拍:左腿半蹲,同时右小腿收回左腿前,右脚尖触脚背。
3~4拍:右腿还原直立,同进右腿向前抬并伸直,前抬腿,右手七位。
5~6拍:左腿半蹲。
7~8拍:左腿直立,前低控腿。

第二个八拍:
1~2拍:左腿半蹲,同时右小腿收回左腿前,手一位,左脚尖触脚背。
3~4拍:左腿直立,同时右腿向侧伸直举腿90°左右,手打开到七位,眼看前方。
5~6拍:右腿半蹲。
7~8拍:左腿直立,侧低控腿。

第三个八拍:
1~2拍:左腿半蹲,同时右小腿收回左脚后跟处,手一位。
3~4拍:左腿直立,同时左腿向后伸直举腿,手打开到七位,眼看右前侧。
5~6拍:左腿半蹲。

7～8拍:左腿直立,后控腿,右后七位。

第四个八拍:

1拍:前腿屈,后脚落地。

2～6拍:高收右腿,立左脚尖,右手二位。

7拍:打开右手到七位,右脚放下经五位立脚尖。

8拍:脚跟放下,右手收回到一位。

第五个八拍:

1～2拍:左腿半蹲,同时右小腿收回左脚后跟处,手一位。

3～4拍:左腿直立,同时右腿向后伸直举腿,手打开至七位,眼看右前方。

5～6拍:右腿半蹲。

7～8拍:左腿直立,后控腿,右手七位。

第六个八拍:

1～2拍:左腿半蹲,同时右小腿收回左腿前,手一位,右脚尖触脚背。

3～4拍:左腿直立,同时右腿向侧伸直举腿90°左右,手打开到七位,眼看右前侧。

5～6拍:左腿半蹲。

7～8拍:左腿直立,侧低控腿。

第七个八拍:

1～2拍:左腿半蹲,同时右小腿收回左腿前,手一位,右脚尖触脚背。

3拍:左腿直立,同时右腿向前伸直举腿90°左右。

4拍:手打开至七位,眼看右前侧。

5～6拍:左腿半蹲。

7～8拍:左腿直立,前低控腿。

第八个八拍:

1拍:右脚前点地。

2～6拍:高收右腿,立左脚尖,右手二位。

7拍:打开右手到七位,右脚前放下。

8拍:脚跟放下,手收回原位。

(2)单腿蹲组合二

音乐:2/4拍,中速。

预备姿态:成一位站立,右手打开七位。

第一个八拍:

1～2拍:左腿半蹲,手一位,右吸小腿。

3～4拍:还原直立,右腿前伸45°,手七位。

5～6拍:左腿屈膝,右脚尖向上,脚腕成背屈。

7拍:脚背伸直点地,同时左腿伸膝。

8拍:右脚收回。

第二个八拍:

1～2拍:左腿半蹲,手一位,右腿收小腿。

3～6拍:还原立半脚尖,右腿前伸45°以上,右手七位。
7拍:左脚跟放下,右脚尖点地。
8拍:右脚收回成五位。
第三个八拍:
1～2拍:右腿半蹲,手一位,左吸小腿。
3～4拍:右腿直立,右手前伸,左腿后伸。
5～6拍:屈右腿,左脚背屈,右手七位。
7～8拍:右腿直立,左脚背伸。
第四个八拍:
1～2拍:右腿半蹲,手一位,左吸小腿。
3～6拍:右腿伸立半脚尖,后伸左腿。
7拍:伸右膝,左脚后落点地。
8拍:点地收回成五位。
第五个八拍:
1～2拍:左腿半蹲,手一位,右吸小腿。
3～4拍:还原直立,右腿侧伸45°,手七位。
5～6拍:左腿屈膝,左脚尖向上脚腕背屈。
7～8拍:左腿伸直,右脚背伸直,手七位。
第六个八拍:
1～2拍:左腿半蹲,手一位,右收小腿在后。
3～6拍:还原立左半脚尖,右腿侧伸45°以上,右手七位。
7拍:左脚跟放下,右脚尖点地。
8拍:右脚收回成前一位。
第七个八拍:
1～2拍:右腿经一位前摆,屈伸左腿一次,点地收前五位。
3～4拍:右腿侧摆一次,屈伸左腿一次,点地收右腿在后。
5～6拍:右腿后摆一次,屈伸左腿一次,右脚向后点地。
7～8拍:右脚向前画圆,大四位。
第八个八拍:
1～4拍:收回五位的同时,向内转体180°,成右后扶把,左手七位,立住。
5～6拍:高收左腿,右后扶把,左手三位,眼看左手。
7～8拍:放下脚跟,成一位脚和一位手。
第九个八拍至十六个八拍,反方向做,动作相同。

(三)小踢腿组合

小踢腿是个急速有力的快速动作,能练习后背力量、腿的爆发力及踝关节的灵活性。
音乐:2/4,快速有力。
前奏:右手打开成七位。

第一个八拍：

1拍：右腿经擦地向前踢出25°左右。

2拍：右腿收回成五位。

3～4拍：同1～2拍动作。

5拍：右腿在前踢出。

6拍：左脚起蹲，立半脚尖。

7拍：重心到右脚，右立半脚尖。

8拍：脚落下点地收回。

第二个八拍：

1～4拍：右腿向后踢出两次，手二位。

5拍：右腿向后踢出。

6拍：右脚起踵，立半脚尖。

7拍：后心后移，左脚起踵，立半脚尖。

8拍：右腿点地收回成五位脚。

第三个八拍：

1拍：右腿向侧踢出。

2拍：右腿收回前五位。

3～4拍：同1～2拍，但收回成后五位。

5～8拍：重复1～4拍。

第四个八拍：

1～2拍：右腿向侧擦出，同时屈左腿。

3～4拍：右脚收回成后五位立起。

5～6拍：同1～2拍。

7～8拍：右脚收回，右脚收回成前五位立起。

第五个八拍：

1拍：右脚向前踢。

2拍：右脚向后踢。

3～6拍：交替反复两次。

7拍：腿控后，立左腿半脚尖。

8拍：手经一位到二位。

（四）腰组合

练习髋关节的灵活性，加大其活动范围，并能加强腰部力量及髋韧带的弹性，修饰腰部形体。

音乐：3/4拍，中速。

预备姿态：成一位站立，左扶把，右手一位。

第一个八拍：

1～4拍：两膝屈，重心在左侧，右脚经一位向前擦。

5~8拍:左腿直立,脚尖擦地向后绕圈。手打开到七位,右脚由前向后画半圆。

第二个八拍:

1~4拍:右脚收回经一位向前擦地。

5~8拍:向后画圈。

第三个八拍:

1~4拍:右腿经一位向前,身体向前,手二位同进屈左腿。

5~8拍:右小腿由前向后画圈,身体带动手到七位,伸直左腿。

第四个八拍:

1~4拍:右小腿经一位前点地。

5~8拍:举腿45°左右。

第五个八拍:

1~4拍:向侧绕控旁腿。

5~8拍:腿向后举。

第六个八拍:

1~4拍:右腿落下,脚尖点地收回成一位。

5~8拍:右脚从一位向后擦出,脚尖点地。

第七个八拍:

1~4拍:右脚从后经侧向前画圈。

5~8拍:右脚收回再经一位向后擦地。

第八个八拍:

1~4拍:右脚由后向前画圈。

5~8拍:右腿收回,由后向前划,身体带动手向前俯。

第九个八拍:

1~4拍:右手向后划直斜上举,脚前点地。

5~8拍:右腿经一位向后点地,手七位。

第十个八拍:

1~4拍:举起后腿,停控。

5~8拍:右脚打开至侧举控旁腿前腿,停控。

第十一个八拍:

1~4拍:右腿落下前点地,右腿向前擦地收回成一位。

5~8拍:上体前屈90°,手二位。

第十二个八拍:

1~4拍:推起身体,手三位。

5~8拍:上体后倒下腰。

第十三个八拍:

1~4拍:抬起身体,手落七位。

5~8拍:右手向右侧伸。

知识拓展

在把上基本训练中,扶把的方式可分为单手扶把和双手扶把两种方式。其中,单手扶把是指侧身对把杆,单手轻放把上,放在身体的前面一点;双手扶把是指面向把杆,身体与把杆之间约一小臂的距离,双手轻放把杆上,两手距离与肩同宽,肘下垂,肩下压。扶把高度主要根据练习者的高矮而定,高度为 1.2 米左右,长度不限。另外,如果条件不允许,还可用桌子、窗台、椅子或体育器材中的肋木、平衡木等代用。

第三节 中间动作组合练习

中间动作组合练习是指在扶把的基础上逐步训练离开把杆,即脱把练习。完成动作的能力是将臂、腿、弹跳等配合舞蹈姿态造型而组成的小组合,能训练身体的基本能力和身体的基本姿态,使练习者达到修饰形体的目的。

一、手位与脚位的训练

(一)手位及脚位基本练习

音乐:3/4 拍,3 拍为 1 个小节。
预备姿态:面向 2 点,五位脚站立,手一位,眼看右。
前奏:1~6 拍,不动。
第一个八拍:
1~2 拍:右手做波浪一次,收回一位。
3~4 拍:左手做波浪一次,收回一位。
5 拍:双手由一位到二位。
6 拍:由二位到七位。
7 拍:五位手,左手在上,眼看左手。
8 拍:五位手,左手在上。
第二个八拍:
1~2 拍:左手落下双手经二位,交叉到右手在上的五位手。
3 拍:右腿向前擦出点地。
4~5 拍:控前腿,手五位,右手在上。
6 拍:右腿慢落前点地。
7~8 拍:收回右腿经一位到后点地。

第三个八拍：

1~2拍：控后腿。

3~4拍：后腿点地，右转体，面向1点，侧点地，手七位。

5~6拍：控右侧腿，手七位。

7~8拍：上体左转，到8点，右后腿。

第四个八拍：

1~2拍：重心在左腿，左腿向7、6、5、4、3、2、1共8个方位转动各一次。

3~4拍：面对1点，左腿侧点地收回。

5~8拍：同1~4拍。

（二）手臂波浪

音乐：抒情4/4拍，中速。

预备姿态：面向2点，左腿在前，右腿在后，身体前趋，两手一位。

第一个八拍：

1~2拍：右手做波浪二次，回一位。

3~4拍：左手做波浪一次，回一位。

5~6拍：两臂由一位经二位到七位一个波浪。

7~8拍：右脚上前重心前移，两臂前后波浪各两次。

第二个八拍：

1拍：右脚赶左腿，重心前移，双臂前摆经三位向后绕至前。

2~3拍：左、右足前后推重心。双臂前后各摆两次，最后侧打开回七位，眼看手走。

4拍：右臂前做波浪一次，重心前移，右臂后摆。左臂前波浪，重心后移。

5~6拍：重复第4拍侧波浪。

7拍：重心右移，右手向右摆，重心左移，左手向右摆。

8拍：重复第7拍侧波浪。

第三个八拍：

1拍：左右足并步，连续侧波浪两次。

2拍：往7点上一步，双手迎风。

3~4拍：两臂做侧波浪各2次。

5~6拍：左右足并步，连续侧波浪两次，往7点上一步，双手迎风。

7~8拍：双臂同时从前至后做水平波浪两次，五位立，面向8点。

第四个八拍：

1~2拍：左足向左迈一步，右足插在左足后成右大踏步。

3~4拍：双臂从下至三位立转360°做两次。

5~8拍：双臂成波浪放下，至背后，手心相对，挺胸、立腰、眼看2点。右脚在前，大四位。

（三）脚画圆

预备姿态：身体45°方向站立，脚一位，手一位，头看右方，面向8点。

第一个八拍：

1~2拍：右腿向前擦地,头看前方。

3~4拍：右腿向后画。

5~6拍：右腿经一位向前画。

7~8拍：右腿向后画。

第二个八拍：

1~2拍：右腿经一位向前擦地,左腿半蹲。

3~4拍：手二位。

5~6拍：手打开到五位,左手在上,看右边,肩打开,上体平肩微向后倒。

7拍：左腿直立。

8拍：收右腿前五位,手回一位。

第三个八拍：

1~4拍：左腿经一位向后画半圆一次。

5~8拍：反复一次。

第四个八拍：

1~4拍：左腿经一位后伸,右腿半蹲。

5~6拍：经二位,左臂上举,手成五位,眼看左臂前下方。

7~8拍：右腿直立,收回左腿,后五位。

第五个八拍：

1~2拍：左腿向前擦地。

3~4拍：向后画半圆。

5~8拍：重复1~4拍一次。

第六个八拍：

1~4拍：左腿经一位前伸,右腿半蹲。

5~6拍：经二位到五位,眼看左手。

7~8拍：右腿直立,收回左腿。

第七个八拍：

1~2拍：右腿向后擦地。

3~4拍：向前画圈一次。

5~8拍：重复1~4拍一次。

第八个八拍：

1~2拍：右腿经一位后伸,左腿屈。

3~4拍：手二位。

5~6拍：由二位打开到五位,右手在上,看右边。

7~8拍：直立,手七位。

第九个八拍：

1~2拍：右腿画向前。

3~6拍：身体前倒,手二位。

7～8拍：推起身体，手三位。

第十个八拍：

1～6拍：向后下胸腰，也可以不改变原来的姿态，只下胸腰。

7～8拍：回身。

第十一个八拍：

1～4拍：身体对7点，脚大四位，手六位。

5～8拍：控右后腿，手到六位。

第十二个八拍：

1～2拍：身体转向2点，后控腿，六位手。

3～4拍：身体转向4点，后控腿，六位手。

5～6拍：身体转向6点，后控腿，六位手。

7～8拍：身体转向8点，后控腿，六位手。

第十三个八拍：

1～4拍：身体转向1点，左旁控腿，七位手。

5～6拍：右脚侧落地。

7～8拍：左脚收回右脚前，面对2点。

（四）小跳

音乐：2/4拍，中速。

预备姿态：脚一位站立，手一位。

第一个八拍：

1～2拍：一位跳起两次。

3～4拍：一位落地半蹲，直腿，手一位。

5～6拍：同1～2拍。

7～8拍：同3～4拍。

第二个八拍：

1～2拍：一位半蹲跳起二位落地，二位跳两次。

3～4拍：二位半蹲，直腿。

5～6拍：同1～2拍。

7～8拍：同3～4拍。

第三个八拍：

1～2拍：向左跳转体45°，面向8点，五位半蹲，跳起两次，空中控制姿态。

3～4拍：五位落地起，手一位，停住。

5～6拍：同1～2拍。

7～8拍：同3～4拍。

第四个八拍：

1～2拍：转体90°面向2点，五位半蹲跳起两次。

3～4拍：五位半蹲直起，停住。

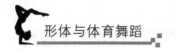

5～6拍：反复五位跳两次。

7～8拍：同3～4拍。

(五)半脚尖

预备姿态：脚五位，面向一点，手一位。

第一个八拍：

1～2拍：右脚前伸，左腿半蹲手二位。

3～8拍：推起左脚，右脚尖向前迈，左脚迅速上靠，手五位，立住。

第二个八拍：

1～8拍：右脚从8点开始向左走一圈，眼看左手。

第三个八拍：

1～4拍：左手放下，两手七位。

5～8拍：两手经一位打开，右脚向侧擦地成侧弓步。

第四个八拍：

1～4拍：推起左脚，右脚尖各2点侧迈，左腿迅速在前五位立住，手七位。

5～8拍：收手回一位，脚五位。

第五个八拍：

1～4拍：左脚前伸，右腿半蹲，手二位。

5～8拍：推起右脚，左脚尖向前迈右腿迅速上靠，手五位，立住。

第六个八拍：

1～8拍：右脚从2点方向向右走一圈，眼看右手。

第七个八拍：

1～4拍：右手放下，两手七位。

5～8拍：两手经一位打开，左脚向侧擦地成侧弓步。

第八个八拍：

1～4拍：推起右脚，左脚尖向2点侧迈，右腿迅速在前五位立住，手七位。

5～8拍：收手回一位，脚五位。

(六)脚尖步

预备姿态：面向8点，脚五位，手一位。

第一个八拍：

1～4拍：左腿后伸，右腿屈，上体前俯，手二位。

5～6拍：右腿推起，左腿后立半脚尖，右腿迅速靠在左腿前立住，左手在上五位。

7～8拍：左手侧落下，两手成一位，脚五位。

第二个八拍：

1～4拍：两手打开到七位，右腿向侧擦出，屈左腿。

5～8拍：迈右腿，左腿迅速在前靠上，五位立住。

第三个八拍：
1～4拍：右腿后伸，左腿屈，上体向前，手从七位经一位到二位。
5～6拍：左腿推起，右腿后立，平脚尖，左腿迅速靠在右腿前五位立，右手在上的五位。
7～8拍：右手侧落下，到一位两脚五位半蹲。
第四个八拍：
1～4拍：两手打开到七位，左腿向侧擦出。
5～8拍：迈左脚，右腿迅速在前靠上，五位立住，反复多次。

二、擦地组合

音乐：2/4拍，中速，4拍为1个小节。
预备姿态：五位脚，手臂一位手，面向8点。
第一个八拍：
1～4拍：手臂由一位到二位，由二位手打开到六位。
5～8拍：右脚向前擦地，收回。
第二个八拍：
1～4拍：右脚向前擦地，收回。
5～8拍：前2拍右腿向前擦地，后2拍成四位蹲。
第三个八拍：
1～4拍：前2拍右腿收回吸腿，手二位。后2拍右腿放在左脚后成五位。
5～8拍：右脚向后擦地，右手前伸，后两拍脚收回。
第四个八拍：
1～4拍：右脚向后擦地，右手不变，脚同样收回。
5～8拍：前2拍，右脚向后擦地，后2拍大四位。
第五个八拍：
1～4拍：前2拍，提吸右腿，手变二位。后2拍右腿放在左脚前成五位，面向1点。
5～8拍：右脚向右侧擦地，此时两臂侧伸，收在左腿后。
第六个八拍：
1～4拍：右脚向右侧擦地，收回左腿前，手一位。
5～8拍：右脚向右侧擦地，屈左腿经半蹲移重心到右腿，手打开到七位。
第七个八拍：
1～4拍：收左腿在右脚前，左手跟着收回到一位。
5～8拍：先屈左腿，做左插秧步。
第八个八拍：
1～4拍：右插秧步。
5～8拍：五位立，同时向右转身180°后，放下脚跟。
第九个八拍：
1～4拍：五位立，同时向右转身180°后，放下脚跟，面向2点。

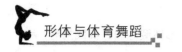

5～8拍:由一位到二位,由二位手打开到六位。

第十个八拍:

1～4拍:左脚向前擦地,收回。

5～8拍:右脚向前擦地,收回。

第十一个八拍:

1～4拍:前2拍左脚向前擦地,后2拍成四位蹲。

5～8拍:前2拍左腿收回吸腿,手二位。后2拍左腿放在右脚后成五位。

第十二个八拍:

1～4拍:左脚向后擦地,左手前伸,右手侧伸,左脚收回。

5～8拍:左脚向后擦地,左手不变,脚收回。

第十三个八拍:

1～4拍:前2拍,左脚向后擦地,后2拍大四位。

5～8拍:前2拍,提吸左腿,手变二位。后2拍左腿放在右脚前成五位,面向1点。

第十四个八拍:

1～4拍:左脚向左侧擦地,同时左手打开,手成七位,接着收左腿回右腿后。

5～8拍:左脚向左侧擦地,收回右腿前,手一位。

第十五个八拍:

1～4拍:左脚向左侧擦地,屈右腿经半蹲移重心到左腿,手打开到七位。

5～8拍:收右腿在左脚前,右手跟着收回到一位。

第十六个八拍:

1～4拍:先屈右腿,做右插秧步。

5～8拍:左插秧步。

第十七个八拍:

1～4拍:五位立,同时向左转身180°,放下脚跟。

5～8拍:五位立,同时向左转身180°,放下脚跟,面向2点。

三、腰组合

音乐:2/4拍,慢速。

预备姿态:8拍,一位脚,一位手。

第一个八拍:

1～4拍:头向左转绕。

5～8拍:头向右转绕。

第二个八拍:

1～4拍:两臂在旁提起旁伸,看左手。

5～8拍:两手臂抱胸前交叉。

第三个八拍:

1～4拍:两臂从下向旁伸,看右手。

5～8拍：两手抱胸前交叉。

第四个八拍：

1～7拍：两臂从下向旁伸，停住。

8拍：两臂收回前交叉。

第五个八拍：

1～4拍：两手向旁推开，胸打开，同时一位半蹲。

5～8拍：半蹲起，手放下，两手胸前交叉。

第六个八拍：重复第五个八拍动作。

第七个八拍：

1～4拍：两手向旁推开，胸打开，同时一位全蹲，脚后跟离开地面。

5～8拍：由腹部开始，经腹部、胸部、肩、颈、头，一节一节向内含收起（向内波浪）。最后半拍两臂从下收回快速胸前交叉。

第八个八拍：

1～4拍：两手胸前经交叉，两手向旁推开，胸打开，同时一位全蹲，脚后跟离开地面。

5～8拍：由腹部开始，经腹部、胸部、肩、颈、头，一节一节向前起（向前波浪）。最后半拍两臂从下收回快速胸前交叉。

第九个八拍：

1～4拍：左脚向左边成二位，两手经前交叉向外推开，同时半蹲。

5～8拍：经半蹲起。

第十个八拍：重复第九个八拍。

第十一个八拍：

1～4拍：二位脚，两手经前交叉向外推开，全蹲。脚后跟离开地面。

5～8拍：由腹部开始，经胸部、肩、颈、头，一节一节向内含收起（向内波浪）。

第十二个八拍：

1～4拍：二位脚，两手经前交叉向外推开，全蹲，脚后跟离开地面。

5～8拍：由腹部开始，经腹部、胸部、肩、颈、头，一节一节向前提起（向前波浪）。最后半拍两臂从下收回，快速胸前交叉。

第十三个八拍：

1拍：右脚向前画到点地。

2拍：重心前移，双手二位，左腿勾脚，身体前屈。

3～4拍：左腿屈膝提起，打开胯。经过膝盖向后绕，手由二位到三位。

5～8拍：左膝向后绕，后伸点地，身体充分伸展，胸腰充分展开。

第十四个八拍：

1～2拍：收回左腿，手经一位到二位，重心前移屈体，抬起右腿勾脚。

3～4拍：右腿屈膝提起，打开胯。经过膝盖向后绕。手由二位到三位。

5～8拍：右膝向后绕，后伸点地，身体充分伸展，胸腰充分展开。

第十五个八拍至第十八个八拍重复第十三个八拍至第十四个八拍两次。

第十九个八拍：重复第一个八拍，五位脚。

第二十个八拍:重复第二个八拍,五位脚。
第二十一个八拍:重复第三个八拍,五位脚。
第二十二个八拍至第二十四个八拍与第四个八拍至第六个八拍相同,五位脚。

第六章　形体与形象塑造的实践应用

形体训练可以有效改善个体的形体和形象，能够矫正不良形体缺陷、塑造完美体形、培养完美的气质。本章主要介绍了形体缺陷与矫正方法、不同部位减肥塑身方法以及个人形象的塑造方法，旨在为学生塑造健康优美的形体和良好的个人形象提供指导。

第一节　形体缺陷与矫正方法

一、肩臂缺陷及其矫正

（一）斜肩

1. 原因

斜肩可由多方面原因造成。除了病理原因外，斜肩一般是由于个人习惯和客观条件形成的。如长期习惯于单肩负重（如挎背包、书包或肩扛、手提重物等），或不正确的姿势习惯，导致一侧肩带肌和另一侧腰肌的力量强，牵引力大，腰两侧的肌肉力量不平衡，久而久之容易使腰椎侧弯，便形成了斜肩的姿态。矫正斜肩的方法，较多是采用增强一侧的肌肉紧张，来取得对抗性的平稳，以矫正斜肩。

2. 矫正方法

（1）面向镜子，两脚开立，与肩同宽，上体直立。两手持哑铃下垂于体侧。然后吸气，同时，两臂做侧平举，观察两肩是否在平行地面的一条直线上，然后呼气并放下还原，重复10～12次，共练习3组。

（2）两脚要开立，与肩同宽，上体正直。两手斜下举，低肩的一侧做提肩练习10次，另侧手自然下垂，然后双肩做提肩、沉肩练习10次，反复练习4组。

（3）背向肋木，双手要正握杠悬垂，女性做屈膝收腹举腿到大腿水平，男性举直腿至水平，控制15～20秒，反复练习3组。

(4)双杠由双臂支撑,在别人的帮助下做上下屈伸练习。要求:身体保持正直,防止前后、左右摆动屈伸,每组动作做10~15次,共练习4组。

(5)在别人的帮助下对墙倒立,要求身体正直,两手用力均匀,每次停留30~60秒,共练习5次。

(6)两脚要开立,与肩同宽,上体直立,低肩侧手持哑铃或重物做单臂侧平举,另一侧手叉腰。重复15~20次,共练习4组。

(7)挺胸收腹,有意识地提低侧肩,每天要做10次提低侧肩练习,一次持续时间约为5分钟。

(8)两臂侧平举向内、向外交替绕环。开始时要向外绕小环,然后绕中环,直到绕大环。这项练习可以增加双肩、双臂肌肉群的力量。

(二)溜肩

1. 原因

"溜肩"又称垂肩,是指肩部与颈部的角度较大,一般来说,正常男子颈部与肩部的角度在95°~110°,而女子在100°~120°,如果男子或女子肩部和颈部的角度大于上述角度,就属于溜肩,造成溜肩的主要原因是,肩部的锁骨和肩胛骨周围附着的各肌肉群(如三角肌、胸大肌、背阔肌、斜方肌等)不发达、无力,让锁骨和肩胛骨远端下垂,从而形成溜肩。

2. 矫正方法

(1)侧平举。两脚要开立,与肩同宽,两手拳眼向前持哑铃或重物下垂于体侧。随即吸气,持哑铃向两侧举起,手臂与肩齐时稍微停3~4秒,再呼气,持哑铃慢慢放下还原至体侧,重复10~12次,共练3组。

(2)屈臂提肘。两脚要开立,两手于体侧提一重物或哑铃,当吸气时,两手持哑铃屈臂提肘上拉到上臂与地面平行,稍微停2~3秒,然后再呼气,持铃慢慢贴身放下还原,练习8~10次,共练习4组。

(3)开肘俯卧撑。即俯卧撑时两肘与肩于一水平线上,每组10~15次,一共练习3组。早晚都要练习。

(4)倒立屈伸。在别人的帮助下,在体操架上做倒立屈伸练习,帮助者两手扶练习者两腿外侧,根据练习者的手臂力量大小情况,决定所给帮助力的大小,最后帮助其完成屈伸动作。当然应确保练习者身体姿势的正直、不摇晃。重复做7~10次,共练习3组。

(5)坐姿颈前推举。坐立,两手宽握距持哑铃置于胸上,上体要保持挺胸、收腹、紧腰的姿势,随即吸气,持哑铃垂直向上推起,到两臂完全伸直为止,控制2~3秒;再呼气,慢慢放下还原,重复10~12次,共练习3组。

(6)推板车。两人一组,帮助者双手抱练习者两腿于体侧。练习者两手支撑向前爬行,要求不塌腰,臀部不左右摇摆,爬行时手臂要伸直支撑。练习直到爬不动为止,重复练习3组。

(7)侧向拉橡皮条。两腿前后站立,双手于体侧拉橡皮条的两端(橡皮条从肋木中穿过,系在肋木上)。上体要保持挺胸、收腹、紧腰的姿势,随即吸气,两手从体后水平拉橡皮条至胸前平举。控制2~3秒,再呼气,手臂要还原。重复练习15~20次,共练习4组。

(三)一臂粗,一臂细

1. 原因

一般情况下都是左臂细(左撇子除外),这是因为左臂用得相对较少的缘故。很多只用单臂的运动项目,如投掷项目、小球项目,都因为只用一臂而导致粗细不一。矫正的方法就是多练平时练得少的细臂。既练三头肌,又练肱三头肌,等到这两块肌肉发达了,手臂也就发达了。

2. 矫正方法

(1)单臂持哑铃(细臂)由自然下垂侧平举,稍微停2~3秒。反复练习20~25次,共练习3组。

(2)单臂持哑铃(细臂)分腿站立,胸前屈肘弯举。反复练习20~25次,共练习3组。

(3)分腿站立,单手经体前至体侧,直臂下压拉一固定的橡皮筋。反复练习15~20次,共练习3组。

(4)两腿前后背向固定橡皮筋方向站立,单臂拉橡皮筋上举,臂下压,然后还原。反复练习10~15次,共练习3组。

(5)两脚要开立,双手背后上、下拉弹簧,粗臂在下面,细臂屈肘从肩上至颈后拉住弹簧,至上举然后还原。反复练习10~15次,共练习3组。

(6)单臂持重物(哑铃)仰卧做侧屈练习,一组15~20次,共练习3组。

(7)做单臂(细臂)三点支撑的俯卧撑10次,共练4组。

二、胸腹缺陷及其矫正

(一)鸡胸

1. 原因

"鸡胸"是一种软骨病,是由于患佝偻病使得肋骨后侧向内凹陷,胸骨部分抬高和突出,从外形上看,整个胸部的形状就像鸡的胸脯。患鸡胸的人由于胸廓变形,直接影响胸腔内的心肺功能和正常发育功能,同时对疾病的抵抗能力也会降低。因此,应采用有效的方法改善胸廓外形,使之恢复正常。

2. 矫正方法

(1)双手推膝。坐立,两臂体前交叉,按在异侧腿的膝部,吸气,双手向外推膝,而两大腿内收用力保持膝不动,应持续对抗一段时间(5~10秒),然后呼气,还原放松。重复10~15次,共练习3组。

(2)自然站立,两臂向外环绕一周成双腿全蹲,含胸低头,双手要抱住小腿,控制2秒,然后还原成直立。反复练习10~15次,共练习2组。

(3)双杠上的双臂屈伸或支撑摆动,练习5~8次,共练习3组。

(4)双手掌挤压,两脚自然开立,两手肘抬平,水平相反用力,好似要把手掌中的物体挤扁似的,挤压动作要在最大力量上持续5~8秒。用力时吸气,还原放松时呼气。重复10~15次,共练3组。

(5)俯撑,向上弓背,提臀到最大限度为止,控制2~4秒钟后还原成俯撑。反复练习10~15次,共练2组。

(6)把橡皮条穿过肋木,两手在体侧拉橡皮条两端成侧平举。当吸气时,两手侧平拉橡皮条到前平举,控制4~5秒;呼气时还原成侧平举。反复练习10~15次,一共练习3组。

(7)平卧扩胸。仰卧在长凳上,两手握哑铃,掌心相对,两臂伸直持哑铃置于胸部上方。吸气,两臂向两侧慢慢将哑铃向两侧及下方拉开到两手略低于两肩,控制2~3秒,呼气,缓慢还原。反复练习10~12次,共练习3组。

(8)双手夹提哑铃。双手掌在胸前夹住并提起哑铃,控制5~8秒后再把重物放下。用力夹提时吸气,还原放松时呼气,反复练习10~15次,一共练习3组。

(二)扁平胸

1. 原因

扁平胸产生的主要原因是胸部肌肉发育不良,女性多发,在胸腔上有胸小肌和胸大肌,在胸大肌表面第3~6肋间有一个半球形的乳房,乳房主要由乳腺和脂肪组成。乳房的大小和形状随着年龄的不同而有所不同,对于那些雌性激素不足加上偏瘦的女青年,她们的乳房扁平偏小;从事耐力和有氧训练过多的人,由于脂肪的消耗而让身为脂肪球的乳房变得扁平。

2. 矫正方法

(1)仰卧垫上,两臂要侧举,手持哑铃,随即吸气,两臂用力向上夹胸举起,同时挺胸,收腹,抬头,稍微停4秒,然后呼气还原,重复15~20次,共练习3组。

(2)俯卧撑,可以是分腿的,也可以并腿,可以是手脚同一高度,也可以脚高手低,当吸气时,两臂用力撑地屈肘与地面平行,同时抬头,挺胸,还原成俯卧姿势。重复练习15~20次,共练习3组。

(3)自然站立,两脚要开立同肩宽,紧腰,收腹,挺胸,两手分别握拉力器的两端,两臂伸直上抬至胸前,深吸气的同时两手平稳而均匀地将拉力器向两侧拉开,到最大限度后控制2~3秒,然后呼气,慢慢还原。重复练习15~20次,共练习3组。

(4)两脚前后站立,背向肋木双手臂上举,拉挂扣在肋木上的橡皮条。当吸气时,双臂从上举位直臂下压,到最大极限控制2~3秒,然后还原呼气。重复练习10~15次,共练习3组。

(5)平卧推举,两腿分开躺在凳子上,身体要保持平稳,呈挺胸沉肩状,双手掌心朝上握哑铃,握距与肩同宽或大于肩的宽度,将哑铃横放在胸部乳头外侧处。随即吸气,两臂用力向上推起哑铃,手臂伸直,控制 2~3 秒,然后呼气,慢慢放下哑铃还原。重复 10~12 次,共练习 3 组。

(三)挺腹

1. 原因

产生挺腹的原因主要集中在两个方面,一方面是由于腹部脂肪增厚而隆起,让上身自然向后仰,这种情况常见于年龄较大、身体肥胖者;另一方面是腹肌力量差,缺乏收腹意识,没有建立起挺拔向上的形体姿态,这种现象年轻人较多。

2. 矫正方法

(1)仰卧起坐。仰卧,两腿要伸直并拢,两臂上举,上体前屈,尽可能使腹部贴于腿上,两手触及脚面,复原,反复做。

(2)仰卧举腿。仰卧,两腿要伸直并拢,两臂向上,两手枕于脑后,以髋关节为轴,双腿向上屈 90°以上,复原,反复做。

(3)直角坐。仰卧,两腿要并拢,两臂伸直上举,上身和腿同时向上屈起,双手拍脚背,反复若干次。

三、背部缺陷及其矫正

(一)弯腰驼背

1. 原因

在人体中,骨骼是人体的支架,脊柱是中轴,由 30 多节椎骨按照规律重叠连接而成。正常情况下,它有 4 个生理弯曲。颈段凸向前,胸段凸向后,腰段再凸向前,骶尾段再凸向后。不良姿态表现为各种脊柱弯曲。脊柱的弯曲,基本都是前后方向的,一般称弯腰驼背。腰弯通常都是向前弯,其根本原因在骨盆,因为骨盆是向前倾斜的。因此要从根本上矫正腰的弯度,就得矫正骨盆的前倾。在矫形时,一定要做准备活动和放松活动;不要一开始就用力过猛,要根据自身情况来控制用力的程度和幅度、动作停顿的时间和重复的次数。在练习中逐渐加大用力程度、动作幅度和延长矫正练习时间。

脊柱弯曲的形成多数是因为经常处于低头、窝胸的不良姿势,形成习惯所造成的。这不仅对形体美造成极大的影响,而且还会影响乳房及心肺的正常发育,从而成为产生某些腰背疾病的潜在因素。所以,必须改变这些不正确的姿势;可以通过睡硬板床,不垫过高的枕头,并结合科学的形体锻炼进行矫正。只要持之以恒,一定会收到很好的效果。

2. 矫正方法

(1)撑扶肋木站立。面对墙或肋木,两臂要前上举,两手掌撑扶肋木,两脚并立或开立,离

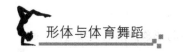

开墙一个上体的距离。挺胸、抬头,用胸去靠墙或肋木,臀部要翘起,塌腰。保证姿势停止3~5秒,还原。练习10~15次为宜。

(2)手撑门框扩胸。两脚要并拢,两臂侧举,将手挡在门框上。重心要前移,胸向前顶伸至最大限度,停止3~5秒,还原。练习10~15次为宜。

(3)贴墙站立。两脚跟靠拢并齐,两腿夹紧膝盖稍微用力后挺,臀部肌肉收紧,小腹要微收,自然挺胸,两肩要平并稍微向后张,两臂自然下垂轻贴身体两侧,脖颈挺直紧贴衣领,下颌稍微收,头向上顶。练习时让两脚跟、小腿肚、臀部、两肩及头部后侧均紧贴墙壁。每日可以贴墙站1~2次,每次不少于30分钟。

(4)单杠悬吊。立于高约2.5米的单杠下,两手与肩同宽,抓住杠体使身体自然伸直悬空吊起,而后小幅度上下振摆。每次1~2分钟为宜。

(5)反撑倒立。先距墙1米左右面墙而立,然后两手与肩同宽,在离墙30~50厘米处着地,并将两腿伸直向后翻于墙上,两脚要在上,头在下成反弓形。每次坚持1~2分钟为宜。

(6)俯卧撑。两手两脚同时触地,将头、颈和身体撑起。练习15~30次为宜。

(7)半蹲挺胸。直立,两手要叉腰。膝稍微屈,两肘后展,挺胸抬头至最大限度,控制2秒,还原。练习25~30次为宜。

(8)体前屈挺胸。直立,两臂自然下垂。两臂后摆,上体稍微前屈,挺胸抬头至最大限度,控制3~4秒,还原。练习10~15次为宜。

(9)坐立挺胸。并腿坐,两手在体后直臂撑地。尽可能挺胸、抬头,两臂用力伸直撑地,胸挺至最大限度后停止3~5秒,还原。练习10~15次为宜。

(10)站立挺胸。直立,两臂放于体后,两手互握。两手用力向下伸,让肩下沉,两肩尽量后展,停止3~5秒后还原;两臂尽可能抬高,挺胸抬头。练习10~15次为宜。

(11)后振扩胸。直立,两臂要前举交叉,两臂胸前平屈(或向侧打开),两臂后振扩胸。练习20~25次为宜。

(二)脊柱侧弯

1.原因

脊柱侧弯是指人的脊柱发生向左或向右的弯曲。轻者表现为两肩不等高,腰凹不对称;重者可以看见胸部、胸腰部至腰部一段的脊柱向一侧弯曲,同侧背部隆起,胸廓塌陷,严重的可以影响心肺功能和内脏功能。

一般来说,在脊柱侧弯初期,做矫正操效果显著,可快速改善这种不良形体,因为这时骨骼和韧带还没有发生异常的变化,一旦侧弯发生较久之后,由于一侧的肌肉韧带松弛,另一侧发生萎缩,矫正起来比较困难,这是因为脊柱侧弯长久后,脊椎骨本身往往也随着变了形,矫正就更加困难了。但是,如果长期坚持做矫正操,还是可以防止侧弯的再发展,使脊柱正常发育的。

2.矫正方法

(1)两脚开立,腿伸直,一手叉腰,一臂侧上举,向叉腰一侧做体侧屈运动。振幅应逐渐加大,也可以一手叉腰,一手放于头上,向叉腰侧做体侧屈运动,两手同时推挤。

(2)手扶肋木体侧屈。身体正侧面对肋木站立,用胸椎侧凸面方向的手扶肋木,另一手要上举向肋木做体侧屈运动。在练习时,必须抬头,挺胸,收腹,上体不可以前倾。重复30~50次,共3组。

(3)双手握杠或肋木悬垂。两手相距大约与肩同宽,两臂要伸直,肩关节用力向上拉,使头位升高,然后肩关节放松下沉。重复做10~15次,共练习3组。

(4)肋木悬垂侧摆。正面双手握肋木,两腿并拢,身体要悬垂向左右侧摆,以使侧弯的脊柱逐渐伸直。连续摆动30~50次,共练习4组。

(5)俯卧伸臂。俯卧,两臂弯曲体前撑地,将脊柱侧突一方的腿用力向上抬起,同时异侧的手臂伸直前举,控制3~4秒钟,还原。连续做10~15次,共练习3组。

(6)侧卧体侧屈。侧卧,两手交叉枕在脑后托头,双脚钩住肋木,上体要抬起做体侧屈运动,抬起到最大限度时控制2~3秒。反复做15~20次,共练习4组。

(7)直立体转。两脚要开立,双手持哑铃置于胸前,扭转躯干,做向胸椎曲凸的同方向的体转运动。完成一次体转后,两臂轻置体侧。连续练习20~30次,共练习3组。在动作过程中应注意双腿伸直,不要移动双脚,以免减低锻炼效果。

(8)跪立转体。跪立,甩动两臂,左右回转上体,或两臂侧平举,回转上体。每次连续做30~40次回转,共练习4组。

四、腿部缺陷及其矫正

(一)大腿过粗

1. 原因

通常来讲,腿的粗细主要是由腿部肌肉体积的大小和皮下脂肪的多少决定的。肌肉的体积大、脂肪多,腿就粗。

对于想减肥的学生而言,应多采取距离长、完成时间长、动作慢的运动方法,其中以慢肌纤维参加工作的耐力性运动项目减肥效果最好。由于慢肌群在收缩时的速度慢、力量小、活动强度低,可以长时间地工作。慢肌群周围的毛细血管比较丰富,氧化脂肪的能力也比较强,锻炼的结果就会使肌纤维弹性变大,力量增强;同时可以消耗较多脂肪,使两腿外形变得匀称。如果每天可以节制饮食,坚持做30分钟的腿形修饰操,2~3个月之后,双腿多余的脂肪逐渐消失,外形开始得到改善。

2. 矫正方法

(1)直立,双脚齐肩宽,脚尖和膝盖尽可能分向两边,双手贴身,骨盆先右后左转动。回到准备姿势,踢左腿,可以弯曲,同时左腿半蹲,再踢右腿,不准弯曲,同时双手要在头顶上击掌,换左脚再做。

(2)直立,双手扶椅背,缓慢向两侧抬腿,先右后左。

(3)直立,以手叉腰,双脚轮流做前弓箭步,也可以向两边做侧弓箭步。

(4)直立,侧身要贴近支柱,一只手抓住支柱,向前、向后使劲踢腿,换腿再做。

(5)坐在椅上,双腿伸直后抬起,越高越好,尽可能保持这个姿势,然后缓慢放下。

(6)坐在地板上,弯曲双腿,脚掌尽可能贴近大腿,双手放在身后支撑地面,缓慢转动膝盖,尽量碰到地面。

(7)仰卧,双脚稍微抬离地面,轮流弯曲和伸直。

(8)仰卧,转动伸直的双脚,先向里,膝盖互相靠近,再朝外。

(9)仰卧,先弯双腿贴近胸。然后缓慢向上伸直双腿,与身体垂直,回到开始姿势,重复该练习数次。

(10)仰卧,双脚完成蹬自行车的动作,速度要越快越好。

(11)屈膝仰卧,脚掌着地,脚掌不要离开地面,膝盖分向两边再合拢。

(12)侧卧,一条腿压另一条腿,膝盖弯曲成直角,一只手撑头,另一只手在胸前撑地。向上抬一条腿,抬得越高越好,然后这条腿在空中划弧,尽可能让膝盖碰到地面,做6～12次后,换方向再做。

(13)准备姿势同上,一条腿蜷起,贴近身体。然后,仿佛克服阻力,用力伸直,可以做多少次,就要做多少次,换方向练习。

(14)右侧卧,右手胳膊肘支撑身体,左腿要弯曲放在右腿膝盖外侧着地。左手握左脚踝关节,微微向上抬起右腿。有疲劳感,换左侧卧再做。

(15)四肢着地,身体要前倾,向一边抢右腿,脚尖着地,换左腿再做。

(二)一腿粗,一腿细

1. 原因

损伤或遗传因素可导致"一腿粗,一腿细",受伤腿肌肉萎缩,或先天性的小儿麻痹症而无法运动可造成一侧肌肉群长期得不到工作,而退化到失去功能,故形成"一腿粗,一腿细"的不良身体形态,但只要经过科学的训练,是可以矫正的。

2. 矫正方法

(1)对抗练习,专门练单腿的股四头肌和股二头肌,最好是采用双人对抗法。让同伴压按住细腿,促其用力伸直,做腿屈伸来发展股四头肌;让同伴抓住的细腿做单腿的腿弯举,在对抗中练股二头肌的肌力。

(2)用斜蹲练双膝关节肌肉、韧带的力量,然后把重心转移到弱腿再做斜蹲,促进细腿增粗。

(3)做单腿半蹲。在练习时要注意安全,加强保护,用中小重量来练习。

(4)做不负重的单腿起。双手把杆练习,在单腿无力站直时用双手扶持起立。

(5)在综合力量架上用单腿做腿屈伸。通过抗阻练习发展股四头肌。

(6)在沙坑中(跳远沙坑)做单腿的连续跳跃练习,注意脚跟不要着地。

(三)"O"形腿

1. 原因

"O"形腿,也称罗圈腿,表现为腿部不直,膝关节内翻,双脚踝部并拢,双膝不可以靠拢,并形成"O"字形。医学上一般将此类病划分成3个不同程度。轻度,两膝间距在3厘米以内;中度,两膝间距3厘米以上;重度,走路时左右摇摆。

"O"形腿的形成主要原因是由于大、小腿内外两侧肌肉群及韧带的收缩力量与伸展力量不平衡,多由儿童期骨骼发育畸形造成,多半是学站立过早或行走时间过长,或缺乏营养和锻炼所导致的。一般来说,年纪越轻,矫正的效果越好。

2. 矫正方法

(1)单膝内扣。两脚要开立,两手叉腰。左腿伸直,右腿屈膝内扣,膝盖朝向左侧,身体向左转,控制4~5秒,还原。左右腿交替进行。练习10~15次为宜。

(2)双膝内扣。两脚要开立,双臂自然下垂。两腿屈膝下蹲,膝关节内扣,脚内八字,两手扶膝盖外侧,并用力向内侧推压膝关节,使两膝并拢,控制4~5分钟,还原。练习15~20次为宜。

(3)单膝内扣,脚向外侧踢。两腿要并拢站立,两手叉腰。右脚向外侧用力上踢,小腿尽可能踢平,膝盖用力内扣下压,左右交替进行。练习10~15次为宜。

(4)跪姿降臀。两膝要并拢,两小腿分开跪立,两手叉腰。臀部缓缓向下压、降臀,用上体的重量压迫两腿慢慢地向下扣膝至跪坐,控制3~4秒,还原。练习15~20次为宜。

(5)捆膝下蹲、起立。双脚要并拢站立,用松紧带将膝关节捆住(松紧度根据个人的承受能力而定),两手叉腰。连续进行屈膝下蹲动作。练习20~25次为宜。

(6)捆膝向上并腿跳。双脚要并拢站立,用松紧带将膝关节捆住(松紧根据个人的承受能力而定),两臂屈肘置于腰侧。两腿稍微屈后蹬地向上跳起,同时两臂向前上方摆起,带动身体向上跳;落地时前脚掌先着地至两腿屈膝下蹲,两臂要后摆控制身体平衡。练习20~30次为宜。

(7)站立两膝夹物下蹲。站立,用软物放在两膝之间,两膝把物体夹紧,体前屈,两手扶膝关节。屈膝下蹲,两手在膝外侧适当用力向内挤压,让所夹物体不掉落,控制2~4秒后起立。练习12~20次为宜。

(8)坐姿两膝夹物。坐在椅子或凳子上,两腿要屈膝,用软物放在两膝之间,两膝将物体夹紧。两腿要屈膝向上提,靠近胸部,两膝尽力将物体夹紧,同时两脚向两侧摆,尽量分开,两手用力握撑住椅子,帮助两腿上提,还原。练习20~25次为宜。

(四)"X"形腿

1. 原因

"X"形腿是股骨内收、内旋和胫骨外展、外旋形成的一种骨关节异常现象,站立时,两膝并

拢,两腿不可以并拢,间隔距离为1.5厘米以上的均属"X"形腿。与"O"形腿一样,"X"形腿也是由于先天遗传,后天营养不良,幼儿时期走、坐的姿势不正确所导致的。"X"形腿的矫正是比较困难的,但如果能经常坚持练习,一定会收到良好的效果。

2.矫正方法

(1)坐姿双膝外展。坐姿,两腿要屈膝,两脚掌相对,两膝外展,两手分别放同侧腿的膝关节内侧。上体稍微前倾,同时两手掌用力向下压膝关节内侧,至最大限度后停2秒左右,然后放开还原。练习20~25次为宜。

(2)跪撑双膝外展。两腿屈膝分开成跪撑,两脚靠近,绷脚尖。身体要适当用力下压,尽量让两膝慢慢分开,臀部下降并适当后坐,随着臀部的下降,上体也随着下降,屈肘成两前臂撑地,两膝分开至最大限度,控制3~4秒,还原。还可以请他人帮忙,在髋后部适当用力下压,助其两膝尽量分开。练习15~20次为宜。

(3)下蹲双膝外展。小"八"字步站立,上体要前屈,两手扶膝。屈膝下蹲,两膝外展,两手用力将两膝分开至最大限度,控制4~5秒,还原。练习20~25次为宜。

(4)俯卧双膝外展。俯卧,两腿要屈膝,两脚踝用松紧带捆住,稍微松一些,两臂要弯曲,用前臂在体前撑地。两脚掌要贴紧,两脚用力向下压,使两膝尽量分开,两脚尽可能贴近地面,至最大限度后,停止2秒,还原成预备姿势。练习10~15次为宜。

(5)单膝外展模仿踢毽子。直立,两手叉腰,右脚要内侧用力向上踢,膝盖用力外展(向外侧下压),并随即还原,模仿踢毽子动作。左腿相同。重复20~25次为宜。

(6)踢毽子。直立,右手持毽子,用脚的内侧连续踢毽子,或交替踢毽子。重复次数:20~25次为宜。

(7)按压膝盖。坐在椅子或凳子上,右腿要屈膝将小腿放在左大腿上,左手扶住右脚踝处,右手要放在右膝盖上。右手要用力将右膝向下按压,压至最大限度,控制3~5秒,然后两手慢慢放松还原。另一侧相同。练习15~20次为宜。

(8)用脚夹物。坐在椅子的前部,两腿要屈膝,两脚踝夹紧软物。用足带动腿尽可能前伸,停4~5秒还原。练习8~10次为宜。

(9)坐位屈膝。坐在椅子的后部,两腿要屈膝,两脚踝用松紧带捆住(松紧根据个人的承受能力而定)。两膝要提起。控制4~5秒后,慢慢向前伸直膝关节,绷脚尖,还原。练习8~10次为宜。

五、脚部缺陷及其矫正

(一)"八"字脚

1.原因

"八"字脚,有外"八"字和内"八"字之分。在走路时,两脚尖向内扣的称内"八"字;走路时两脚尖向外撇的称为外"八"字。常见的大多是外"八"字脚,年幼时如果过早站立学走路,腿的力量弱,很难保持身体的平衡,脚尖要自然地向左右分开,从而慢慢形成习惯。通常情况下脚尖内扣或外撇不明显的不叫"八"字脚。

"八"字脚不仅影响形体美观,还会给生活带来不便。如果脚尖指的方向与前进方向之间的夹角超过40°角,则不但会影响身体姿态的健美,而且在跑跳时脚掌一侧着力,不可以充分利用所有的脚趾蹬地,后蹬力和弹跳力减弱,影响跑跳的速度与高度,锻炼吃力、工作不便,这就需要对脚进行矫正。

2. 矫正方法

(1)平时走路和跑步,随时注意检查自己的膝盖和脚尖是否正对前方,在一直线上,也要画一条直线,来回练习。

(2)反复练习从高台阶上往下跳,有意识地在空中并拢脚尖并控制落地,落地后要检查,脚尖是否并拢。

(3)两脚交换用脚内侧连续向上盘踢毽子,或者用脚外拐踢毽子。纠外"八"字脚用双脚外侧踢,纠内"八"字脚要用双脚内侧踢。

(4)以15米为半径画圆,再通过圆心画直径,直径两端各要延长1米。在练习时,站立在直径的延长线上起跑,接弯道加速跑至直径的另一端延长线上,然后沿圆弧线走半圈,如此反复。左脚外撇严重时按照顺时针方向跑,右脚外撇严重时跑向相反,这种训练方法比直线效果要好。

(二)扁平足

1. 原因

扁平足,又称平底足,是由足弓塌陷,足部肌肉和韧带的力量薄弱,不可以维持正常足弓姿势引起的。扁平足在走路时容易疲劳,走路多时感到脚痛,也不可以长时间站立和搬扛重物;运动时小腿肌肉和腰部难以适应,甚至下肢血液循环发生障碍,出现足部肿胀,小腿前面肌痉挛。

导致扁平足的主要原因包括:先天性肌肉和韧带发育不良,经常站立和负重过久,以及足肌过度疲劳、肌力减退、足弓塌陷、过度肥胖、足弓不可以维持正常、缺乏锻炼、足弓力量不足等。大多数的扁平足是非病理性的,而且是轻度,只要能及时采取措施,是能矫正或者减轻的。

2. 矫正方法

(1)双手持哑铃做足尖,足跟走,足底外缘着地走,各练习1~2分钟。

(2)双脚并腿用前脚掌站在肋木上,双手扶肋木,做起蹲练习,连续做15~20次,一共练习3组。

(3)坐立,两腿前伸,用力勾足尖和绷足尖,并且尽可能使足外翻或者内翻,控制20秒,反复练习多次。

(4)两足心合抱一小皮球,前后左右揉动,速度慢慢加快,做20秒,一共练习4组。

(5)足尖向内或向外的绕环,各20次,一共练习2组。

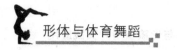

(6)踮足尖跳绳,连续跳 2 分钟,一共练习 3 组。

知识拓展

怎样判断自己是不是扁平足

检查是否为扁平足的方法很简单,两足沾水,在地上踩个足印,看看足印内侧中间有无凹陷,要是没有凹陷,就是扁平足。

第二节 不同部位减肥塑身方法

一、颈部训练

(一)颈部前后屈

预备姿势:

双脚开立,两手叉腰。

动作方法:

第 1 拍头前屈;第 2 拍头还原;第 3 拍头后屈;第 4 拍头还原。

第 5～8 拍,重复 1～4 拍的动作。

(二)颈部左右屈

预备姿势:

双脚开立,两手叉腰。

动作方法:

第 1 拍头向左转;第 2 拍头还原;第 3 拍头向右转;第 4 拍头还原。

第 5～8 拍,重复 1～4 拍的动作。

二、手臂、肩部训练

(一)两臂上托

预备姿势:

两脚开立,与肩同宽,两臂自然下垂,挺胸收腹。

动作方法:

第1～2拍,两臂向上举起,一手掌心向上,一手拉另一手的手指。
第3～7拍每拍一动作,下拉上顶的手。
第8拍还原。
第二个8拍换另一手练习。

(二)手臂环绕

预备姿势:
两脚分开与肩等宽,两臂在身体两侧自然下垂。
动作方法:
1×8拍的1～4拍,左手向前,右手向后环绕。
5～8拍重复1次。
2×8拍的1～4拍,左手向后,右手前环绕。
5～8拍重复1次。
3×8拍双手同时向前环绕抬动,反复4次。
4×8拍双手同时向后环绕抬动,反复4次。

(三)下拉肩

预备姿势:
背对肋木站立,距肋木为30～40厘米,两手体后握肋木。
动作方法:
1×8拍的第1拍,双手与肩同宽握杆,上体前倾。第2～7拍控制不动。第8拍还原成预备姿势。
反复练习8个8拍。

(四)侧压臂

预备姿势:
两脚分开站立,与肩同宽,两臂于身体两侧自然下垂。
动作方法:
1×8拍的第1拍,左手臂直臂上举,右手屈肘于头后抓住左上臂。
2～8拍,慢慢地向右侧拉左肩关节。
2×8拍右手拉至最大限度时,控制1个8拍,慢慢放松,反复交换手练习。

(五)压肩韧带

预备姿势:
面对肋木上体前倾,双手臂伸直放在肋木上,双脚开立。
动作方法:
1×8拍的第1拍,上体用力向下压,将肩关节拉开,一拍一压。

反复练习 4 个 8 拍。

(六)侧反拉肩韧带

预备姿势：

两脚左右开立，身体侧向肋木站立，一手握比肩稍高的肋木杆。

动作方法：

1×8 拍的 1～2 拍，右手扶肋木，身体向左扭转。3～4 拍还原成预备姿势。5～8 拍重复 1～4 拍的动作。

2×8 拍，扭转至最大限度时，控制 1 个 8 拍，反复练习 4 个 8 拍。

三、胸腹部训练

(一)仰卧两头起

预备姿势：

开肩仰卧平躺在地毯上，双腿并拢伸直，绷脚尖。

动作方法：

第 1 拍，用力收腹，使上体和双腿同时抬起超过 45°角，双手与脚在最高点接触。第 2 拍还原成预备姿势。3～8 拍重复 1～2 拍动作。

反复练习 4 个 8 拍。

(二)仰卧起坐

预备姿势：

仰卧平躺在地毯上，双腿屈膝平踩地面，双手体侧上举。

动作方法：

第 1 拍，收腹上体直立，右转体 90°角，左手向右腿方向延伸，右手向左后方向伸直。第 2 拍保持 1 拍的动作姿势。第 3～4 拍还原成预备姿势。5～8 拍同 1～4 拍，动作相同，方向相反。

反复练习 4 个 8 拍。

(三)扭腰仰卧起坐

预备姿势：

仰卧平躺在地毯上，双腿并拢屈膝，手臂屈肘抱头。

动作方法：

第 1～2 拍，用力收腹至上体或斜后倾 45°角，向右扭腰。3～4 拍上体向左扭转。5～8 拍回落至预备姿势。

反复 4 个 8 拍。

（四）收腹剪腿

预备姿势：

开肩仰卧平躺在地毯上，双腿并拢伸直，绷紧脚尖，双手往上举，贴于耳侧。

动作方法：

1×8拍双腿略抬离地面15°～25°角，双腿上下交替，两拍一换。

2×8拍双腿左右交错，连续练习。

反复练习4个8拍。

（五）收腹控腿

预备姿势：

仰卧平躺在地毯上，双手扶于头后，双腿并拢伸直绷脚尖上举成90°角。

动作方法：

第1～2拍，上体抬起用力收腹，控腿。第3～4拍还原成预备姿势。

反复练习4个8拍。

（六）平躺侧举哑铃

预备姿势：

脸朝上平躺在训练用的长凳上，双脚分开平踩在地上，双手各提一哑铃放在大腿前面。

动作方法：

1×8拍的1～2拍双手握哑铃提至胸部附近。3～4拍向上举起，微屈肘部和腕部，并使指关节相对。5～8拍吸气，同时将双臂分别伸向身体的两侧，然后屈肘。

2×8拍控制着不动。

反复练习4个8拍。

（七）平躺举哑铃

预备姿势：

脸朝上平躺在训练长凳上，双脚分开平踩地上，双手分开约肩宽1.5倍，紧握哑铃。

动作方法：

1×8拍呼气，同时将哑铃向上举起，肘要伸直。

2×8拍保持上举姿态，吸气。

3×8拍慢慢地将哑铃降至胸部中间部位上方。

反复练习多组。

（八）屈膝平躺屈臂举哑铃

预备姿势：

屈膝仰卧平躺在地上，双手放在大腿前面，各提一个哑铃。

动作方法：

1×8拍的1～4拍,将哑铃举至胸部的上方。屈肘并将双肘分别位于身体的两侧。5～8拍吸气,同时双臂慢慢地伸过头顶。然后让双肘弯曲成向下的45°角。

2×8拍,呼气,慢慢地将哑铃举回胸部上方。

反复练习4个8拍。

（九）模拟骑车

预备姿势：

脸朝上平躺在地上,双膝分开并屈膝,双脚平踩在地上,双手抱头。

动作方法：

1～2拍,呼气,同时左膝抬向胸部,并抬起右肩向左膝方向靠,同时让右脚离地向前伸。3～4拍吸气,同时左膝和右肩降向地面。5～8拍换方向做,但始终保持收腹的状态。

反复4个8拍。

四、腰背部训练

（一）含展胸

预备姿势：

上体直立,双手上举相握,右脚前点弓步。

动作方法：

1×8拍的第1～2拍含胸低头,交叉的腕关节前屈。3～4拍展胸抬头,腕关节后屈。5～8拍重复1～4拍的动作。

2×8拍,一拍一动,重复第1个8拍的动作。

反复多次。

（二）坐姿下腰

预备姿势：

直角坐在地毯上,双腿并拢伸直,绷脚尖。双手置于体侧,中指尖点地。

动作方法：

1×8拍的第1～4拍向后下腰。5～8拍控制不动。

2×8拍的前1～2拍举双手。3～4拍体前屈,胸贴大腿。5～8拍双手带上体向后下腰。

反复练习多次。

（三）坐姿甩腰

预备姿势：

上体正直,分腿坐,双手侧举,手心朝下。

动作方法：

1×8拍的1~2拍，上体向右倾斜，下旁腰。3~4拍向左倾斜下旁腰。5~8拍双手带动从左至体前到右后腰环绕，成一手支撑分腿立扭腰。

2×8拍在分腿立腰的姿态上控制1个8拍。

3×8拍、4×8拍动作与前两个8拍相同，方向相反。

进行多次练习。

（四）坐姿扭腰

预备姿势：

上体正直，盘腿坐在地毯上，双手抬平，小臂弯曲搭肩。

动作方法：

1×8拍的第1~2拍，向左拧腰。第3~4拍向右拧腰。5~8拍，一拍一动，以臂带动腰扭动。

2×8拍方向相反，动作相同。

反复练习多次。

（五）侧躺收腿

预备姿势：

侧躺在地上，双手胸前交叉抱上体，双脚并腿屈膝。

动作方法：

1×8拍屈膝并腿，慢慢向胸部和头部靠拢，使身体充分卷曲起来。

2×8拍双手贴耳上举，双腿伸膝，伸展成弓形。

反复练习多次。

（六）双臂前伸交叉双手

预备姿势：

直立，两腿分开，保持背部平直、挺胸、收腹、骨盆略向前倾，双臂前伸合掌。

动作方法：

第1拍，两手的手指相互交叉。第2拍，双手交叉外翻，指关节指向身体。3~7拍，双臂慢慢地向前伸以使后背呈外张的态势。第8拍屈肘回收。

反复练习多次。

（七）上体双腿两头翘

预备姿势：

伏卧在地毯上，双腿伸直分开，双手置于体侧。

动作方法：

第1拍，上体和双腿两头翘。第2~7拍控制不动。第8拍还原成预备姿势。

反复练习多次。

(八)抡臂体前体后屈

预备姿势：

上体直立，两腿分开，两手置于体侧。

动作方法：

1×8拍的第1~2拍，抡双臂。3~4拍直腿体前屈。5~6拍抡臂。7~8拍体后屈。

2×8拍停留在体后屈，控制1个8拍。

进行多次练习。

(九)趴式身后双手交叉双臂抬起

预备姿势：

练习者脸朝下趴着，髋骨紧贴地面，收腹。双手放在臀部上并相互交叉，微微屈肘。

动作方法：

1×8拍轻轻放松肩胛骨并慢慢向上抬起双臂。

2×8拍双臂抬至最高点控制1个8拍。

3×8拍慢慢放下。

反复练习多次。

(十)双膝跪地双手撑地弓背

预备姿势：

双膝跪地双手撑地，保持背部平直并收腹。

动作方法：

1×8拍吸气，同时将背部向上拱起并收腹，同时让骨盆向前倾。

2×8拍保持拱背姿势1个8拍。

3×8拍呼气，同时让背部向下沉，使胸部向地面靠去，略微抬头并让臀部向前移动。

反复练习多次。

五、臀髋部训练

(一)开胯

预备姿势：

练习者含胸坐在地毯上，双屈膝，脚尖点地，两手撑于膝关节处。

动作方法：

1×8拍的第1~2拍，双手推膝关节成开胯姿势下压一次。3~4拍，膝还原成预备姿势。5~8拍同1~4拍。

2×8拍为一拍一动,开胯时,脚心相对,侧屈膝,一拍一下压,颤动1次。
3×8拍、4×8拍,双手用力下压膝关节,控制2个8拍。
反复练习多次。

(二)平躺单臂触腿外侧

预备姿势:
脸朝上平躺在地毯上,背部紧贴地面,双手置于体侧,掌心朝下。
动作方法:
1×8拍的1~4拍,将左手放在右大腿外侧,将右膝压向左侧的地面。5~8拍保持第4拍的姿势,控制4拍。
2×8拍时重复上述动作,改为屈左膝并将它压向右侧。
反复练习8个8拍。

(三)平躺屈膝双手触大腿内侧

预备姿势:
脸朝天,平躺在地毯上,屈膝并让双腿踩在地上,背部紧贴地面。
动作方法:
1~4拍,双膝分开,脚后跟相互并拢,双手放在两大腿的内侧,用力向下压3次。5~8拍,双膝并拢屈膝。
同样的动作练习4个8拍。

(四)坐姿双腿外分

预备姿势:
分腿坐在地上并保持背部平直挺胸,同时向内收腹,双手扶大腿内侧。
动作方法:
1~4拍,从腰部开始保持躯干笔直状态,从臀部开始向前屈身,同时双手平放于身前的地上。5~8拍时还原,要塌腰,挺胸,抬头。
反复4个8拍。

六、腿脚部训练

(一)站姿正压腿

预备姿势:
面对把杆站立,上体正直,双手叉腰,左腿支撑,右腿放在把杆上。
动作方法:
1×8拍的1~2拍,上体前倾压腿。3~4拍还原成准备姿势。5~8拍同1~4拍。

反复练习。

4×8拍后,前倾压腿控制2×8拍。

(二)坐姿压腿

预备姿势:

直角坐在地毯上,立腰,立背,头向上顶,双手屈臂放在大腿两侧。

动作方法:

1×8拍,一拍一次,双脚并拢,上体前压,前压时稍抬头,用胸腹部尽量贴近大腿面,双小臂贴近地面。

2×8的1~2拍两腿分开,上体向左侧压,右手三位,左手一位。3~4拍上体还原直立。5~8拍与1~4拍的方向相反。

3×8拍两腿分开,上体前压,1拍1次,慢慢前压至最大限度。

4×8拍的1~4拍双腿一屈一直分腿坐,上体侧压,2拍1次。5~8拍换1~4拍的反方向做。

(三)站姿后压腿

预备姿势:

上体正直,右侧对把杆,左脚支撑,右腿向后伸直放杆上,右手扶把杆,左手三位姿态。

动作方法:

1×8拍1~2拍,上体后倒压右腿。3~4拍还原成预备姿势。5~8拍同1~4拍。

2×8拍的1~2拍,上体后倒压后腿的同时屈左膝。3~4拍还原成预备姿势。5~8拍向后屈左膝压右腿4拍,

反复练习两遍,后换腿练习。

(四)站姿侧压腿

预备姿势:

侧对把杆,上体直立,左腿支撑。右腿绷脚面放在杆上,右手扶杆。

动作方法:

1×8拍的1~2拍,上体向右侧倾压腿。3~4拍还原成预备姿势。

反复练习。

4×8拍后侧倾压腿控制2×8拍。

(五)正踢腿

预备姿势:

练习者平躺在垫子上,双手直臂放于体侧,手心向下,双腿并拢伸直,绷好脚面。

动作方法:

1×8拍的第1拍,左脚向上踢起。第2拍慢回落至预备姿势。3~8重复1~2拍的动作。

反复练习4个8拍后,向上举控腿4个8拍,两腿交换练习。

(六)侧踢腿

预备姿势:

身体侧卧成一直线,右肘撑地,手指向前,手心向下,大臂垂于地面,左手体前撑地。

动作方法:

1×8拍的第1拍,左腿向侧上方踢出。第2拍回落成预备姿势。3~4拍同1~2拍,5~8拍同1~4拍。

练习4个8拍。

5×8拍第1拍,左腿向侧上方踢出至最大限度。

后控制4×8拍,换腿练习。

(七)正弹踢腿

预备姿势:

练习者直腿坐撑于地面,脚尖绷直,抬头挺胸。

动作方法:

第1拍踢左腿。2拍屈膝右侧点地。3拍弹踢右腿。4拍还原成预备姿势。5拍收双腿成双点地。6拍弹踢双脚。7拍上下剪腿。8拍还原成预备姿势。

反复练习4个8拍。

(八)侧卧弹踢腿

预备姿势:

身体侧卧成一直线,右肘撑地,手指向前,掌心向下,大臂垂于地面,左手体前撑地。

动作方法:

1×8拍:第1拍左脚向左上侧起踢出。第2拍左脚屈膝在右腿前点地。第3拍同第1拍。第4拍还原成预备姿势。第5拍左脚前踢。第6拍后踢。第7拍同第5拍。

第8拍后踢至最大幅度后,左手前上伸,控制4×8拍,交替练习。

(九)后踢腿

预备姿势:

双手臂伸直,手心向下,身体俯卧。

动作方法:

1×8拍的1~2拍,左腿向后上踢,右手直臂向上摆起。3~4拍还原成预备姿势。5~8拍同1~4拍。

2×8拍的动作相同,换另一手脚做。

3×8拍、4×8拍为1拍1次练习。

5×8拍的第1拍,两手臂和双脚向后摆起后控制4×8拍。

(十)弹踢腿、绷脚面

预备姿势：

平躺于地毯上，挺胸，收腹，双腿伸直，双手心向下置于体侧。

动作方法：

1×8拍的第1拍，迅速向正上方收左腿。2拍左小腿弹直成举腿状态。3拍屈膝回收成1拍状后，迅速弹踢至斜上方。4拍还原。5拍左侧收左腿，大小腿紧贴地面。6拍左小腿弹直，使大小腿、脚尖成二条直线。7拍屈膝回收成5拍姿势后，迅速弹踢侧斜下方。8拍还原。

2×8拍同1×8拍，方向相反，动作相同。

(十一)勾、绷脚面

预备姿势：

直角坐于地毯上，双臂置于体侧，中指尖点地。

动作方法：

1×8拍的第1～2拍，用力勾起双脚脚趾。第3～4拍勾起脚面，脚跟用力前蹬，使脚面与小腿的角度越小越好。第5～6拍动作同1～2拍。第7～8拍绷脚面还原成开始姿态。

2×8拍反复1×8拍。

3×8拍的第1～2拍勾右脚。3～4拍双脚交换。5～8拍动作同1～4拍。

4×8拍反复3×8拍。

5×8拍的第1～4拍双脚勾。5～8拍绷脚尖。

6×8拍反复5×8拍。

7×8拍的第1～2拍双脚勾。3～4拍双脚外分开至最大限度。第5～6拍双脚经外侧向前，第7～8拍绷脚尖。

8×8拍的第1～2拍同7×8拍的5～6拍。第3～4拍同7×8拍的3～4拍。第5～6拍同7×8拍的1～2拍。第7～8拍同7×8拍的7～8拍。

(十二)提踵

预备姿势：

面对把杆或墙壁站立，双手轻轻扶把杆(或墙壁)，立正站好。

动作方法：

1×8拍的第1拍，双脚提踵立。第2拍落下。第3拍同1拍。4拍同2拍。5拍提踵立。6、7、8拍控制提踵。

2×8拍，1～2拍双脚提踵，屈膝下蹲。3～4拍回到预备姿势。5～6拍同1～2拍。7～8拍同3～4拍。

第三节 个人形象的塑造方法

"外塑形象、内强素质",良好的个人形象对学业、事业的发展起着举足轻重的作用,培养良好的个人形象是培养高素质人才的基本要求,也是社会发展对人才的需要。

个人的形象体现在方方面面,简单地可分为两部分。一部分是显性的内容,如仪容仪表、仪态举止、谈吐、着装等;另一部分是隐性的内容,如知识、修养、品行等。这里重点介绍个人形象的显性表现内容。

一、个人形体训练

个人的形体主要表现在坐、立、走等基本仪态及举手投足间,力求协调、昂扬、文明、美感;符合身份、情境的要求。标准优美的坐姿、立姿、走姿已经在本书第三章详细介绍,这里不再赘述。

二、个人神态训练

(一)微笑

迷人的微笑应该是习惯性的,富有内涵的、善意的、真诚的、自信的微笑。

训练方法:

(1)他人诱导法。如同桌、同学之间互相通过一些有趣的笑料、动作引发对方发笑。

(2)情绪回忆法。即通过回忆自己曾经的往事,幻想自己将要经历的美事引发微笑。

(3)口型对照法。即通过一些相似性的发音口型,找到适合自己最美的微笑状态。

(4)习惯性伴笑。即强迫自己忘却烦恼、忧虑,假装微笑。这样时间久了,次数多了,就会改变心灵的状态,发出自然的微笑。

(5)牙齿暴露法。笑不露齿是微笑;露上排牙齿是轻笑;露上下八颗牙齿是中笑;牙齿张开看到舌头是大笑。

训练步骤:

(1)基本功训练:每个人准备一面小镜子,做面部运动。然后配合眼部运动。在此基础上,做各种表情训练,活跃脸部肌肉,使肌肉充满弹性,丰富自己的表情仓库,充分表达思想感情。也可以观察和比较哪一种微笑最美、最真、最善,最让人喜欢、接近、回味,并学习练习这种微笑。

(2)创设环境训练:假设一些场合、情境,让同学们调整自己的角色,绽放笑脸。

(3)课前微笑训练:每一次礼仪课前早到一会儿,与老师、同学微笑示意、寒暄。

(4)微笑服务训练:课外或校外,参加礼仪迎宾活动和招待工作。

(5)社交环境训练:遇见每一个熟人或打交道的人都展示自己最满意的微笑。用微笑化解矛盾,用微笑打动别人,用微笑塑造自我成功的形象。

(二)眼神

眼睛是心灵的窗户,炼就炯炯有神、神采奕奕、会放电、会说话的眼神,有利于建立优秀的人格魅力;同时,应该学会用敏锐的眼睛洞察别人的心理。

训练方法:

(1)学会察看别人的眼色与心理,锻炼自己多彩的眼神。

(2)配合眉毛和面部表情,充分表情达意。

(3)注意眼神礼仪。不能对陌生人长久盯视,除非感情很亲密或观看演出;眼睛眨动不要过快或过慢,过快会使人觉得贼眉鼠眼、挤眉弄眼或不成熟,过慢使人显得死气木呆;另外,不要轻易使用白眼、媚眼、斜眼、蔑视等不好的眼神,除非特殊情况。

(4)习惯眼部化妆,以突出刻画眼神。要学会化妆,通过化妆使人性脱颖而出,给人留下深刻印象。比如,生活妆应该清新亮丽,这样可以增添情趣和信心。而舞台妆则可浓重或随心所欲,这样可改变形象。

训练步骤:

(1)眼部动作训练:熟悉掌握眼部肌肉的构成,具体如下。

A.眼球转动方向。主要包括平视、斜视、仰视、俯视、白眼等。

B.眼皮瞳孔开合大小。大开眼皮、大开瞳孔表示开心、欢畅、或惊讶;大开眼皮、小开瞳孔表示愤怒、仇恨;小开眼皮、大开瞳孔表示欣赏、快乐、色迷;小开眼皮、小开瞳孔表示算计、狡诈。

C.眼睛眨动速度快慢。快表示不解、调皮、幼稚、活力、新奇;慢表示深沉、老练、稳当、可信。

D.目光集中程度。集中表示认真、动脑思考;分散表示漠然、木讷;游移不定表示心不在焉。

E.目光持续长短。目光持续时间长表示深情、喜欢、欣赏、重视、疑惑;持续时间短表示轻视、讨厌、害怕、撒娇。

(2)眼神综合定位:以上要素往往凝结在一起综合表现。注意细微的变化,淋漓尽致地表现富有内涵、积极向上的眼神。如把"这是你的吗?"这句话用不同的眼神来表示愤怒、表示怀疑、表示惊奇、表示不满、表示害怕、表示高兴、表示感慨、表示遗憾、表示爱不释手等。

(3)模仿动物的眼神:男性眼神要像鹰一样刚强、坚毅、稳重、深沉、锐利、成熟、沧桑、亲切、自然;女性眼神则要像猫像风一样柔和、善良、温顺、敏捷、灵气、秀气、大气、亲切、自然。

三、个人仪表训练

(一)着装

着装是一门艺术,是构成仪表美的要素之一,是人的第二种语言。虽说穿衣戴帽各有所好,但从中却能体现出一个人的文化修养、品格和审美情趣。一个人如果讲究服饰礼仪,穿戴得体,就会赢得别人的喜爱和尊重。反之,如果不修边幅,或穿戴不伦不类,则会大大损害自己的公众形象。因此,外出时要衣冠整洁,以便给人良好的"第一印象"。

一般来说,选择服饰的原则是:要与年龄协调,要与形体协调,要与身份和职业相适合,要与所处场合相协调,穿着要合时宜。具体分为以下几点。

1. 着装的基本原则

(1)应己。每个人在年纪、性别、体形、职业、身份等方面,都有所不同。在着装时,必须首先考虑这一点,尽量使着装为自己扬美显善,避短藏拙,这就是应己的含义。

(2)应制。所谓应制是指着装应当合乎规范,按部就班,遵循其固定的搭配、穿着之法,而不宜自行其是,为所欲为。比如说,穿带踏脚环的健美裤,就要配以中帮或高帮鞋,不然就会有碍观瞻。

(3)应事。应事就是说着装应依照具体场合的不同而加以区分。一般的规律是:在公务场合,着装要传统保守;在社交场合,着装要时尚个性;在休闲场合,着装要舒适自然。这些,均不宜轻易混淆。不然的话,会被他人视为着装不得体。

2. 着装的基本要求

(1)着装应与年龄协调。老年人服装应体现成熟、稳重的特点,应穿结构简单、色彩简洁、质地较好的服装;青年人则应突出活泼奔放的特点,选择色彩鲜艳、样式新颖、富有时代感的服装;少年儿童则有适应自己年龄特点的独特的学生装。

(2)着装应与身份协调。比如教师穿着应朴素大方,样式不宜过于新颖,以免分散学生的注意力;医生宜穿浅色,显出清新、洁净,并力求稳重,给人以安全感;党政干部服装应显得简朴、庄重;青少年学生应保持纯真活泼,不要过于成人化。

(3)着装应与个人肤色协调。如肤色深宜穿较浅色的衣服,肤色白则可穿深色衣服等等,用这种反衬的方法可以突出形体的优势,遮掩不足。

(4)着装应与个人身材协调。不同身材应穿不同款式的衣服,以彰显形体美,具体如下:

A型身材:上身优势,下身不足——上紧下松。
Y型身材:上身不足,下身优势——上宽下收。
X型身材:上下不足,腰部优势——露脐收腰。
H型身材:上下匀称,没有不足——各种款式。
O型身材:上下不足,肥胖宽大——筒状宽松。

(4)着装应与环境、场合协调。通常在选择服饰时必须符合时间(Time)、地点(Place)、场合(Occasion)即"TPO"3个要素,这是选择服饰千古不易的原则。在喜庆场合(如联欢晚会、节假活动、庆典、婚礼、生日宴会等),不能穿得太古板,服饰上应注意色彩丰富,款式新颖、式样活泼、轻松;在庄重场合(如出席重要会议,举行重要活动仪式),穿着不能太随便,一般应穿礼服或套装,不宜穿夹克衫、牛仔裤,更不能穿短裤、背心,女子不宜赤脚或穿凉鞋;在悲伤场合(如殡仪馆告别遗体、病房探视危重病人),不能太艳丽,气氛比较肃穆,为了表示自己对病逝者及家属的尊重和同情,服饰应注意穿深色素色,切忌大红大绿,色彩鲜艳,服装款式要给人以庄重感,不要穿宽松式便装,更不能敞胸露怀,不宜佩戴装饰物,不宜化妆。另外,服装穿着还要讲究规范。例如,穿西装一般应打领带,衬衣要放在裤子里,衣袖、裤腿不要卷起;穿毛衣,领带要放在毛衣里面;穿皮鞋,要上油擦亮。再如女子穿裙子时,长统袜口不要露在裙外。男子在室内一般不要戴帽子和手套,也不宜戴墨镜。在室外,遇有迎送场合,说话或告别时也应将墨镜摘下。

知识拓展

娇小女性着装妙方

(1)身材娇小的女性在穿着打扮时可以利用一些办法延伸视线,获得意外的效果。

(2)利用一个颜色创出高度,衣服一色,连鞋袜也同色。选择没有浑色、没有印花的衣料,如果你喜欢图案,以清雅小型为宜。

(3)开领口,如方领、V领之类,能使短颈看上去较长。避免樽领或太累赘的领子。

(4)穿狭长而式样简单的西裤能使短腿显得较长。斯文的高跟鞋与略深色的丝袜能使双腿看起来比较修长。

(5)T恤衫的衫裙适合身材娇小的女性,狭长的衫身没有腰位,穿起来显得特别修长。

(6)下摆有印花的裙子会使你看起来又矮又肥,要尽量避免。

(7)身体矮胖的女性,头发要尽量烫得短些,会显得精神、利落。

(二)饰品

随着人们生活水平的不断提高,各类饰物逐渐走进人们的家庭,装点着人们的外表,增添了新时代人们的神采。然而,饰品的佩戴也是有所讲究的。要注意与服装搭配,与自己的肤色、脸型、年龄、性别相吻合。

(三)发型

设计一个符合自己年龄、身份、身材等的发型。

1.不同脸型的发型搭配

(1)长脸型。要用优雅可爱的发式来缓解由于脸长而形成的严肃感。在发型的轮廓上,要压抑顶发的丰隆,顶部应平伏,前发宜下垂,使脸部变得圆一些,同时,还要使两侧的发容量增加,以弥补脸颊欠丰满的不足。应选择松动而飘逸,整齐中带点乱的发型。

(2)圆脸型。应增加发顶的高度,使脸型稍稍拉长,给人以协调、自然的美感。在梳妆时要避免面颊两侧的头发隆起,否则会使颧骨部位显得更宽。宜侧分头缝,梳理垂直向下的发型,直发的纵向线条可以在视觉上减弱圆脸的宽度。

(3)方脸型。应以圆破方,以柔克刚,使脸型的不足得到弥补。可将头发编成发辫盘在脑后,使人们的视觉由于线条的圆润而减弱对脸部方正线条的注意。前额不宜留齐整的刘海,也不宜全部暴露额部,可以用不对称的刘海破掉宽直的前额边缘线,同时又可增加纵长感。两耳边的头发不要有太大的变化,避免留齐至腮帮的直短发。

(4)菱形脸。整个脸型的上半部为正三角形形状,下半部为倒三角形形状。用发型矫正这种脸型时,上半部可按正三角脸型的方法处理,下半部则按倒三角脸型的方法处理。一般将额上部的头发拉宽,额下部的头发逐步紧缩,靠近颧骨处可设计一种大弯形的卷曲或波浪式的发束,以遮盖其凸出的缺点。

(5)三角形脸型。梳理时要将耳朵以上部分的发丝蓬松起来,用喷发胶或定型剂可以达到这种效果,这样能增加额部的宽度,从而使两腮的宽度相应地减弱。

(6)倒三角形脸型。梳理时要注意扬长避短,便可达到整洁、美观、大方的效果。适合选择侧分头缝的不对称发式,露出饱满的前额,发梢处可略微粗乱一些。

2.不同身材的发型搭配

以女性为例,不同身材的发型搭配具体如下。

(1)高瘦女性。一般高而瘦的身材大多是比较理想的身材,但高瘦身材者有时容易给人以眉目不清的感觉,或者是脸部缺乏丰满感。因而在梳妆时要注意增加发容量,稀少单薄的头发会令人乏味。适当地加强发型的装饰性,或在两侧进行卷烫,对于清瘦的身材有一定的协调作用,能显得活泼而有生气。

(2)矮胖女性。在发型的梳理上宜用精致花巧的束发髻,整体的发式要向上伸展,亮出脖子,以增加一定的视觉身高。不宜留长发波浪、长直发,应选择有层次的短发和前额翻翘式发型。

(四)妆容

大学生应该学会化妆,充分体现自我个性。妆容主要包括生活妆、职业妆、晚会妆、舞台妆等。由于篇幅所限,这里不再一一介绍。

四、个人口语训练

熟练掌握口语技巧有助于在各种社交场合灵活运用。

训练方法:

(1)即兴主题演讲。

(2)绕口令练习。

(3)情境专题训练。

(4)语言能力测试。

训练步骤:

(1)基本功训练。从以下5个方面包装声音:

A.语气准确。要求喜怒哀乐表达到位。

B.语音甜脆。要求口齿清楚、字正腔圆、发音正确、音质好、有磁性。

C.语调优美。要求有节奏感、音乐感、重点突出、停顿恰到好处。时而淙淙流水,时而奔

泻瀑布,富有感染力。

D. 语义深刻。要求充满激情,确切表达思想情感。

E. 语速适中。要求有快有慢,富有起伏、引人入胜、扣人心弦。

(2)说话五要素训练。即谁说,说什么,怎么说,对谁说,效果如何。

(3)创设语境训练。设计角色。聊天交谈、精彩开场白、热情寒暄、简洁打电话、会上明智发言、巧舌推销、激情演讲、迂回谈判、机智辩论等。

(4)特殊语境应对。称呼、道歉、赞美、提意见、争吵、对人说不、拒绝、排解尴尬、巧妙回答记者的提问、劝解安慰、求借与讨债、解除误会、劝酒与拒酒、送礼与拒礼等。

(5)养成使用礼貌用语的好习惯。做到"您"字随口、"请"字当先,文明用语。

(6)控制讲话时的不良习惯。例如,抢话、尖酸刻薄话、风凉话、谎话、脏话、粗话、谗言、诳语;再如说话时口沫横飞、手势夸张、打探隐私、揭人短处、打岔、闷葫芦;再如文绉绉、结巴、"哦啊"、心不在焉、口头禅等。

(7)塑造幽默的语言个性。

下篇 体育舞蹈

第七章 体育舞蹈概述

体育舞蹈不仅是一项体育运动项目,同时还兼具艺术性、表演性等显著特点,因此,确切地说,体育舞蹈是将体育与舞蹈有机结合起来的一种形式。当前,体育舞蹈已经成为人民群众喜闻乐见的一种运动娱乐形式,并且已经逐渐进入学校,成为学校的重要教学内容。本章主要对体育舞蹈的起源与发展、定义与分类、特点与功能以及发展趋势等进行详细的分析和阐述,以此来为学生了解和认识体育舞蹈奠定良好的基础。

第一节 体育舞蹈的起源与发展

一、体育舞蹈的起源

最开始的体育舞蹈与现在的体育舞蹈有着一定的差异性,起初,它是从传统的交谊舞演变而来的,在演变过程中,人们不断将竞技性元素和竞赛规则加入其中,就逐渐形成了今天可用于体育竞赛的竞技型舞种。

过去,交谊舞是作为一种公共社交活动而存在的,不带有任何竞技性色彩。交谊舞有着悠久的历史,最早可以追溯到人类的原始时期,那时的交谊舞蹈是由部落同一性别的成员跳。跳舞时,人与人之间没有身体接触。而发展到近现代,交谊舞已经演变为完全由一男一女互相搭档完成的舞蹈,且除少数动作需要外,在舞蹈进行的大多数时间都是男女身体相靠,保持互相接触着的状态。

交谊舞最早是在欧洲乡村出现的,其作为乡村农民在闲暇时间自娱自乐的一种活动方式。当时,较为流行的交谊舞的舞种主要有"低舞"(1350—1550年)和"孔雀舞"(1450—1650年),这两种舞都是由男女配对来跳的。16世纪英国有一种队列"乡村舞"较为流行。17世纪法国的"小步舞"非常流行。18世纪中期,华尔兹舞在维也纳郊区和奥地利高山地区产生,到了18世纪末,这种古老的奥地利农民舞蹈逐渐被上流社会所接受,后又传到了法国,并在法国广为流行。19世纪初,华尔兹出现近距离的握抱形式,这种男女舞伴"近距离搂抱"的舞蹈对传统的交谊舞观念进行了猛烈的抨击,使交谊舞发生革命性的变化,此后经过长期的发展,华尔兹舞享誉世界。稍后,同是"近距离搂抱"的"波尔卡"接踵而来,这种舞蹈成了交谊舞的时髦。进入20世纪后,狐步舞、探戈舞等交谊舞也相继出现。这样现代交谊舞的内涵也逐渐明晰起来,具体来说,它就是指"舞伴距离较近"的、在舞厅中活动的交谊舞。

1768年,法国巴黎出现了世界上第一个专门用于跳交谊舞的舞厅。从此,交谊舞活动在欧洲和美国民间逐渐流行起来,由于其本身所蕴涵的休闲、运动以及社交等特点,它成为一项非常重要的人际沟通方式。交谊舞的社交功能直到今天仍旧起到非常重要的作用,在重大的宴会和活动中,也经常能够看到交谊舞成为活动的组成部分。交谊舞经历一百多年的发展,在发展过程中也出现了一些发展的"分支",其中,较为突出的就是在保留交谊舞传统风格的基础上,增添了一些风格鲜明、舞步规范的技巧体系,舞蹈教师们将其规范化、系统化,同时,也将竞技性元素加入进去。这些变动使人们对交谊舞的关注和参与的积极性都得到了较为显著的提升。1924年,英国皇家舞蹈教师协会对当时的交谊舞进行了整理,将各种舞的舞步、舞姿、跳法加以系统化和规范化,相继制定规范了布鲁斯、慢华尔兹、慢狐步舞、快华尔兹、快步舞、伦巴、探戈等交谊舞。1950年,由英国ICBD(摩登舞国际理事会)主办了首届世界性的大赛"Blackpool Dance Festival 1950"("黑池舞蹈节"),并把规范后的舞蹈命名为"国际标准交谊舞",简称"国标"。随后在每年的五月底都会举办"黑池"世界赛。国际标准交谊舞以比赛的方式传播到更多的国家,这不仅让更多人对它有了一定的了解和认识,同时,也对其自身的发展起到了积极的促进作用。第二次世界大战后的一段时期更是国际标准交谊舞蓬勃发展的又一个春天,英国皇家教师舞蹈协会又整理了拉丁舞蹈,也将它纳入国际体育舞蹈范畴。1960年,拉丁舞也成为世界交谊舞锦标赛的比赛项目之一。这样国际上形成了具有统一舞步的两大系列10个舞种的国际标准舞。

二、体育舞蹈的发展

(一)世界体育舞蹈的发展

现今国际上有两个国际标准体育舞蹈组织,一个是国际体育舞蹈联合会(International Dance Sport Federation,简称为IDSF),另一个则是世界舞蹈及体育舞蹈理事会(World Dance and Dance Sport Council,简称为WDDSC)。这两个组织有着不同的分工,其中国际体育舞蹈联合会的主要职责是对业余体育舞蹈事务和比赛进行管理,世界舞蹈及体育舞蹈理事会则主要对职业体育舞蹈事务和比赛进行管理。然而世界上针对一项运动并存两个较大组织始终会在许多问题上产生矛盾和不易协调的内容。为解决这些"麻烦",并使体育舞蹈得到更好、更健康的发展,2000年,两大体育舞蹈国际组织签署理解合作备忘录,拟将两组织合并成立统一的世界舞蹈运动联合会(WDSF)。

世界上第一个体育舞蹈国际组织是1935年12月10日在捷克首都布拉格成立的"国际业余舞蹈联合会(IADF)"。其中,捷克斯洛伐克、奥地利、英国、丹麦、法国、德国、荷兰、瑞士及南斯拉夫属于首批成员国。不久,比利时、加拿大、意大利、挪威等国也相继加入。奥地利人弗朗兹·布切勒当选为该协会的首任主席。1956年,该组织更名为国际业余舞蹈理事会(ICAD),后来于1990年再度更名为国际体育舞蹈联合会(IDSF)。1992年,IDSF成为国际单项体育运动联合会总会(GAISF)的正式会员,由此也就使得世界认可了体育舞蹈的竞技体育地位。1995年,IDSF取得世界运动协会(IWGA)和国际体育总会(ARISF)的会员资格。1992年IDSF向国际奥委会(IOC)提交申请,1995年IDSF成为国际奥委会的临时会员,1997年9月,体育舞蹈正式得到国际奥委会承认,并且认定IDSF为唯一的体育舞蹈国际组织。通过一系列的努力,在2000年的悉尼奥运会上,体育舞蹈成为闭幕式的表演项目。此后,IDSF向国际奥委会申请将体育舞蹈列为夏季奥运会正式比赛项目。

随着越来越多的人了解这项运动,越来越多的国家也开始越来越重视这项运动,这一点从近三十年来IDSF的规模在不断地发展壮大就能看出。1970年IDSF有22个会员国和会员协会;1980年有28个会员和会员协会;1990年有34个会员和会员协会;到了2002年IDSF已经拥有79个会员国和会员协会,并且有43个会员国已经得到该国奥委会的承认。

世界舞蹈与体育舞蹈理事会(WDDSC),通常简称为"世界舞蹈总会"。它的前身是摩登舞国际理事会(ICBD),在菲利浦·理查德森(Philip Richardson)的竭力鼓动下,22名来自12个国家的职业舞蹈者于1950年9月22日在苏格兰爱丁堡创建摩登舞国际理事会(ICBD),这是世界上第一个职业性的国际舞蹈组织。最初它的成员国包括9个欧洲国家和3个其他地区的国家,发展到今天已经成为职业舞蹈及体育舞蹈领域的权威性机构。

(二)我国体育舞蹈的发展

20世纪30年代,交谊舞开始进入中国。但是,由于受到当时国际背景和历史等因素的影响和制约,交谊舞并没有在民间广泛普及和传播,而仅仅是作为上流社会和贵族阶级的社交平台或是休闲娱乐的活动。

体育舞蹈在广州地区高校的发展火热。在20世纪80年代,随着体育舞蹈传入广州,作为体育舞蹈的前身的交谊舞,在广州的高校中很流行。每逢周末舞会,大学校园的舞厅里人山人海,中山大学、华南师范大学、广东外语外贸大学、华南理工大学等学校的舞厅最有吸引力。其中华南师范大学舞厅参加舞会的学生最多,当时有五百多人参加。

1986年10月,日本国际标准舞组织通过中国对外友好协会联系到中国舞蹈家协会,想将国际标准舞项目传入中国。时任日本业余舞蹈竞技协会会长的山口繁雄先生对中国的12对摩登舞学员,12对拉丁舞学员进行辅导。1987年4月,首届"中国杯国际标准舞比赛"在北京举办,该项赛事确定为每年举办一次。同年5月,首届"中日国际标准舞友好杯比赛"又在北京举办。在随后的几年中,我国连续举办了20多期的体育舞蹈专项培训班,由此也标志着国际标准舞开始逐渐在我国得到普及与发展。1989年,中国舞蹈家协会正式成立了"中国国际标准舞总会",20世纪90年代后该组织改名为"中国国际标准舞协会"。作为大众性体育活动,

由于它自身的魅力和锻炼的效果,越来越被人们广泛认识,并备受喜爱。

20世纪90年代,我国各方面的发展进入到了崭新的时期,人们的生活水平也有了进一步的提高,年轻一代更是对外来流行事物颇有好感,体育舞蹈作为集流行性、健身性和休闲性于一身的运动,很快成为年轻人争先学习的项目。从此,中国的国际标准舞进入了一个飞速腾跃的发展阶段,为了顺应国际形势,中国的国际标准舞改称为体育舞蹈。在这种体育舞蹈发展的大趋势下,我国也随即成立了专门负责管理体育舞蹈相关事务的组织机构。这些机构每年聘请英、德、意大利、日本等国以及我国香港、台湾地区的专家、教师进行体育舞蹈技艺的传授,并组织教师、裁判队伍开展多方面的培训,一系列积极有力的举措对我国国际标准舞和体育舞蹈的发展起到了积极的推动作用。在"引进来"的同时,我国对于体育舞蹈的发展还采用"走出去"的战略,一时间,大量的国际标准舞和体育舞蹈选手赶赴国外的各大知名赛事。对外展示不仅能够让世界对我国体育舞蹈发展情况有更好的了解,而且对于我国选手看到世界先进水平的实情,对于他们确立努力的方向都是非常有利的。1995年5月,中国体育舞蹈联合会首次派团参加第70届英国黑池舞蹈节;1995年,北京爱士舞蹈团首次参加在德国举办的世界队列舞比赛,获第15名;1996年5月,中国国际标准舞协会首次派团参加第71届英国黑池舞蹈节;同年6月,中国选手应邀参加了在日本举办的第17届国际标准舞锦标赛和"1996世界舞蹈节——泛太平洋国际标准舞锦标赛"。在第十三届曼谷亚运会体育舞蹈表演赛中,我国选手沈毅、黄文娟获职业组标准舞银牌,马骏、黄蕊获职业组拉丁舞铜牌。

为更好地对体育舞蹈运动和舞蹈文化进行传播和发展,1993年,北京舞蹈学院社会舞蹈系设立了国际标准舞专业;1994年,北京体育大学开设了体育舞蹈课程;1994年,第一所民办国际标准舞学院在北京成立。时至今日,几乎在所有高校或重点中学中的体育教学内容上都能看到体育舞蹈的教学。这对我国体育舞蹈在未来的发展起到了积极的促进作用,同时这在很大程度上激励着我国培养更好的体育舞蹈师资力量。1995年,英国皇家舞蹈教师协会(ISTD)在上海组织了教师考核,有30多人通过准会员级(Associate)考核,成为该协会首批中国籍准会员。1996年,国际舞蹈教师协会(IDTA)在北京组织了教师考核,有16人通过会员级(Member)考核,有34人通过了准会员级的考核。

1998年12月,经中国文学艺术界联合会(以下简称中国文联)批准,将国际标准舞纳入"荷花奖"评奖项目,以此强调国际标准舞的艺术属性。从此。国际标准舞正式纳入专业舞蹈评奖行列。2007年,国际标准舞被纳入"桃李杯"舞蹈大赛。

当前,我国体育舞蹈项目的发展已经取得了较为理想的成果。据统计,我国目前已有近3千万体育舞蹈爱好者,其中以中青年占的比重最大。但是,需要强调的是,近年来优秀的体育舞蹈选手已经出现了越来越年轻化的情况,每年一届的青少年体育舞蹈锦标赛参赛人数往往多达3 000余人。在最近的几年里,我国体育舞蹈选手在一些国际赛事上露出锋芒,尤其在黑池的竞技舞池里,越来越多的中国选手活跃在其中。

在2005年举行的澳门东亚运动会和曼谷亚洲室内运动会上,中国体育舞蹈代表队共获得10金、10银、4铜,受到中国代表团的表彰。2007年10月,在澳门举行的第二届亚洲室内运动会上,中国体育舞蹈代表队获得6金、7银、7铜,包揽体育舞蹈比赛36枚奖牌总数的一半以上。在2010年广州亚运会上,中国代表团更是囊括了体育舞蹈项目全部10枚金牌。中国已成为亚洲体育舞蹈第一强国。2013年7月,在仁川亚洲室内运动会和10月的东亚运动会上,中国选手张占华/张若男夺得金牌。

第二节 体育舞蹈的定义与分类

一、体育舞蹈的定义

一种由男、女双人（或多对男、女组成的团队）在界定的音乐节奏范围内，运用身体技术与技巧并结合艺术表现力来完成的具有一定规范性的体育运动项目，就是所谓的体育舞蹈。

舞蹈是以经过艺术加工的人体动作为表现形式来表现情感的一种表演性艺术。体育舞蹈具有舞蹈属性，但是其又不完全等同于舞蹈。

体育舞蹈的根本属性是竞技性，它的本体是舞蹈，是通过竞技来表现不同民族和地域特色的舞蹈组合。如能传情达意的拉丁舞舞蹈组合，具有某种抽象美感的标准舞舞蹈组合，表现某种技巧的舞蹈组合。因此，在欣赏体育舞蹈时，既要看它是否符合舞蹈艺术规律，又要看它是否遵循竞技体育的比赛原则，即要从竞技水平和艺术表现力两个方面进行欣赏。

在体育舞蹈的发展史上，体育舞蹈之所以能够保持活力，并且得到较好的发展，与其竞技性和艺术性的共同发展是分不开的。

二、体育舞蹈的分类

根据不同的分类方法，可以对体育舞蹈进行不同的分类。比如，以舞蹈的风格和技术结构为主要依据，可以将体育舞蹈分为标准舞（摩登舞）和拉丁舞两大类。以比赛项目为主要依据可以分为标准舞、拉丁舞、十项全能和队列舞 4 大类。而以体育舞蹈对身体练习作用效果的适用性为主要依据，则通常可以将体育舞蹈分为两大类，即大众体育舞蹈和竞技体育舞蹈，具体如下。

（一）大众体育舞蹈

大众体育舞蹈动作简单，人数不限，形式不拘一格，简便易行，便于组织。其具有普及性、时尚性、实用性和自娱性等特点。

以身体练习的目的为主要依据，又可以将大众体育舞蹈分为社交舞蹈、体育教学舞蹈和实用性舞蹈 3 大类。

1. 社交体育舞蹈

顾名思义，社交体育舞蹈的主要作用是用于社会交际，是人们文化生活中最为广泛流传的最具有普及性的一类舞蹈。现代社会里，社交体育舞蹈在人与人的交往中，发挥着极为重要的作用，其作用甚至可以说是不可替代的。

2. 体育教学舞蹈

体育教学舞蹈是被列入体育教学大纲的一类体育舞蹈，在体育教学中占有一定的比例。体育教学舞蹈分为单一性和综合性的舞蹈组合。这两种舞蹈有着非常明确的作用，具体来说，前者主要安排在体育舞蹈教学课的准备部分中，后者放在结束部分中。

3. 实用性体育舞蹈

实用性体育舞蹈根据不同练习者的身体需求和社会宣传需求有针对性地选择内容。这种舞蹈的特点主要表现在实用性和功利性两个方面。

（二）竞技体育舞蹈

竞技体育舞蹈也称"国际标准交谊舞"，属于竞技性的体育舞蹈，以竞赛项目为主要依据可以分为3大类，即摩登舞、拉丁舞和团体舞。

1. 摩登舞

摩登舞包括华尔兹舞、探戈舞、维也纳华尔兹、快步舞和狐步舞。摩登舞的服装和动作特别讲究绅士风度，体现欧美宫廷文化。

2. 拉丁舞

拉丁舞包括伦巴、恰恰舞、桑巴舞、牛仔舞、斗牛舞。拉丁音乐节奏明快，舞蹈充满活力，追求野性美。

3. 团体舞

团体舞是摩登舞或拉丁舞的混合舞，选手借助音乐的引导，将5种舞蹈在变化莫测的队形变动中编织出丰富多样的图案。它将音乐、舞姿、队形、图案和选手们的和谐配合融为一体，达到了完美的统一，使体育舞蹈的风格特点得到了更为鲜明的表现。

第三节 体育舞蹈的特点与功能

一、体育舞蹈的特点

从体育舞蹈的发展和起源及其定义中，可以大致总结出其较为显著的特点。总的来说，主要表现在以下几个方面。

（一）独特性

各种类型的舞蹈，动作都具有各自的风格特点。比如，华尔兹动作婉转多变、起伏流畅，舞姿文静飘逸、优美柔和；狐步舞舞步轻柔、圆滑、流畅，动作悠闲自在、平稳大方；探戈斜行横步，动作刚劲，或动或静，或快或慢，错落有致；伦巴舞步运行中，胯部富有魅力的扭摆，上身自由舒展，在抑扬的韵律下，尽显文静、含蓄、柔美；斗牛舞潇洒、热烈、英勇威武、斗志昂扬。可以说，体育舞蹈特异的风格在一定程度上体现出了其独特的魅力。

（二）规范性

体育运动项目要想人人都可以参与其中，并且成为全世界认可的竞技项目，就必须有一个系统的、规范的、放之四海而皆准的规则。体育舞蹈在演变中逐渐被加入了竞技性特色，并且随着这项运动的发展，人们为了公平、公正、公开的运动原则制定了统一的规则及与之相关的其他标准。正是由于获得了这种规范性的舞蹈体系，才得以使体育舞蹈更顺利地在全球推广。另外，体育舞蹈的规范性还表现在对技术规范的要求上，标准舞的每个动作都从步序、步位、步法、方位、转度、升降、反身动作、倾斜、节奏9个方面去规范；拉丁舞则从步序、节奏、节拍、步位、步法、使用动作、身体转量7个方面加以规范。

（三）观赏性

体育舞蹈比芭蕾和冰上舞蹈拥有更多的欣赏者。体育舞蹈融合了音乐美、服装美、风度和体态美，既有"阳春白雪"的高雅与深度，又有"下里巴人"的通俗与大众化。

体育舞蹈是一门视觉艺术，欣赏感知点都能从可以看得见的形态中表现出来。比如欣赏摩登舞比赛和表演时，首先吸引人的是选手服装和装饰。男：身着燕尾服，打领结，气宇轩昂，风度翩翩，气质高雅。女：身着长摆百褶裙，秀丽端庄，典雅大方。

（四）竞技性和健身性

已经被加入了许多竞技性的体育舞蹈自然就会显现出很强的竞技性特点，这是毋庸置疑的。它的竞技性特点主要体现在人们可以通过参加体育舞蹈比赛争夺优秀名次、拿冠军和为国争光。

除此之外，体育舞蹈作为一种竞技运动，它还有非常出色的健身特点，像所有体育运动项目一样，它具有健身价值。从20世纪60年代至今，许多科研人员对体育舞蹈的生理和心理作用进行研究，通过对人体能量代谢、能量消耗和心率变化的测定，显示出经常参加华尔兹舞和探戈舞练习或比赛的人的能量代谢与乒乓球、羽毛球相近。由此可见，体育舞蹈对人的生理变化也是会产生巨大影响的，它是锻炼体魄的一种极佳形式。

（五）技巧性

体育舞蹈兼有体育和文艺的双重特点，具有严格的规范性和技巧性。体育舞蹈是一个完

整的舞蹈系统,是一项高雅文明的娱乐活动,舞姿、舞步和表现力等要求很高。经历了几百年的历史锤炼,体育舞蹈具有许多高难度的动作。观众常常为舞蹈表演者所显示的高度技巧而赞赏。

(六)艺术性

体育舞蹈源自艺术舞蹈,因此,体育舞蹈自然也就带有浓重的艺术性特点,是一项集技术与艺术于一体的运动项目。这一点可以从体育舞蹈的动作美和运动员的着装和美妆中得到体现。一套高档次的体育舞蹈服装需要由顶尖设计师设计,制作成本也相当昂贵,这也是体育舞蹈艺术性的一个侧面体现。

在现今体育舞蹈的发展历程中,体育舞蹈的各种舞蹈秀和舞台剧都已经向人们彰显了其独特的艺术魅力,如一些脍炙人口的体育舞蹈剧《燃烧的地板》《红舞群》等,被认为是一种"真正的艺术"。

(七)抒情性

"情动于中而行于言,言之不足,故嗟叹之;嗟叹之不足,故咏歌之;咏歌之不足,手之舞之足之蹈之也。"由此可以看出,体育舞蹈是能够将感情抒发出来的,法国舞蹈家诺维尔曾经指出:"舞蹈没有平静的对话,凡属冷冰冰议论的一切,它都没有能力表达。为了取代语言,需要很多可见的东西和行动,需要鲜明有力地表达出来的激情与感情。"

不可忽视的是,舞蹈在抒情方面也存在着一定的不足之处,究其原因,主要是由舞蹈本身的语言特点决定的。舞蹈语言只能够依靠主观的形体动作,这些动作足以直接地、鲜明地表现人物内心的感情。但是体育舞蹈表现感情是全能的,既可以大到某种情绪范畴,也可以细到一个人的内心情绪波动过程。如"恰恰恰"以活泼、欢快的动作来表达少男少女嬉戏玩耍、打情骂俏的情态;斗牛舞表现斗牛士振奋向上、勇敢无畏的精神。

(八)娱乐性

任何体育运动都不会缺少休闲娱乐的特点,体育舞蹈也不例外,它一方面展现出体育运动的全部特点,一方面又可以成为人们日常开展的体育健身娱乐运动。

需要强调的是,体育舞蹈的娱乐性不仅与舞蹈艺术有一定的差别,与其他体育项目也有一定的不同,也就是说这种娱乐性不能偏于一方,它所强调的娱乐性更加突出的是放松和健身,辅之以促进人际交流,是一种强调身心和谐发展的娱乐。

体育舞蹈是人们交流思想、抒发情感、消除隔阂和相互沟通的最好形式之一。人们的自我封闭意识在体育舞蹈活动中得到彻底消除,舞蹈中融洽、和谐和高雅的气氛能增进人们的友谊,丰富社会文化生活。各种舞会、聚会上的舞蹈,为男、女之间的文明交往搭建了平台。

二、体育舞蹈的功能

体育舞蹈作为一项体育与艺术结合的新兴体育项目,兼具运动与艺术的双重属性。因此,这就使体育舞蹈从本质上拥有更加丰富的内涵,并且富有时代气息。由此可以看出,体育舞蹈在健身、社会和观赏方面具有重要的功能,具体如下。

(一)观赏功能

体育舞蹈的艺术性对它所附有的观赏功能起到了决定性作用。它所具有的独特的艺术表演功能,给参与到体育舞蹈运动当中的人们以及观赏者以强烈的美的享受,无形之中提高了人们的艺术修养和审美情趣。从观赏的角度来看,体育舞蹈的观赏功能主要从以下几个方面得到体现。

1. 对服饰美的观赏

鉴于体育舞蹈的艺术性特点,使得参加比赛的运动员从某种程度上看都是"艺术家"。那么,为了将体育舞蹈的艺术性更好地突出出来,运动员的穿着都是非常考究的,有时甚至是苛刻的。

不同的舞种对着装的要求也是有所不同的,比如,摩登舞要求男士穿黑色燕尾服和专用舞蹈皮鞋,女士穿华丽富贵的鸵鸟毛大摆长裙和相应软底高跟鞋,男士绅士打扮,翩翩风度,女士温情脉脉,给人以高雅、庄重、华贵、大方的感觉;而拉丁舞由于舞风的缘故,着装也自然有所不同,它们的着装通常有拉美风格,强调以快节奏衬托出热情奔放的拉丁精神,因此要求男士穿紧身衣裤,体现肌肉的力度与线条,女士穿浪漫、裸露、自由、随意的短裙装,并在衣服上镶嵌水钻、羽毛等,将背、腰、臀、胯、腿部动作的优美组合与浪漫风格和女性柔美曲线的形体美充分表现出来。

现代体育舞蹈运动员对着装问题的重视程度越来越高,由此可以看出,运动员对服饰美的要求是非常高的。着装的成功与否不仅是展现美的需要,它更是与所跳舞蹈想要表现出的精神内涵相吻合的重要元素。一旦出现着装与舞蹈表现的内容不相匹配的情况,则不仅不能起到"加分"作用,甚至还会被扣掉一定的分数。

2. 对形体美的观赏

体育舞蹈可以把人的身体体形塑造得适中。体育舞蹈有着多方面的目的,不仅包括对卓越的成绩的追求,同时也包括健身娱乐。当观赏高水平体育舞蹈赛事或表演时,运动员健美的体形会给人以深刻的印象。实际上体育舞蹈运动员的体形大多并不消瘦,但是浑圆饱满的肌肉和匀称的体形依然算得上为好身材的代表。因此,欣赏体育舞蹈选手的表演,可使人意识到人体的美丽,将蕴藏于这项运动中丰富动人的人体美发掘并展现出来。

3. 对礼仪美的观赏

在体育舞蹈中处处都能将礼仪之美表现出来。究其原因,主要是由于体育舞蹈是一项高雅的体育运动,再加上运动由男女双方共同配合进行,因此,在礼仪方面的要求就比较多也比较高。

不同的体育舞蹈舞种对礼仪的要求是有一定差异性的,比如,摩登舞中对礼仪美的要求是:男士的衣着庄重,体态端庄挺拔,即使在轻快跳跃性舞步的变化中,也不失高雅风采。由于

礼仪性审美取向对风度起着重要的决定性作用,形成高雅风度的首要条件则是体态的挺拔,挺拔的体态标志着健康、尊重、有教养、有礼貌,给人以愉快、振奋、富有青春活力的感觉,这些不仅是体育舞蹈风格的要求,也是对观众的尊重。又如男士都是挽手女士进场,引导舞伴做急速旋转后向观众致意,以此表示男士照顾女士的风度,而女士则是向四周观众行古典的屈膝大礼,表示拥有较高的教养和对他人的尊重;舞蹈结束后,男女舞伴同样要向观众行大礼。男士挽手女士,选手面带微笑。这些气度不凡的行为举止,都给人以美的享受与回味,将体育舞蹈中蕴涵的礼仪之美充分表现了出来。

4. 对运动美的观赏

体育舞蹈是运动员根据预先编排好的动作用肢体和表情等形式将灵魂内容展示出来的运动,运用动作造型将各舞种的艺术风格全面地展示出来是体育舞蹈重要的审美特征。锻炼者以人体为媒介,通过面、头、颈、肩、臂、手、胸、腰、胯、臀、膝、足及躯干和四肢的动作配合,按照多变的节奏和丰富的韵律,构成点与线的移动和静与动的结合的各种造型;这种造型以不同的情境或演绎要求为依据,可以表现出爆发性、对比性、转折性、整体性等特点,进而给人以特有的瞬间美、过程美、变化美和立体美的享受。

5. 对音乐美的观赏

体育舞蹈的艺术性的展示与音乐有着不可分割的密切联系。换句话说,就是音乐是体育舞蹈的灵魂,体育舞蹈是音乐和情境的具体外在表现。因此,一段好的体育舞蹈绝不可能让人忽视掉它的配乐,音乐之美也便成为人们欣赏体育舞蹈的重要方面。

音乐是通过旋律和节奏展现其内在的,而体育舞蹈也刚好需要通过这两种音乐元素将其本身的情感和内容充分展现出来。音乐与体育舞蹈的结合,能够使体育舞蹈的美感和艺术表现力更好地表现出来,两者互相依托、互相支持。一套出色的体育舞蹈必然有一个令人印象深刻的配乐,而一段令人感动的音乐必然可以使体育舞蹈的表演深入人心。音乐和体育舞蹈都是以节奏作为运动的基础,音乐能够将体育舞蹈的抽象方面表现出来,从而将体育舞蹈的悠闲或艰巨揭示出来,并唤起各种程度和性质的感觉状态。体育舞蹈选手的节奏同步和谐、动作轻快流畅、旋转优美飘逸、娴熟高超舞技的体现都是基于音乐节奏的引导和指挥,舞伴之间、舞蹈动作与音乐韵律之间的协调统一,都给人以和谐之美。

(二)健身功能

体育舞蹈的健身价值可以从多个角度上来分析。它的健身价值主要从对人体的外在体形以及内在的生理机能和心理调节方面得到体现。总的来说,体育舞蹈的健身功能主要有以下3个方面。

1. 能够有效塑造出健康的体形

体育舞蹈是一项全身性运动。经常参加体育舞蹈锻炼的人通常会接受很多形体训练内容,不管是基础的形体训练内容还是正式的体育舞蹈,它都可以对人的形体进行"生物学"改造,足够的运动量能够使脂肪得到较大程度的消耗,全身的协调运动可以使体形符合一定的健美标准。通过体育舞蹈练习,能够使男士宽肩细腰、身材匀称、体格魁梧、四肢结实有力,扇形身段显示出一种阳刚之美;而对于女士来说,经常进行体育舞蹈的锻炼,能够使其获得苗条、柔软的身材,细小的腰围,丰满的胸围,结实上提的臀部,修长的四肢,呈现出曲线流畅、此起彼伏的波浪,显示出一种阴柔之美。

据测算,进行体育舞蹈锻炼90分钟后,练习者的平均心率可达135~170次/分钟,总能量消耗男女分别达4 350千焦耳和2 850千焦耳,相当于消耗100克人体脂肪。因此,通过这些数据可知,经常参加体育舞蹈锻炼,完全可以达到减肥瘦身,保持健美的体型和良好的体态的作用,塑形效果极佳。

2.能够有效增强生理方面的各项机能

体育舞蹈的运动负荷看似不大,实则较大,完全可以起到促进人的生理机能进一步发展的作用。因此,长期参加体育舞蹈锻炼的人心肌更为发达,每博输出量增加,血压正常。另外,体育舞蹈的运动方式也对人体的运动系统起到强健作用,特别是对腿部及腰腹力量的加强。

充足的运动负荷对于机体的代谢活动是更为有利,能够使人经常保持精力充沛、神采奕奕的精神状态。

3.能够有效调节心理状态

人的心理活动的本质是脑对外界客观事物的反映。合理的运动对保持积极向上的良好心态有着重要作用。而要想保持乐观的情绪和开朗的心境往往需要某种媒介加以配合,体育舞蹈的运动特点恰恰非常适合。经常参加体育舞蹈锻炼能使人调整身心,促进人际交往,逐步消除情绪障碍和与人交往的心理障碍,以此保持乐观的心情,以饱满的情绪再度投入紧张的学习和工作。

(三)社会功能

体育舞蹈是由一男一女两人协同完成的运动项目。因此,基于这样的"配置"就使得体育舞蹈自然成为人们良好沟通和交流的平台。

在现代,体育舞蹈成为人们日常生活中的一部分,在社区广场、盛大宴会上都会出现。总之它与人的关系越发密切,良好的情感交流会使人感到愉快,甚至会将这种愉快感染到其他人,甚至使人产生相互依恋的情结。体育舞蹈不仅是民间友谊的纽带,也是沟通不同国家、不同民族情感的一种形体语言,是任何语言无法替代的艺术,通过优美的舞蹈韵律,能够使友谊进一步增进,生活也得到进一步的丰富。

伴随着社会的发展,人们对精神文明与文化体育生活的渴求不断发展,在紧张的工作、学习和生活之余,不再满足于观赏他人的表演,而是更加倾向自己成为表演的一部分,也就是充分融入运动当中去,期望通过某种方式在社会交往中寻求友谊和理解。体育舞蹈是人们乐于接受的一种有益活动,它在音乐的律动下把不同阶层、不同年龄、不同性别、不同健康状况、不同运动水平的人融合在共同的舞蹈之中。它是一种"有节奏的散步",是一种"伴着旋律的锻炼",经常进行体育舞蹈的练习,并且持之以恒,会从中得到良好的效果。

第四节 体育舞蹈的发展趋势

当前,体育舞蹈已经得到了较大程度的发展,并且取得了一定的发展成果,同时,体育舞蹈的发展也呈现出了一些趋势,具体来说,可以大致归纳为以下几个方面。

一、竞技性的发展越来越广阔

随着体育舞蹈项目的推广和普及,越来越多的国际赛事在一定程度上推动了体育舞蹈的国际化发展趋势。目前,除了世界舞蹈理事会和世界体育舞蹈联合会两大组织的常规赛事以外,体育舞蹈作为一个竞技项目也出现在很多洲际运动会上。当然,体育舞蹈更大的竞技舞台就是奥运会,现在国际组织都在致力于推进体育舞蹈成为奥运会比赛项目的工作,而且离目标越来越近。

二、娱乐性与竞技性更加紧密地结合在一起

体育舞蹈从诞生开始,就已经具有了较为显著的娱乐性功能。经过几代舞蹈人的努力,使体育舞蹈从日常娱乐走向竞技、走向表演舞台,但是,娱乐性作为其重要的本质功能,是无法被改变的。因此,体育舞蹈高、精、尖的竞技性与随意洒脱的娱乐性是共同发展的,甚至国内外体育舞蹈组织也在致力于维持两种特性发展的工作。从1962年开始,阿来克斯·莫尔(Alex Moore,英国)、吉尔德·哈德里奇(Gerd Hadrich,德国)、托马斯·布什(Thomas Bush,荷兰)等数位世界社交舞界知名人士,花了5年时间数次环游世界,跑遍五大洲各城市,于1969年首次制定出世界统一社交舞的内容。后经数次修改并在实践中不断完善,直到1988年才真正形成系统化、规范化的世界统一社交舞。国际标准舞竞技协会于1988年成立社交舞委员会,由吉尔德·哈德里奇担任主席,并将1988年11月6日定为首个"世界舞蹈日"(World Dance Day)。在这一天,全球约有一万多家舞蹈学校开始教授统一舞步,有上亿人口开始跳世界统一的社交舞,这一创举亦被称为"世界舞蹈计划"。

三、群众参与的积极性越来越高

随着世界经济水平的提高,人们休闲时间的增多和价值观的改变,人们越来越多地倾向于体验消费,体验经济已成为本世纪的主流。而舞蹈是人们参与其中,切身体验的一种最好的运动形式,因而受到全世界人们的喜爱。毋庸置疑,体育舞蹈已成为一项最好的室内运动。目前,体育舞蹈产业链中的培训业、教育业、服装业、赛事、舞会休闲与消费等都存在着很大的市场空间,这也在一定程度上为进一步促进群众参与到体育舞蹈的锻炼中起到了积极的推动作用。

四、难度与艺术性结合的程度越来越高

体育舞蹈难度与艺术性的结合程度越来越高的这一发展趋势，主要表现在以下几个方面。

第一，高水平的运动员需要通过力量、柔韧等素质的发展和提高来达到增强自己的竞争力的目的。现代的编舞者都倾向于应用一些具有很好柔韧性、控制力以及平衡感的芭蕾线条来提升舞蹈的艺术特性。

第二，近几年来，一些超级选手会选择一些当代舞作为他们的表演内容，观众也乐于接受。体育舞蹈界正以一种开放的心态、学习的精神和创新的品质去接纳别的舞种，为体育舞蹈的发展广采博纳，增添了艺术魅力。

第三，在拉丁舞中，要求脚步动作的力度越来越强，要求一种强有力的拔地而起的力度，同时又对身体中段动作的韧度提出了更高的要求。

第四，越来越强调舞蹈表现力与音乐的融合，强调节奏变化在编舞中的应用。

五、与其他舞蹈的兼容性越来越突出

与其他任何舞蹈一样，体育舞蹈在自身的发展过程中，同时也受到其他舞蹈形式和潮流的影响。较为典型的是探戈舞，在最近几年的探戈舞竞技中，能够很明显地发现英式探戈舞已经融合了阿根廷探戈舞浓郁的风格、特性和编舞形式。在今天的竞技拉丁舞中，也能明显地感受到来自于爵士、当代舞的舞蹈特性。传统的拉丁舞在保留自身特性的基础上，与其他舞种也有一定程度的结合。比较具有代表性的是斗牛舞，斗牛舞中很多动作都来源于弗拉明戈舞的手臂线条和身体造型，使其艺术性得到了有效的提升。

第八章 体育舞蹈的基本理论

要熟练掌握体育舞蹈,首先就要对其基本理论有一定程度的了解。每一项运动都有它自己的术语,而体育舞蹈更是对礼仪有着很高的要求。同样,作为一项体育运动,体育舞蹈也需要坚实的理论基础。本章就将从这3个方面,对体育舞蹈的基本理论进行阐述研究。

第一节 体育舞蹈的术语

术语是指专门的学科中的专业用语。交谊舞是体育舞蹈的前身,因此交谊舞在被英国皇家舞蹈教师协会规范化后,每一种舞的规范舞步的术语也开始规范化,以英语的形式在全世界通用。

一、体育舞蹈基本术语

体育舞蹈基本术语指的是用来表述体育舞蹈的理论、动作名称、动作以及技术过程的专门用语。

体育舞蹈大多源自欧美各国,有着舞种丰富,每一种的起源也是各有不同,因此在传播过程中,其术语受到了各国语言文化的影响。最为规范的英文术语主要来自英国皇家舞蹈教师,但其中也有由拉丁文或法文构成的专业语汇。目前,全世界通用的体育舞蹈术语主要还是英文术语。

体育舞蹈在20世纪80年代中期传入中国,随着体育舞蹈在我国的快速发展,中文的专业术语使用得也越来越频繁。统一、正确的体育舞蹈专业术语的使用非常有利于体育舞蹈的教学与交流,从而促进体育舞蹈项目的发展与完善。而同时良好地掌握中英文术语的转换也是与国际接轨所必需的。

(一)舞程向

在一个舞池中,为避免互相碰撞,所以严格规定舞者必须按逆时针方向行进,这个行进方向称为舞程向。

(二)舞程线与方向术语

舞者必须沿逆时针方向,围绕舞池中央行进,行进的路线就叫舞程线,其英文术语的原文为 Line of Dancing，简称 LOD。舞程线通常由两条长线和两条短线构成。沿舞程线产生的 8 个常用方位如图 8-1 所示。

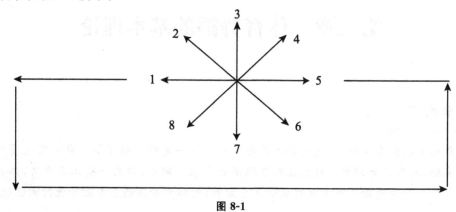

图 8-1

只要沿着逆时针方向行进，在任何一点，都有以下 8 个方位。

(1)面对舞程线。

(2)面对斜墙壁。

(3)面对墙壁。

(4)背对斜中央。

(5)背对舞程线。

(6)背对斜墙壁。

(7)背对中央。

(8)面对斜中央。

(三)转度术语

旋转时，以每旋转 360°为一周，旋转 45°为 1/8 周；旋转 90°为 1/4 周；旋转 135°为 3/8 周；旋转 180°为 1/2 周；旋转 225°为 5/8 周；旋转 270°为 3/4 周；旋转 315°为 7/8 周(图 8-2)。在记录旋转动作时，应先标明旋转方向，即左转或右转，再标明旋转幅度。

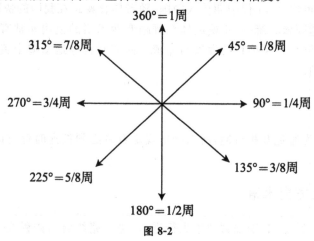

图 8-2

(四)运动方向术语

在体育舞蹈中,运动方向一般指的是脚的运动方向。只有在一些造型动作中,才会出现针对躯干部位或头、手臂的运动方向的表述。

1.脚的运动方向术语(图 8-3)

(1)向前。指做动作时胸部所对的方向。
(2)后退。指做动作时背部所对的方向。
(3)向侧。指做动作时肩部所对的方向。
(4)斜前。指前与侧两个基本方向之间 45°的方向。
(5)斜后。指后与侧两个基本方向之间 45°的方向。
(6)向侧稍前。指在斜前与侧向两个方向之间。
(7)向侧稍后。指在斜后与侧向两个方向之间。
(8)向前稍侧。指在斜前与前两个方向之间。
(9)向后稍侧。指在斜后与后两个方向之间。

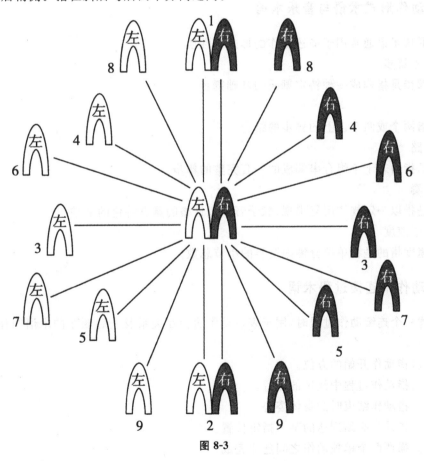

图 8-3

2.常见的转动方向术语

(1)顺时针。指转动方向与时针方向相同。
(2)逆时针。指转动方向与时针方向相反。

3.常见的手臂和腿的动作术语

(1)向内。指肢体由两侧向身体正中线的运动。
(2)向外。指肢体由身体正中线向两侧的运动。
(3)同向。指不同肢体向同一方向的运动。
(4)异向。指上、下肢体向相反方向的运动。

(五)动作相互关系术语

(1)同时。指不同部位的动作要在同一时间内完成。
(2)依次。指肢体或不同个体相继做同样性质的动作。

(六)动作形式术语与音乐术语

动作形式术语通常用于描述动作的形式或性质。
(1)基本舞步
基本舞步是指构成一种特定舞蹈的基础舞步。
(2)组合
组合指两个或两个以上的舞步的结合。
(3)套路
套路是指由若干个组合串编成的一套完整的舞步。
(4)节奏
节奏是指以一定规律反复出现、赋予音乐以性格的具有特色的节拍。
(5)音乐速度
音乐速度指的是在单位分钟内演奏的小节总数。

(七)动作中连接过程术语

在描述一个连续动作过程时,用于表达动作的相互关系及先后顺序的术语叫作连接过程术语。

(1)由。指动作开始的方位。
(2)经。指动作过程中经过的位置。
(3)成。指动作结束时的身体姿势。
(4)至。指动作必须到达的某一指定位置。
(5)接。强调两个单独动作之间连续完成。

二、体育舞蹈动作名称术语

(一)基本身体位置术语

基本身体位置泛指跳舞时两人相对的位置和姿态,主要包括以下几种基本位置。

1. 闭式位

闭式位是指男、女面对面,且女士略靠男士右侧,男士右手放在女士背后左肩胛下半部,左手与女士右手扶握的身体位置。

2. 分式位

分式位泛指男、女面对面,分开约一臂距离的身体位置。

3. 侧行位

侧行位是指男士的右侧与女士的左侧靠近或紧密接触,而身体的另一侧向外展开成"V"字形站立或行进的身体位置。

4. 反侧行

反侧行是指男士的身体左侧与女士的身体右侧靠近或靠紧,身体的另一侧略向外展开成倒"V"字形站立或行进的身体位置。

5. 并退位

并退位是指男士的身体右侧与女士的身体左侧靠近或靠紧,两人的外侧脚后退的身体位置。

6. 反并退位

反并退位是指男士的身体左侧与女士的身体右侧靠近或靠紧,两人的外侧脚后退的身体位置。

7. 外侧位

外侧位是指在标准舞中,男、女舞伴的一方向另一方的右外侧或左外侧前进所形成的身体位置。

8. 并肩位

并肩位是指在拉丁舞中,男、女面对同一方向肩臂相并的身体位置。以男士为基准,男士左肩与女士右肩相并叫"左并肩位",男士右肩与女士左肩相并叫"右并肩位"。

9.影子位

影子位是指男、女舞伴面向同一方向重叠而立、形影相随的身体位置。以女士居前较常见。

10.扇形位

扇形位是指女士在男士的左侧相隔一个半手臂的距离,女士的身体与男方的身体成扇形排列并转向男士的身体位置。此时,女士左脚在后,重心落在左脚;男士右脚向侧并稍微向前,重心落在右脚。

(二)常用的技术术语

1.反身动作

反身动作是指一侧脚前进或后退时,异侧肩和胯后让或前送,使身体与舞步形成反向配合的身体动作。

2.反身动作位置

反身动作位置简称 CBMP,是指在身体不转动的情况下,一脚在身前或身后形成交叉,以保证两人身体维持相靠姿态的身体位置。这种位置常用于外侧舞伴姿态和侧行位置姿态的舞步中。

3.升降

这种技术是指在跳舞时身体的上升与下降。升降动作是在膝、踝、趾关节的屈和伸动作的转换中完成的。

4.摆荡

摆荡是指舞者在身体上升做斜向或横向移动时,像钟摆一样把身体摆动起来。

5.倾斜动作

倾斜动作是指在跳一些舞步时的身体倾斜。从形体上讲,是指肩的平衡线向左或向右的倾斜,它与地面的水平线成一定角度。

6.刷步

刷步是指当动力脚从一个开位向另一个开位移动时,必须先与主力脚靠拢而重心不变的舞步。

7.滑步

滑步技术是指在第二步双脚并拢的三步组成的舞步。

8. 脚跟转

脚跟转是指向后迈出的脚的脚跟转动。在这一动作过程中,并上的脚必须与主力脚平行;旋转结束时,身体重心移动至并上的那只脚。

9. 追步

追步是指在标准舞或拉丁舞中,一拍跳二步的舞步。

10. 脚跟轴转

脚跟轴转是指不变重心的单一脚跟旋转。

11. 踌躇步

踌躇步是指前进暂时受阻的舞步型,重心停留于一脚超过一拍。

12. 逗留步

逗留步是指身体运动或旋转受阻时的部分舞步型,双脚几乎静止不动。

13. 开式转

开式转是指第三步不是并靠而是超越第二步的旋转。

14. 轴转

轴转是指一脚脚掌旋转时,另一脚处于或前或后的反身动作位置。

15. 锁步

锁步是指两脚前后交叉的舞步。

16. 平衡

平衡是指舞蹈中身体重心的准确分配。

17. 步位

步位是指一个舞步结束时双脚的互动关系。

(1) 拉步

拉步是指右脚开始往后移,然后左脚旋转,因此在这个步子结束时,步位显示为右脚小步向侧。

(2) 在华尔兹舞中右转舞步的第二步,也就是当男士左脚向侧时,步伐须先往前移动。

18. 预备外侧舞伴位

这一站位是指舞步比一般前进步步伐稍微向侧,以预留出空间让舞伴进入到外侧。例如,

男士在狐步舞中羽步的第二步以及跑步结束的最后一步。

19. 方位

方位是指在一个舞步结束时双脚在舞池中面对、背对或指示的方向。方位必须指向舞步运行的方向。

为了使体育舞蹈得到更广泛的推广，促进体育舞蹈的规范发展，体育舞蹈的国际组织对体育舞蹈各舞种的技术、动作名称进行过多次修订规范，才形成现在在中国运用的这一套专业术语。但是在体育舞蹈的实践过程中应该本着发展的眼光去看待术语。英国皇家舞蹈教师协会和国际舞蹈教师协会在对动作的等级规定和动作的命名上稍稍有些不同，但这并不妨碍体育舞蹈的各组织间的技术交流。

知识拓展

体育舞蹈中，常见的中文术语通常是由英文术语意译和音译而来。比如跑步(Running)、右旋转(Natural Spin Turn)等术语是意译而来，而恰恰舞(Cha Cha Cha)则属于音译。再如鲁道夫画圈(Rudolph Round)这一术语的翻译则是意译和音译的结合。虽然各国语言的文化存在着不小的差异，但中文术语的表达应该力求一致。

第二节 体育舞蹈的礼仪

体育舞蹈是一个体育项目，但它有着自己的特殊性。它的特殊就在于其中蕴涵着更多的艺术气息。作为体育与艺术的结合体，体育舞蹈的整个过程都有着自身独特的礼仪规范，本节将对此进行详细的介绍。

一、体育舞蹈指导员接待学员的礼仪

在各种体育舞蹈俱乐部或学校，接待前来咨询的学员或潜在学员是一个重要的环节。好的接待礼仪有利于缓解前来咨询的学员们的情绪，赢得他们的信任，从而更加有效地向他们推荐舞蹈课程和指导员。

(1) 以热情、周到、体贴的态度做好学员的接待工作。接待时尽量使用"请""您"等礼貌用语，忌用粗鲁和不耐烦的语气。

(2) 在了解学员对于体育舞蹈的需求后，有针对性地介绍相应的课程。

(3) 作为社会体育指导员，要大方得体地介绍自己，但切忌过于夸大。

(4) 配合俱乐部或健身培训点的管理，做好宣传工作。

二、体育舞蹈课堂教学礼仪

体育舞蹈是一项高雅的运动项目,以各类形式出现的体育舞蹈活动都是在浓郁的礼仪氛围中展开的。体育舞蹈教学同样如此。因此,体育舞蹈教师应该全面了解专项礼仪并应用于教学中。通过教学礼仪的渗透,可以从根本上提高体育舞蹈参与人群的综合素质,与我国体育舞蹈竞技水平的提升和大众普及程度的提高相适应。

(一)体育舞蹈教学课课堂常规

1. 上课

(1)教师发出"上课"的口令后,班长要整队集合,同时检查学员出勤情况并向教师报告。
(2)教师向学员们致以"同学们好"或"各位学员,大家上午(下午、晚上)好"等问候语。
(3)学员们向教师回应"老师好"等问候语。

2. 下课

(1)教师在下课前,需组织学员进行整理和放松活动、简要小结,并布置课后练习内容。
(2)教师应说:"本次课到此结束,谢谢大家,同学们再见!"并向学员鞠躬致意。
(3)学员向教师鞠躬回应"谢谢老师,老师再见"!
(4)正式下课。

(二)体育舞蹈教学课课堂礼仪

1. 教师教学礼仪

(1)教师要提前10分钟进入教室,更换服装和舞鞋,做好场地检查、教学器材的准备和调试工作,等待学生到来。
(2)教师的教学语言要清晰、亲切,教态自然、大方,声音洪亮,使用普通话教学,使用术语要准确。
(3)教师服装要符合教学需要,仪表要庄重,避免奇装异服和怪异发型。
(4)教学中要做到公平对待每一位学员,对新学员和水平较差的学员要耐心施教,并及时给予肯定和鼓励。
(5)上课期间不接待他人来访,不接打电话并将手机关机或静音。
(6)课前要认真备课,教学思路清晰、连贯,按照教学计划教学,能够根据学员具体情况灵活调整。
(7)能尽快记住学员姓名,课堂提问要正确说出学员的名字,学员回答完毕后,教师要给予肯定和鼓励,对待学员要以表扬为主、批评为辅。
(8)教师应注意示范面和示范点的灵活性,要充分考虑教学效果的全面性,随时顾及教学

队形后排或边缘学员的学习效果，必要时要定时调整队形。

2.学员课堂礼仪

(1)学员要提前到达教室，在上课之前要做好课前所有准备工作。迟到的学员在经过教师允许后，可就近站在队伍的旁边和后边，严禁中途插入队伍中。

(2)学员上课时服装应整洁、规范并符合课堂要求，要保持个人卫生（包括口腔、手部和头发的清洁），这体现了对教师和舞伴的尊重。

(3)上课期间未征得教师允许，不得接待他人来访，不接打电话并将手机静音。

(4)课堂上要保持安静，不随便讲话、嬉戏，需要发言时要事先举手，经过教师允许后才可发言。发言时要大方、清晰。

(5)在得到教师的个别指导或表扬后要表示谢意。

三、观看体育舞蹈教学课的礼仪

对有看课需求的新学员，学校的管理者应该满足学员或潜在学员的要求，使初学者对体育舞蹈的课程与教师的授课方式以及练舞场所的场地和设施能够进行基本的了解，从而有利于他们尽快熟悉和适应环境，同时了解自己是否喜欢并适合所学舞种课程。

为了达到看课效果并避免干扰正常课堂秩序，教师应对看课提前作出以下安排。

(1)了解新学员的兴趣、爱好和要求，安排看课内容，提前预定时间。

(2)要求看课者提前或准时进入课堂并坐在指定区域。

(3)要求看课者不能有任何扰乱课堂秩序的行为，如接打手机、课上进行与教学无关的交谈等。

四、观看体育舞蹈比赛的礼仪

（一）茶座席与观众席礼仪

茶座席围绕比赛场地就近设置，因距离比赛选手非常近，和选手有着较多的互动，因此坐在茶座席上的观众应当给选手以积极的鼓励并投以赞许的目光，观众的热情对选手的表现会产生很大的影响。

（二）录像权限礼仪

在一些体育舞蹈比赛中，因影像权被相关媒体买断，所以未经大赛组委会批准不可私自录像。除此之外，由于优秀选手、明星在比赛间隙表演时往往涉及肖像权的问题，也是不能私自录像的。作为观众，一定要自觉遵守这一规定，要树立文明观赛意识，不能因为自己的行为影响比赛。

(三)尊重裁判的判决

体育舞蹈的评判模式是评分制,完全以场上裁判员主观评判为结果。每个裁判员对每个参赛选手有着不同的评估取向,这也是体育舞蹈魅力的表现形式之一。作为观众,应当完全尊重裁判员的评判,不可起哄、喝倒彩,更不可向场内投掷杂物,应维护体育舞蹈的文化品质。

(四)掌声致意

体育舞蹈兼具竞技与艺术属性。因此,选手在比赛或表演结束后,有向四周观众致谢的传统礼仪,他们是为观众所给予的鼓励而致谢。此时,观众要对他们的精彩表演给予热烈的掌声鼓励,这是体育舞蹈文化崇尚礼仪的一种表现。

五、参加舞会的礼仪

舞会是一种非常受欢迎的交际形式,了解舞会礼仪是每个参加者不能忽略的环节。参与体育舞蹈必须熟知舞会的礼仪,并在教学、培训实践中加以应用。

(一)参加舞会前的准备

准备参加舞会时,要进行适当的个人形象修饰。男士务必要剃须,女士在穿短袖或无袖装束时要剃去腋毛。舞会前的饮食要回避带浓烈气味和产气的食物,并保持口腔卫生。如果是外伤患者、感冒患者等,不宜参加舞会。

参加舞会前,要根据个人情况适度地化妆。男士化妆的重点通常是美发、护肤和去体味。女士化妆的重点主要是美容和美发。因为舞会大多在晚上举办,所以化妆可以相对浓一点。

舞会的着装必须干净、整齐、美观、大方。有条件的话,可以穿格调高雅的礼服、时装、民族服装。舞会上通常不允许戴帽子、墨镜,或者穿拖鞋、凉鞋、旅游鞋,一般不应该穿外套。穿着服装过露、过透、过短或过紧也不合适。如果舞会对服装有要求的话,必须遵循。

(二)舞会中的礼仪

1. 邀舞

邀请舞伴时,按惯例应邀请异性。通常是男士邀请女士,但女士有权拒绝。但当女士邀请男士时,男士不得拒绝。

需要指出的是,在较为正式的舞会上,尤其是在涉外舞会上,同性是不能相邀共舞的。

从第二支舞曲开始,男主人应邀请男主宾的女伴跳舞,而男主宾则要回请女主人共舞。接下来,男主人还要依次邀请在礼宾序列上排位第二、第三的男士的女伴各跳一支舞曲,而那些被男主人依照礼宾序列相邀共舞的女士的男伴,则应同时回请女主人共舞。

就男宾而言,以下女士应当依礼仪相邀:舞会的女主人、被介绍相识的女士、遇见旧交的女士、坐在身旁的女士。以上女士被男宾相邀后,与其同来的男伴最好回请该男宾的女伴同舞一曲。

按照惯例,在舞会上一对舞伴伴随一支曲子共舞。接下来,需要通过交换舞伴去扩大自己的交际面。舞会的头一支舞曲,男士应邀请与自己一同前来的女士共舞。如有必要,两人还可以在演奏舞会结束曲时再同跳一次。

邀请舞伴的时候,应当文明、大方、自然,并且注意讲究礼貌。不可勉强对方,尤其是不要出言不逊,或与其他人争抢舞伴。

2. 拒绝

一般情况下,在舞会上被人相邀时不宜拒绝对方。但如果因特殊原因回绝邀请,务必要注意态度和措词,不要使对方尴尬,或者对其视而不见,置若罔闻,这样会破坏舞会的和谐氛围,甚至伤害对方的自尊。

女士在口头拒绝对方的时候,要起身相告具体原因并向对方致歉。目前,在舞会上婉拒别人的托词有:"有人邀请我了""我累了,想单独休息一会儿""我不会跳这种舞""我不喜欢跳这种舞""我不熟悉这首舞曲""我不喜欢这首舞曲"等理由。

拒绝别人的邀请后,不要马上接受其他人的邀请,尤其是当着前者的面的时候。否则这会被前者视为对自己的一种侮辱。

被人礼貌拒绝后,不可自找没趣,赖着不走,胡搅蛮缠。

3. 跳舞时的礼仪

步入舞池的时候,要讲究女士优先,由女士选择跳舞的具体方位。而在跳舞的具体过程中相互合作时,则要由男士带领在先,女士在后。

跳舞的时候,要注意保持身体平衡,步法切勿零碎、杂乱。在需要前进或后退的时候,迈步的幅度、身体的重心、力量的分配一定要准确,并且要注意移动自如。要掌握运步的方向和技巧。变换方向的时候,要以自己左脚或右脚的前脚掌为轴转动。

通常在舞池的中心部分是老年人和初学者跳舞的区域,而熟练者大多围着舞池的边缘沿逆时针方向跳舞。初次邀请不熟悉的舞伴跳舞时,所选的舞步应当由易渐难、由简渐繁、由慢渐快,切不可独自尽兴,不顾舞伴,引起对方尴尬。尤其是邀请年龄较大的女士跳舞时,更应注意控制跳舞的负荷强度和动作幅度。

当有乐队演奏时,一曲舞毕,舞者应首先面向乐队立正、鼓掌以示感激,然后再离开。

一般情况下,男士要把自己所请的女士送回其原来的休息处,道谢告别之后,才能离开。

跳舞时要注意与其他舞者保持适当的距离,以防相互影响。万一不慎碰撞或踩踏了别人,应自觉向对方道歉。

不论自己和共舞的舞伴是什么关系,两人跳舞时,除了必要的以手持握外,身体的其他部位都要保持大约一拳的间隔。除交谈外,跳舞时不要长时间盯着对方的双眼。

参加舞会时,不能只图尽兴,而忽略了交际。假如碰上旧友,除了要争取邀请对方或其同伴共舞一曲之外,还应当尽量抽时间找对方叙旧并致以必要的问候。

在舞会上结交新朋友,通常有以下3种方法:一是主动把自己介绍给对方,二是请主人或其他与双方熟悉的人代为介绍,三是通过邀请舞伴的方式直接或间接地认识对方。在舞会上结识新友之后,一般不宜长时间深谈,可以在此后适当的时间通过各种方式进行联络。

和互不相识的舞伴跳舞时,可以略作交谈。交谈内容多为赞赏对方舞技、表扬乐队的演奏等,也可以进行简短的自我介绍。

一般的舞会都以《一路平安》或《友谊地久天长》等作为最后一支舞曲。曲目一奏起,就表示舞会即将结束。

离开舞厅不一定要惊动主人,可以不辞而别,只需向刚刚谈话的客人以及尊贵的客人道别即可,但如果主人刚好在附近,则向他表示感谢再告别是必需的。参加舞会后的一周之内,应给主动联系主人表示谢意。

六、参加体育舞蹈比赛的礼仪

(一)赛前

1. 报到及报名

比赛规程上将会写明报到的具体时间及地点,各队领队要做到在有效的时间内报到,以免影响比赛的正常进行。报到时,计分组会打印出各参赛队的报名确认表,请前来报到的领队或选手再次确认本队的报名信息后才正式报名和录入报名信息。由于报到现场人员众多,极易出现混乱的局面。因此,报到人员应当自觉维护现场秩序。另外,不要轻易更改报名信息及参赛组别,以防由于人员变动造成赛程调整。

参加年龄组比赛的选手需依次通过身份确认和签写保证承诺书,因此,报到人员要事先准备有效证件,以便快速、高效地完成报到。

2. 领队、教练员会议

各队领队和教练员须准时参加赛前准备会议,将手机关机或静音,对有异议的问题可先记录,在专门的时间提问,组委会一定会给出合理的答复或调整。第二天进入比赛后,则很难再作出大的调整,因此问题尽量在会上提出。会上不要喧哗、吵闹,要有秩序地发表意见。

3. 维护并尊重举办地的环境卫生与风俗习惯

无论是国际还是国内比赛,参赛人员都要注意维护和尊重当地的环境卫生和风俗习惯。之前可以通过各种渠道全面了解该地,并努力使自己成为一名文明的参赛人。

4. 棕油与文明

由于体育舞蹈参赛选手都有涂抹棕油的需要,这种物质在上色期间容易脱落(包括比赛时的彩妆),因此在住宿期间,可以穿自己的睡衣,用自带的枕巾,以避免把棕油等化妆用品涂抹或沾染到宾馆的浴巾、床单或被罩上。洗浴后,棕油一擦即掉,故不要用宾馆的毛巾擦拭。如

果实在不小心,弄脏了宾馆的物品,要及时告知宾馆并商议赔偿事宜,以免退房结算时引起纠纷,耽误行程,影响自己以及体育舞蹈的形象。

5.熟悉比赛服装的规定和要求

体育舞蹈的参与者一定要熟知世界体育舞蹈联合会有关比赛服装要求的细则,并在平时的教学指导中对学员加以灌输,以免在比赛时因服装违规而遭淘汰。此外,赛场经常发生因女选手的比赛服装不合体而发生"走光"的现象,这严重影响了体育舞蹈项目在公众中的形象。因此,领队有责任提醒参赛选手提前检查比赛服装,杜绝类似现象的发生。

(二)赛中

1.在检录处的礼仪与注意事项

运动员要依据赛程中各组别比赛的具体时间提前到达检录处等候检录,这是一种文明礼仪的表现。由于初赛和复赛时参赛选手多,加之各组别候场选手都在同一个场地活动、等待,所以检录区非常杂乱、喧闹,检录人员工作量极大。因此,参赛选手应当保持安静,相互礼让,尊重检录人员的工作。此外,还要自觉维护检录区和候场区的公共卫生环境。

2.入场礼仪

选手应按照比赛场次的序号依次进入场地,男士要引导女士镇定、大方地走入赛场,途中要时刻表现出对女士的呵护与关爱,切不可独来独往,分而行之。入场时,要面带微笑,向观众示意、行礼,不可只顾及裁判员。

3.舞前站位礼仪

进场准备比赛时选择合适的开始位置非常关键,但当先入场的选手已经选好开始位置并等待比赛时,后入场的选手不可从该对选手之间穿过。也不要紧靠其他选手前方站立,迫使对方重新调整距离。在标准的比赛场地里要合理使用每一个有效空间,正中间或靠近主席台不一定是最理想的地方。尽量不要拥挤在一处,以免被其他选手遮挡。拉丁舞男伴最好选择靠近观众的场地边缘,以使自己的表现有的放矢。摩登舞各男伴之间要保持一定的间隔,合适的做法是选择靠近其他女伴的地方。

4.舞蹈表演中的礼仪

选手在跳舞时要根据现场的空间情况随时调整动作的幅度、方向和速度,不可自私地横冲直撞。在体育舞蹈的赛场上应该是礼仪第一、比赛第二,这才符合舞蹈本身的艺术特性。比赛中,选手所表现出的文明礼仪一定会给裁判员和观众留下深刻的印象。

在某些组别的决赛中,会安排选手单独演示,选手之间在舞蹈结束时要互相报以诚挚的掌声以示鼓励。

体育舞蹈属于竞技类表演项目,表演性是其比赛特点之一,故与观众的交流、互动就成为比赛的重要环节。需要注意的是,不要只刻意跟裁判员交流,而是用自己跟观众互动的真情实感去打动评委。

每支舞曲结束后,都要有诚意地向观众行礼答谢,然后再重新选择下支舞曲开始的位置。舞者在场上的整体表现始终会在裁判员的注意范围之内。

5. 裁判员亮名次时的礼仪

在决赛亮分时,当主持人念到选手背号的时候,该选手需从场边走到场地中间向全场行礼。待成绩宣布后,不管成绩是否如愿,该选手都要行礼答谢后方可退场。

6. 退场的礼仪

退场时,按照在场中站立位置的远近不同,男士要引领女士依次从下场通道退场,不可男女分离、拥挤和喧哗。退场过程中可向鼓掌欢呼的观众、亲友团以及队友挥手致意。

7. 颁奖中的礼仪

获得优异成绩的选手要参加颁奖仪式,当听到主持人宣布自己的姓名或背号后,要先向自己的舞伴致谢,然后向观众挥手致意。在登上领奖台之前,要向先到位的获奖选手祝贺,如握手、拥抱和行贴面礼。男性选手之间一般只通过握手的形式来表达祝贺。

在接受颁奖嘉宾的颁奖时,要微笑着握手或是拥抱致谢,并尽可能降低身高来佩戴奖牌,以免嘉宾尴尬。在举起奖杯向观众示意时,不要忘记背后和两侧的观众。如果是国际比赛需要奏国歌时,一定要面向国旗安静伫立。

颁奖时,选手的礼仪表现较之比赛的名次更重要,万不可因成绩不如意而忽略礼仪表现。

(三)赛后

1. 获得优异成绩后的礼仪

选手在获得优异成绩之后,不要忘记在第一时间向身边的教练员、领队、管理老师和曾经指导、帮助过自己的人表示感谢。

2. 诚挚的祝贺与鼓励

比赛结束后,要主动、热情地向获奖队友、对手或是熟悉的朋友表示祝贺和赞美,尤其对没有获得理想成绩的选手要给予肯定和鼓励。"胜败乃兵家常事",比赛中的输赢是暂时的,而友谊长在。

3. 自觉维护场馆秩序

体育舞蹈比赛的参赛人数众多、男女选手混杂、少年儿童年龄小、人员流动性大,并且比赛时间跨度相对较长,因此,文明礼仪对参赛者是非常重要的。在进入比赛场馆时,应时刻牢记并自觉遵守场馆内的各项规章制度,保持环境卫生。

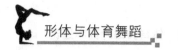
形体与体育舞蹈

第三节 体育舞蹈的竞赛与裁判

体育舞蹈在我国的起步较晚,是一个年轻的体育项目。随着我国体育事业的发展,体育舞蹈竞赛已在全国蓬勃开展。体育舞蹈比赛是互相观摩、切磋舞艺、提高体育舞蹈竞技水平的一种良好方式。因此,体育舞蹈竞赛的开展应按照国际惯例,并结合我国实际情况,对比赛的组织和裁判工作进行规范才能使体育舞蹈竞赛发展得更好。

一、体育舞蹈竞赛的知识

(一)体育舞蹈竞赛的价值

体育舞蹈比赛是教学和训练的重要组成部分,是检验体育舞蹈教学、训练效果的途径,也可以说是教学、训练及开展该项活动的指挥棒,其具有多方面的价值。

1.宣传价值

体育舞蹈的广泛宣传很大程度上是通过比赛实现的。它在健美形体、陶冶情操、净化社会风气、丰富业余文化生活等方面具有良好的效果,从而吸引更多的人积极投身到体育舞蹈训练中,以高雅的文体生活来充实闲暇时光,进而推动体育舞蹈运动的迅速开展。

2.交流价值

体育舞蹈竞赛是各代表队或运动员相互学习、交流技艺、提高技术水平、增进友谊的平台。通过交流,使之尽快为提高我国体育舞蹈运动的水平而共同努力。

3.检验价值

体育舞蹈竞赛的重要价值是检查教学与训练效果。

4.教育价值

体育舞蹈能够提高人们的审美意识、增添生活情趣,通过观看体育舞蹈竞赛,人们可以得到健与美的启迪和教育。

(二)体育舞蹈竞赛的种类

世界比赛分职业比赛和业余比赛两大类,每类都有不同级别和层次的比赛。比赛规模有世界的、洲际的、国与国的、全国性的大赛,也有省市间、地区性、行业体协等中小型比赛。比赛名称通常有锦标赛、公开赛、邀请赛、友谊赛、精英赛等。前两种比赛属世界性和全国性大赛,后者属双边的或地区性比赛。

1. 国际竞赛的分类

国际竞赛通常由世界舞蹈组织举办,或由某国申请经世界组织批准后在该国举行。世界舞蹈组织目前有职业舞协的"世界舞蹈和体育舞蹈总会"(WDDSC)和业余舞协的"国际体育舞蹈联盟"(IDSF)。

WDDSC每年会定期举办7项大赛,分别是摩登舞国际竞技舞锦标赛、拉丁舞国际竞技舞锦标赛、十项国际竞技舞锦标赛、欧洲国际竞技舞锦标赛、亚洲太平洋国际竞技舞锦标赛、世界杯摩登舞国际竞技舞邀请赛、世界杯拉丁舞国际竞技舞邀请赛。其中前5项是正式国际锦标赛,大会的冠军被公认是该年度的世界舞皇和舞后;后两项比赛不是以领先舞坛为目的的比赛。

国际体育舞蹈大赛通常分为职业和业余两大类,职业组设公开组和新人组,每组又分摩登和拉丁舞系,各组都跳5项舞;业余组分为公开组、新人组、常青组(50岁以上)、中年组(男士40岁以上,女士30岁以上)、青年组(14~18岁)和少年组(14岁以下)。

2. 国内竞赛的分类

国内体育舞蹈大赛通常由中国体育舞蹈联合会和中国国际标准舞学会举办。国内体育舞蹈竞赛划分为职业、业余及专业院校3大组别。在3大组别中,根据国际通行设项办法,主要以年龄分组设项,具体有以下设项。

(1)职业组

①职业A组标准舞、拉丁舞(所有职业选手)。

②职业B组标准舞、拉丁舞(除上届锦标赛职业A组前6名选手外)。

③职业十项舞组(职业及专业选手共同参与)。

参赛选手自愿报名进入职业组比赛,除参加职业十项比赛的专业院校选手外,一旦进入,将不能再行退出,今后只能参加职业组各相关项目的比赛。此新规定颁布以前已进入职业组的在校专业院校选手继续保留在职业组中。已毕业且从未进入职业组比赛的原专业院校选手,可进入专业组或进入职业组,不能参加业余组比赛。

(2)专业院校组

参赛人员为各设置体育舞蹈或国标舞专业及专项招生的院校在校生及特招生。

①专业精英组标准舞、拉丁舞(所有组别均可参加)。

②专业成人组标准舞、拉丁舞(19岁及以上)。

③专业青年组标准舞、拉丁舞(16~18岁)。

④专业少年A组标准舞、拉丁舞(14~15岁,此组别以上均跳5支舞,动作服装无限制,但女士服装不能为肉色)。

⑤专业少年B组标准舞、拉丁舞(12~13岁,4支舞,动作按指定教材A级以下,服装按规定)。

⑥专业少年C组标准舞、拉丁舞(11岁以下,4支舞,动作按指定教材A级以下,服装按规定)。

(3)业余组

业余组所有组别选手可按年龄自动进入各组参赛,不做强制升组。

①业余精英组标准舞、拉丁舞(自由进入)。

②成人 A 组标准舞、拉丁舞(31～35 岁)。

③成人 B 组标准舞、拉丁舞(22～30 岁)。

④成人 C 组标准舞、拉丁舞(19～21 岁)。

⑤青年组标准舞、拉丁舞(16～18 岁)。

⑥少年 A 组标准舞、拉丁舞(14～15 岁。此组别以上均跳 5 支舞)。

⑦少年 B 组标准舞、拉丁舞(12～13 岁,4 支舞,动作按指定教材 A 级以下,服装按规定)。

⑧少年 C 组标准舞、拉丁舞(10～11 岁,3 支舞,动作按指定教材 B 级以下,服装按规定)。

⑨少年 D 组标准舞、拉丁舞(8～9 岁,2 支舞,动作按指定教材 B 级以下,服装按规定)。

⑩少年 E 组标准舞、拉丁舞(7 岁以下,2 支舞,动作按指定教材 C 级,服装按规定)。

⑪壮年 A 组标准舞、拉丁舞(35 岁以上,5 支舞)。

⑫壮年 B 组标准舞、拉丁舞(男 45 岁以上,女 40 岁以上,4 支舞)。

⑬壮年 C 组标准舞、拉丁舞(男 50 岁以上,女 45 岁以上,3 支舞)。

⑭常青 A 组标准舞、拉丁舞(男 55 岁以上,女 50 岁以上,3 支舞,女士拉丁服装不能露出腰部)。

⑮常青 B 组标准舞、拉丁舞(男 60 岁以上,女 55 岁以上,3 支舞,女士拉丁服装不能露出腰部)。

⑯业余十项舞组(所有业余组别各项选手均可参加)。

3.舞系与舞种

(1)舞系

舞系分为摩登、拉丁两大类,除国内少年、儿童两组目前只设拉丁类,其他各组别都设两类。

(2)舞种

5 支舞:W,T,VW,F,Q;S,C,R,P,J。

4 支舞:W,T,VW,Q;S,C,R,J。

3 支舞:W,T,VW;C,R,J。

2 支舞:W,T;C,R。

表演舞:SHOWDANCE,以摩登舞或拉丁舞动作为载体,结合其他类别舞蹈表现形式的双人创作舞蹈。时间不少于 3 分钟,不超过 4 分钟。表演过程中男女舞伴间的托举动作不能超过 3 次,分手舞蹈时间不能超过 30 秒。

国际比赛专业选手公开组和新人组跳 5 项舞;业余选手公开组跳 5 项,新人组另定。

国内比赛有自己的规则,其舞蹈比赛分组中的参赛舞种不同。其他舞协在职业、职业新人、甲组、乙组等组别上各舞的设置及排列顺序有所不同。

(三)体育舞蹈竞赛服饰要求

体育舞蹈与服装有着重要的关系,因此体育舞蹈对竞赛中参赛者的服装有着严格的要求,并作了相应的规定。国际对标准舞中参赛者的服装所作的统一规定为男士穿燕尾服,女士穿不超过脚踝的长裙;对拉丁舞中参赛者的服装所作的统一规定为男士穿紧身裤、长袖衣,女士穿露背、腿的短裙。其中无论什么舞系,舞鞋与服装颜色须一致。

国际上对参赛者的服装作了要求,中国也有自己的规定。中国对参赛选手的比赛服装的严格要求是由中国教育部健美操艺术体操协会规定的,它在举办的"中国学生体育舞蹈锦标赛"中对不同年龄组别的参赛选手的比赛服装提出了严格要求。

1. 女士的竞赛服装

(1)拉丁舞

式样要求:臀部和胸部须完全被盖住,且上述区域不得使用透明面料。站立时,裙子应完全盖住内裤。

颜色要求:可使用除纯肉色外的任何颜色。内裤必须是黑色或者与服装同色。

对鞋的要求:女式拉丁舞鞋。

发型与化妆:不希望选手化妆夸张或做过于复杂的发型。

珠宝首饰:评判长有权要求选手去掉任何对其他选手产生危险的饰物。

(2)标准舞

式样要求:不允许有上下身分为两截式的服装。领口不可开得过低,胸部应完全盖住。胸部和腰线至内裤下沿部分不得使用透明材料。开叉裙只能开至膝盖,不能再高。

颜色要求:可使用除纯肉色外的任何颜色。

对鞋的要求:女式标准舞鞋。

发型和化妆:化妆不得太夸张,发型不得过于复杂。

珠宝首饰:评判长有权要求选手去掉对其他选手造成危险的饰物。

2. 男士的竞赛服装

(1)拉丁舞

裤子要求:不允许使用肉色、紧身及透明材料。

上装要求:除肉色外的任何颜色或混合花色。可使用透明面料做装饰,但不能作为服装底料,且透明面料不得超过25%。衬衫或上装必须紧扣,不允许穿无袖衬衫及上装,衬衫可开至胸骨。可自行决定上装是否与裤子同色。领带、蝴蝶结或领巾可自行决定,如戴领巾则必须系紧置于衬衫里。

装饰要求:可使用装饰。

对鞋的要求:男式拉丁舞鞋。

发型要求:最好留短发。如果头发长,须系成马尾式。

珠宝首饰:评判长有权要求选手去掉对其他选手造成危险的饰物。

(2)标准舞

裤子要求:深色或与上装同色,不允许使用肉色紧身及采用透明材料。

上装要求:白色或除肉色外的任何颜色的衬衣;A组选手必须穿着燕尾服;B组选手可选择马甲或燕尾服,但必须打领带或领结。

对鞋的要求:男式标准舞鞋。

发型要求:长度不得超过衣领。

珠宝首饰:评判长有权要求选手去掉对其他选手造成危险的饰物。

3.少儿的竞赛服装

(1)女孩服装

式样要求:黑色裙子+白色衬衣,紧身连衣裤或者T恤,单色连衣裙+连裤袜(连裤袜须与衣服同色),紧身连衣裤配裙子。

面料要求:不允许使用透明面料或者金属面料。可使用同色的不同面料。如使用网眼面料,必须配以不透光的同色面料。

颜色要求:可使用除肉色外的任何颜色。

装饰要求:不得使用饰物(仿钻、亮片、羽毛、花、蝴蝶结、流苏和网眼饰物等)。

对鞋的要求:方跟(平跟)鞋,鞋跟不得超过3.5厘米,其颜色可任意。可穿任何颜色的袜子,也可穿紧身肉色袜,不得穿网眼紧身袜。

发型要求:不得留复杂的高发型、带假发或发饰、染发、使用带闪光质的发胶。

化妆要求:不允许化妆。不得带假睫毛、假指甲、亮片、使用人造橄榄油和指甲油。

珠宝首饰:不得戴珠宝首饰(手镯、指环、项链)。

(2)男孩服装

式样要求:黑裤,可自行决定是否带脚下扣带,可自定是否带黑色吊带,可使用金属扣。平纹白色长袖衫(最好是棉质或聚脂棉),不允许使用闪闪发光的或有花样的面料,不允许带燕子领并将袖子卷起来。但进行拉丁和标准舞比赛时,必须带黑领带或蝴蝶结,也可使用金属领带夹,领带夹必须紧扣衬衫。

装饰要求:不允许有装饰。

对鞋的要求:黑色低跟(最多2厘米)皮鞋、仿鹿皮鞋或漆皮鞋,以及黑色袜子。

发型要求:最好留短发。如果头发长,须系成马尾式。

化妆要求:不允许化妆。

珠宝首饰:不允许戴珠宝首饰。

(四)体育舞蹈的等级标准

1.等级标准的级别、层次与对象

体育舞蹈的等级水平共分为5个级别,由低至高分别为:铜牌、银牌、金牌、金星一级、金星二级。

体育舞蹈竞赛分基础级、提高级、最高级3个层次;其中基础级是指铜牌、银牌级,提高级是指金牌、金星一级,而金星二级则为最高级。

体育舞蹈不同的级别有着不同的对象。铜牌、银牌级这一基础层次主要面向大众健身和有意参加体育舞蹈的锻炼者;包括金牌、金星一级在内的提高级,其对象为体育舞蹈的爱好者;金星二级作为体育舞蹈的最高层次,面向有意于体育舞蹈深造者。

2.5 大级别介绍

（1）铜牌级

①动作要求

可以单独表演或与舞伴共舞，表演出每个舞项各两种舞的每个动作的正确节奏，动作基本正确，有一定的协调性。

②成绩要求

60～70分为达标，71～85分为中等，85分以上为优秀。

（2）银牌级

①动作要求

可以单独表演或与舞伴共舞，表演出每个舞项各3种舞的每个动作的正确节奏，并对每个动作要领能规范清晰地表现出来，身体姿态与协调性较好。

②成绩要求

60～70分为达标，71～85分为中等，85分以上为优秀。

（3）金牌级

①动作要求

要求与舞伴共舞，表演出每个舞种的每个动作的正确节奏，有正确的引导和跟随技术，对每个动作要领能规范清晰地表现出来，身体姿态与协调性较好，表现出一定的身体能力。

②成绩要求

60～70分为达标，71～85分为中等，85分以上为优秀。

（4）金星一级

①动作要求

要求与舞伴共舞，能表现出正确的引导与跟随方法，表现出每个动作的正确节奏，身体姿态好，动作规范到位，并且轻松协调，能较好地体现出各舞种的风格，并具备一定的表现力。

②成绩要求

60～70分为达标，71～85分为中等，85分以上为优秀。

（5）金星二级

①动作要求

要求与舞伴共舞，能协调默契地进行配合，身体姿态优美，动作规范到位，轻松协调，能很好地表现出各舞种的独特风格并具有个人风格，有很好的舞蹈表现力。

②成绩要求

60～70分为达标，71～85分为中等，85分以上为优秀。

二、体育舞蹈竞赛的组织

体育舞蹈竞赛的顺利进行离不开体育舞蹈竞赛的组织，组织不是一件容易的事。只有综合各方面的力量，积极开动脑筋，做好一系列的准备工作，方可成功举办体育舞蹈竞赛。

(一)赛前准备

组织体育舞蹈竞赛需要在赛前做大量的准备工作,包括竞赛规程的制定和下发、组织机构的建立、竞赛日程的安排、赛前的学习组织等相关工作。

1. 制定竞赛规程

竞赛规程和裁判规则是进行比赛的法规性文件,是体育舞蹈竞赛的指导性文件,具有权威性和指导性。它是该次比赛的唯一依据和参赛人员必须遵守的章程。制定规程要依据竞赛的目的任务、经济实力和竞赛的诸多条件确定各项具体内容,规程应内容严谨,概念清楚,文字表达正确简练。由主办单位制定的竞赛规程和竞赛通知、报名表应在赛前3个月至半年发至有关单位。规程内容包括:

(1)比赛名称。

(2)比赛时间、地点。

(3)主办及承办单位。

(4)参加单位及人员范围。

(5)参赛办法:包括各组别报名人数、组队办法等。由各地体总、体委、体院、体协将规程发至有关单位,并按本规程规定组队;各单位领队教练限定人数;选手应有户籍证明及当地体委和舞协证明。

(6)比赛项目和内容:比赛项目可根据年龄组别而定,主要有摩登舞系列、拉丁舞系列、团体舞(摩登组,拉丁组)。如青年组设华尔兹、探戈和维也纳华尔兹,决赛加快步,而老年组设华尔兹、探戈等。

(7)竞赛方法:包括竞赛规则、音乐设置、赛次设置、裁判聘请。

(8)录取名次及奖励:各组别录取名次及奖品(奖杯、证书、奖品、奖金);参赛者的纪念品;优秀选手将代表国家参加国际比赛。

(9)经费有关规定、标准:报名费含单项参赛选手、双项选手和团体舞选手;其他费用包括各队差旅、市内交通、食宿、医疗费用处置方法。

(10)报名与报到:报名表一式两份,回寄地址、联系人、电话、邮编等说明;报名时间(含截止日期);报名时间、地点和要求。

(11)服装要求、音乐的要求。

(12)其他:包括跨组处理;各组选手的晋级要求及违规处罚;丙组、常青组男女的年龄要求和身份证明;以赞助厂商为命名的代表队报名时应注明;对无故不参赛的队和个人的处理。团体舞比赛赛次,录取名次(参赛队不足6队、含6队时的录取名次);各队赞助单位的广告宣传、队服、绶带、队旗的要求及联系手续。

2. 组织机构的建立

体育舞蹈比赛所有工作由大赛组织委员会负责。组织体育舞蹈竞赛必须建立专门的组织机构。组委会可设名誉主任、主任、副主任委员、秘书长、副秘书长等职。下设宣传、后勤、保卫、医务、仲裁委员会、竞赛委员会和评判委员会等。全国性大型比赛可加设接待、票务等机构。

3. 召开筹备会议

赛前筹备会对竞赛举行是非常重要的,这是比赛举行成功与否的重要一环,因为筹备会是专门为比赛召开的具有权威性的决策会议,在筹备会上会讨论决定许多有关比赛的重大问题,如研究讨论竞赛规程;确定建立比赛的组织机构、竞赛规模及落实组织机构中的人员分工;讨论经费的使用分配;确定奖品规格,安排比赛程序及会期时间,寄发邀请信函的单位和人员范围等。

4. 召开赛前会议

召开此次会议的目的是向各参赛运动队及教练员介绍本次比赛的情况、比赛的主要负责人和工作人员、比赛的日程及有关比赛的规定,并对各参赛队与教练提出的问题进行解答和解决。

5. 赛前其他工作

如编排竞赛日程、顺序,赛前训练时间场地安排,准备比赛用所有表格,布置场地、灯光、音响,组织裁判学习、观看训练,安排食宿,组织开幕式预演等。

(二)比赛的程序

1. 开幕式

每种体育比赛一般都会举办开幕式。体育舞蹈比赛开始之前,要举行隆重热烈而又简短的开幕式,这是宣传促进体育舞蹈运动迅速发展的有利时机,开幕式有着一些具体程序。

(1)司仪介绍参观比赛的有关领导、来宾。
(2)宣布大会开始。
(3)评判员、运动员入场。
(4)介绍仲裁委员会、评判长、裁判员。
(5)有关人士致开幕词。
(6)总评判长宣誓。
(7)运动员代表讲话。
(8)评判员、运动员退场。
(9)比赛开始。

2. 比赛开始

评判员、运动员退场后,临场评判根据方位站好,记分员各就各位,检录员迅速组织参加体育舞蹈比赛的运动员听候广播,准备上场比赛。其他各舞种比赛也同样依此进行。

3. 闭幕式

每种体育竞赛有开幕式,同时也有着闭幕式。闭幕式同开幕式相同,也有着自己的程序。

(1)宣布闭幕式开始。
(2)运动员入场。
(3)总裁判长宣布比赛成绩。
(4)颁奖。
(5)运动员退场。
(6)宣布大会闭幕。

(三)组织机构与任务

1. 组织机构

根据比赛规模,建立健全相应的组织机构。充分发挥机构的作用是完成比赛的保证。比赛规模一般可分大、中、小型3种,大型比赛组织机构如图8-4所示。中小型比赛可酌情缩小,按照实用原则因事设组。

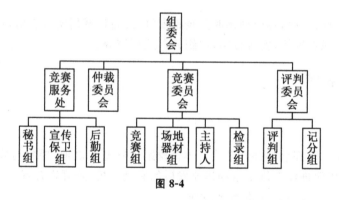

图 8-4

2. 各部门工作

(1)组委会

组委会由包括政府部门在内的各方有影响的人士和参赛的各队领队及各部门主要负责人组成。可设主任、副主任、秘书长、若干委员,下设竞赛委员会。

(2)竞赛委员会

竞委会负责竞赛的全面工作。处理日常事务,检查下属和部门的工作情况,处理和决定有关比赛的重大问题。竞赛委员会下设裁判组、记分组、场地器材音响组、主持人和竞赛组,主要负责赛前分发竞赛规程、编制秩序册、编制竞赛编排、竞赛人员的培训和抽签、落实场地器材和音响灯光等。比赛过程中应与下属各组保持密切联系,保证比赛在公平竞赛的状态下正常运行,及时处理比赛中的各种问题。赛后及时公布成绩,进行总结,做好各种善后工作。

(3)竞赛服务处

竞赛服务处负责竞赛以外的一切工作,下设秘书、宣传保卫和后勤3个组。

①秘书组:负责文件、联络、人事等竞赛委员会的日常事务。

②宣传保卫组:负责竞赛期间的政治思想教育、宣传报道、安全工作、广告招商和环境美

化等。

③后勤组：负责接待、膳食、住宿、交通、服装、医务、财务开支等工作及有关行政事务。

(4)仲裁委员会

仲裁委员会主要处理比赛中提出的申诉和问题，由体育舞蹈界著名人士、技术官员和裁判长组成。

(5)评判委员会

由评判长、记分长、竞赛长、评判员、记分员组成。主要负责运动员比赛的评判工作，负责对评判员的评判结果进行登录和统计。保证比赛在公平竞赛的状态下正常运行，并及时处理比赛中的各种问题。赛后及时公布成绩，进行总结，并做好各项善后工作。

(四)评判组的构成和职责

1. 评判组的构成

(1)评判组

评判长：1人。

副评判长：2人。

评判员：7~9人。

设辅助评判员：记分长1人、记分员3~4人、检录长1人、检录员3~4人、放音员1人、报告员1人。

(2)仲裁组

由大赛组委会选派3位体育舞蹈专家和评判长组成。

2. 评判组职责

(1)评判长

根据技术规程，负责监控赛程执行情况。

安排每场执场评判员，并监督评判员评判的过程和结果。

依据规则中有关纪律处罚规定对运动队或参赛选手的进行纪律处罚。

(2)副评判长

协助评判长搞好竞赛工作。负责评判方面工作。

(3)评判员

按规则对运动员严肃、认真、公正、准确的进行独立评分。

精通规则并熟悉评分程序。

培养和坚持良好的职业道德，在竞赛工作中公正执法。

配合评判组进行有关评判员执法情况的调查。

(4)记分员

记分员是辅助评判员。体育舞蹈比赛的记分方法较为复杂，因此对记分员要求较高。作为一名记分员，应熟练掌握记分工作程序和记分方法，明确记分卡的填写方法；然后再按规则算出位次排名情况，最后标明该舞种的名次，做到快速、及时、正确传达比赛成绩；并提前准备

评判员各评判阶段的用表,确保比赛顺利进行。

(5)仲裁组

监督整个比赛情况,处理影响比赛进程的违纪情况和特殊情况,以保证评判结果的正确性。

对在评判工作中表现不佳或倾向性打分的评判员提出警告。

更换被警告后仍表现不佳的评判员。

对在评判工作中有失误的评判做出判定。

(五)竞赛编排记录

体育舞蹈竞赛的组织需要进行周密详尽的编排,在编排中要遵守编排的原则,确定竞赛方案。

1. 编排原则

体育舞蹈竞赛的编排需要遵循一定的原则,只有遵循了这些原则,才能更好地进行编排,成功地举办体育舞蹈竞赛。

(1)编排要简便实用,既要符合规程和规则,又要符合国际惯例。

(2)竞赛的编排要有利于公平竞争。

(3)竞赛的编排要便于观众欣赏。

(4)竞赛的编排要使竞赛有利于选手发挥技术,有利于裁判和记分的正确实施。

2. 竞赛方案

竞赛方案对体育舞蹈竞赛具有非常重要的作用。它是竞赛的根据,报名事项、比赛方式、成绩评定等等在其中都有所安排,因此确定竞赛方案对体育舞蹈竞赛至关重要。

(1)对报名单进行核实,确定选手背号

赛前对参赛队数、选手对数、选手资格认真核实;根据秩序册各队前后顺序确定选手背号,每对一个号码,职业组与其他组选手号码应分开,为编制竞赛方案做好准备。

(2)制定竞赛编排

竞赛编排关系到各项比赛的统筹和安排,对竞赛进行合理编制对竞赛的顺利进行非常重要。竞赛编制一般有两种方案,一种是将各组初赛至决赛安排在各天内进行,一种是每天安排几个组别的初赛至决赛。

①根据参赛对数确定各组别分组。

②根据分组确定赛次和各赛次录取和淘汰对数。各赛次参赛对数一般为决赛6对,半决赛12对,第二次预赛24对,第一次预赛48对。

③计算竞赛总时间,制定编排表。

(3)制定竞赛顺序

①根据竞赛日程、比赛时间和大会安排,制定各场次竞赛顺序。

②编制中需要注意很多事项,以便比赛安排合理有序,编制中须注意的有各场次中包括各组别比赛;摩登舞和拉丁舞交叉编排;保证参加双项舞的选手有充分的换装时间;赛中和赛末

穿插表演；留出表演和加赛时间；有起伏有高潮，精彩比赛放在最后。

③制定各场次竞赛顺序细表，发至记分组、主持人、音响、裁判长等处。

(4)抽签和成绩公布方法的确定

①抽签方法

大型比赛每对选手由领队代理进行抽签，抽签程序一般据编排表制定抽签大表。抽签方法中一种是用扑克牌不同花色按组别各队轮流抽签，另一种是预先制作签牌，由各领队抽本队各组别签牌。有时也采用将种子选手分至各组和抽签相结合的方式，这一般发生在条件允许的情况下。抽签结束后应将抽签结果及时向全体选手公布，确定参赛各组别选手的对数和号码。

②公布成绩

体育舞蹈竞赛是一种竞赛，成绩是最受关注的。成绩的公布一般采用公布竞赛表格和抽签大表上划除淘汰选手号码的方式，决赛后应公布各组决赛成绩名次表。公布成绩应做到及时、准确、有透明度，因为公布成绩是选手最关心的工作，也是记分组工作效率的表现。

(5)编制秩序册

对于竞赛而言，秩序册是必不可少的，它是比赛的象征和指南，封面设计应鲜明、美观、有特色，内容简明、准确，突出比赛。可附加精美的舞蹈插图、人物介绍、专项宣传等，广告宣传宜放在适当位置。在赛前必须将秩序册发给各队及大会有关人员。秩序册编制是竞赛编排的重要工作。秩序册上内容丰富，便于竞赛的宣传。

①比赛通知、规程及上级主管部门有关指示。

②组委会及下属各机构名单。

③裁判员名单及各队名单。

④大会活动日程。

⑤比赛日程及顺序。

⑥插图及宣传广告资料。

(六)竞赛场地

前文已有所提及，体育舞蹈竞赛对场地要求较高，除了场地为23米×15米外，一般还应采用塑料地板拼接而成，不反光，防滑，平整，四周有界线。

竞赛场地中需要各类灯光齐备，大小、色彩、图案、追光等能及时变化，适于比赛表演等各种用途。

场地还需要采用专业的音响设备，并配备两名以上专业人员工作，与主持人、选手保持密切的配合。决赛时每曲2分30秒，其他赛时每曲不少于1分30秒。

(七)记分

记分工作是体育舞蹈竞赛的重要环节，它与裁判员和选手紧密相关，其最基本要求就是快速、准确、及时反馈。这就要求记分人员应头脑清楚，沉着，反应敏捷，组织纪律性强。记分工作需要做充分的准备充，无论在记分方法，还是在人员配备上都应有补充准备。

1. 赛前准备工作

(1)文具和复印机。
(2)培训记分员、跑分员、举分员。
(3)制作表格。
(4)与裁判商定记录符号。
(5)确定最佳人员分组及计算方法。

2. 赛中工作

(1)提前发出联络表,及时回收评分表,公布比赛成绩。
(2)保证每组评分表的复核。
(3)尽量不和选手、教练、领队接触,记分组外不议论裁判打分、记分情况。
(4)查分必须通过仲裁和裁判长签字,交纳手续费,允许查看,不允许抄录或复制。
(5)拒绝一切改变竞赛编排的不正当请求。

3. 赛后工作

(1)立即将竞赛成绩发至各单位。
(2)整理资料留档。

三、体育舞蹈的裁判工作

(一)规则与规范

1. 竞赛规则

无规矩不成方圆。体育舞蹈竞赛也有着自己的规则。规则是裁判评分的主要依据,它产生于实践又在实践中不断完善。规则既是法规又是方法论,规则和技术是相互制约,相互促进的辩证关系。领队、教练和选手应研究规则,用以指导和规范训练,参加竞赛。竞赛人员应懂得规则,为竞赛创造良好的环境。

规则有很多的功能,体育舞蹈竞赛应在规则要求下进行。
(1)规则制约体育舞蹈的发展方向,促进技术的提高。
(2)规则使竞赛有客观统一的评分标准,保证竞赛的公平竞争。
(3)规则能增进裁判员的知识,规范裁判员的工作,提高裁判能力。

2. 竞赛行为规范

(1)比赛的分级及规定

体育舞蹈比赛在国际上分职业级和业余级两种,职业级的比赛又分职业公开组和职业新星组(曾经在全国比赛中获得过名次的选手不能参加新秀级的比赛)。业余级的比赛也分业余公开组和业余新星组(同样在全国业余级比赛中获得过名次的选手也不能参加新人级的比赛)。职业级的选手不能参加业余级的比赛,但业余级选手却可以参加职业团体举办的比赛。

国际上根据运动员具备的条件划分专业级和业余级。专业级运动员必须具备5大条件。
①通过体育舞蹈运动作为职业。
②参加过专业级别的比赛。
③通过体育舞蹈运动收取报酬。
④宣称自己是专业运动员。
⑤在营业场所进行表演。

具备以上条件者可称之为专业运动员。在比赛过程中专业和业余有不同的识别标记,专业运动员的背号黑底白字,业余运动员的背号为白底黑字。

(2)教练员行为规范

在体育舞蹈竞赛中对教练员的行为作了规定,教练员们应该严格遵守行为规范。
①严格遵守国家制定的有关教练员和教师的行为标准、法律、法令、政策条例、法则、准则。遵守大赛的各项规章制度。
②以教练员的职业道德规范自己,做到以身作则,自觉抵制社会丑恶现象的侵袭。
③做好比赛计划并对其认真实施,充分做好赛前准备、临场指挥、赛后总结工作。
④尊重评判员、尊重赛会、尊重学生、尊重观众、尊重自己。
⑤遵纪守法,维护社会公德,执行各项规章制度,敢于同不良倾向作斗争。

(3)运动员行为规范

在体育舞蹈的比赛过程中,运动员也应注意竞赛行为规范的要求。
①拥护中国共产党,热爱社会主义祖国,遵守大赛的各项规章制度。
②服从领导,遵守纪律,尊重评判员,运动员之间互相关心,互相学习,互相支持,加强团结。
③在同类体育舞蹈的比赛中,不许更换舞伴。
④运动员必须按照规定时间提前在检录处检录,准时入场参赛,否则按弃权处理。
⑤除超级明星杯比赛外,摩登舞必须交手跳,拉丁舞不许双脚离地。
⑥现役运动员不能担任重大比赛的裁判员。

(二)裁判

1.裁判资格

良好的业务能力和道德品质是裁判(评委)必须具备的素质,只有具有这两方面的素质,才能严肃、认真、公正、准确地做好评判工作。世界比赛的专业裁判是由英国皇家舞蹈教师协会考核审定。裁判按等级分为学士资格、会士资格、范士资格3种不同资格。

(1)学士资格

必须掌握5种舞蹈的50个以上的动作组合。

(2)会士资格

必须掌握5种舞蹈的100个以上的动作组合。

(3)范士资格

必须掌握10种舞蹈的100个以上的动作组合,并兼有考官资格。

某些国家规定,在全国比赛专业组获得第一、二名的选手可以担任评委。

2.裁判组

裁判组由裁判长和裁判员组成,其中通常是裁判长一名,裁判员若干名。体育舞蹈比赛的人选是由过半数的选票为依据而决定运动员能否进入下一轮比赛的。因此,上场裁判必须是单数。全国性、国际大赛设裁判员7~11名。裁判姓名用英文字母 A、B、C、D…代表,在裁判评分上表示。临场评判人员主要取决于比赛规模及当时的客观条件,但人数必须是单数。

(1)赛前裁判长指定裁判代用字母,宣布裁判轮换方法,提出注意事项。

(2)由裁判长指派裁判位置,位置根据裁判人数和字母顺序按逆时针方向等距排开。赛中裁判可以离位移动观察选手动作,但在下一组选手评判前应回到原位。

(3)评判前裁判应在评分表裁判字母上圈上代号,并核对上场选手的背号,必要时裁判长应逐一宣布选手背号。

(4)评判时,裁判员应快速、准确判定选手情况,决定取舍,按预定要求作出记号并签字,将评分表交给跑分员。

(5)裁判长应注意比赛节奏,善于改进比赛各环节的联系,防止意外事故发生。

3.裁判的职责

(1)裁判长的职责

裁判长应负责整个比赛评判工作的公正、准确和对违章裁判员的处理,应及时解决赛场上出现的问题,并向上级汇报。

①赛前召开裁判会议,宣布裁判纪律,统一评分观点,结合规则研究评分细则,观看选手练习,确定赛场裁判的替换方法。

②赛中负责比赛的正常运行,检查裁判是否公正准确,监督各舞种评分标准的执行情况。如果出现问题有权暂停比赛,召集临时会议,并调整记分组与裁判的配合,检查最后记分结果和名次评定结果,签字认可。

③赛后召开裁判会议,总结比赛和评判情况,写出书面报告交上级主管部门,并对裁判员做出工作鉴定。

(2)裁判员的职责

裁判员应具有良好的职业道德和精湛的业务能力,获得国际或国内的裁判等级和资格证书,熟悉竞赛规程和裁判法,通晓音乐,具备良好的身体素质,讲文明礼貌,颇有风度。在体育舞蹈竞赛中,裁判员应在比赛前、中、后都按照职责要求去做。

①比赛前:准时报到,按时参加裁判会议,认真研究评分细则,观看选手练习。

②比赛中:准时到达赛场,做好赛前准备工作;根据选手临场表现客观评判并签名;与跑分员、举分员密切配合,出现问题及时向裁判长报告;与裁判组外人员接触时不议论评判情况;休息时不远离,随时准备上场替换。

③比赛后:进行自我小结,参加裁判总结。

4.关于裁判员的有关规定

为使比赛顺利进行,裁判员应注意如下几点。
(1)拥护中国共产党,热爱社会主义祖国、热爱体育事业和体育竞赛评判工作。
(2)努力钻研业务,精通本项规则和评判法,积极参加实践,不断提高业务水平。
(3)严格履行评判员职责,做到严肃、认真、公正、准确。
(4)评判员之间互相学习,互相尊重,互相支持,加强团结。
(5)执行评判任务时,精神饱满、服装整洁、仪表大方,必须佩带评判员胸徽和携带评判员证书。
(6)待人和善,亲切友好,赛前保持与运动队的距离,保证赛事公平进行;赛后为运动队解决问题,共同促进水平提高。
(7)赛会期间遵守赛会纪律,外出要请假,经过批准方可外出,并在规定时间内返回,归队要销假。

(三)评判

1.评判方法

采用淘汰法和名次法。裁判员上场后,须按照排定的位置站好(按 A、B、C、D、E 确定代号),不得随意调动代号。预赛与复赛时根据自己的判断在单子上画"√",而在决赛时须对场上队员按照1~6名的顺序逐一打出名次,不得出现相同名次。

2.评判要素

体育舞蹈的评判是一个全方位的,技术含量高的工作,它既要符合舞蹈艺术规律,又要遵循竞技体育竞赛原则,因此,裁判员评判的角度是从技术(舞蹈技巧)和艺术表现(舞蹈风格)两个方面综合评定的。体育舞蹈竞赛的评判要素有很多。
(1)舞蹈基本技术
①足部与腿部动作。
②姿态。
③平衡能力。
④移动。
⑤身体线条。
(2)运动员对舞蹈音乐韵律的运用,即音乐表现力
①音乐节奏感和乐感。
②音乐的表达,对风格的理解和体现。
(3)舞蹈风格特征
①细微地区别各种不同舞种之间的风格和韵味的差别,表达出各种不同舞种的风格、韵味上的特性。

②个人对舞蹈风格的理解和演绎,展现个人风格。
(4)舞蹈动作编排
①舞蹈动作编排的顺畅性、新颖性,动作流畅新颖,运用自如。
②注重风韵与技术的结合,既体现舞种的基本风韵,又要有一定的技术难度。
③动作与音乐密切配合,发挥音乐效果。
④编排有章法,并充分利用场地。
(5)运动员的临场发挥
①赛场上的应变能力和舞者之间的配合。
②良好的竞技状态,如专注、自信,能自我控制临场发挥。
(6)赛场效果及综合表现
综合表现是指舞者在赛场上表现出的风度、气质、仪表及出入场的总体形象,也称为赛场六要素。

3.关于舞蹈时间和时值的规定

国际体育舞蹈联合会对各舞蹈的时间和时值有所规定。在所有的比赛中,华尔兹、探戈、狐步、快步、桑巴、恰恰、伦巴和斗牛舞的音乐长度至少为1分半钟;维也纳华尔兹和牛仔舞的音乐长度为至少1分钟。

各种舞的时值为:
华尔兹 28~30 小节/分钟
探戈 31~33 小节/分钟
维也纳华尔兹 58~60 小节/分钟
狐步 28~30 小节/分钟
快步 50~52 小节/分钟
桑巴 50~52 小节/分钟
恰恰 30~32 小节/分钟
伦巴 25~27 小节/分钟
斗牛 60~62 小节/分钟
牛仔 42~44 小节/分钟
在所有的比赛中,音乐应符合各种舞的特点。

第四节　体育舞蹈的理论基础

体育舞蹈作为一项体育运动,必定是以人体的运动为基础的。因此为了详细研究体育舞蹈的科学理论,必须对人体的生物学基础进行详细的了解。本节将从运动解剖学、运动生理学以及运动生物力学等方面来对体育舞蹈的生物学基础进行研究。

一、体育舞蹈的解剖学基础

(一)运动解剖学的基础

1. 解剖学姿势

身体直立,双目平视前方,脚尖向前,上肢垂于躯干两侧,掌心朝向前方。

2. 解剖学常用的方位术语(图8-5)

(1)上、下。按解剖学姿势,头居上,足在下。近头侧为上,远头侧为下。

(2)近侧、远侧。常用于描述四肢部位间的关系,即靠近躯干的根部为近侧,而远离躯干或末端的部位为远侧。

(3)前、后。身体腹面为前,背面为后。在描述手时则常用掌侧和背侧。

(4)内侧、外侧。以身体的中线为基准,距中线近者为内侧,离中线相对远者为外侧。

(5)尺侧、桡侧。描述上肢结构时,由于前臂尺、桡骨并列。尺骨在内侧,桡骨在外侧,故可以用尺侧代替内侧,用桡侧代替外侧。

(6)胫侧、腓侧。下肢小腿部胫、腓骨并列,胫骨在内侧,腓骨居外侧,故又可用胫侧和腓侧表示内侧和外侧。

(7)内、外。用以表示某些结构和腔的关系,应注意与内侧和外侧区分。

(8)浅、深。靠近体表的部分叫浅,深入内部的部分则为深。

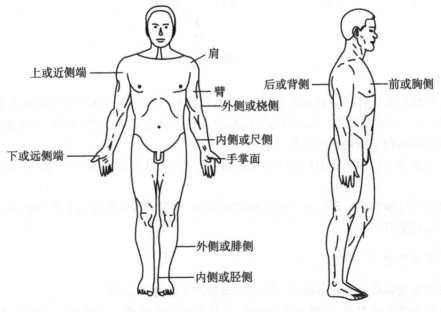

图 8-5

3.轴和面(图8-6)

(1)轴

以解剖学姿势为准,可在人体设3个典型的互相垂直的轴。

①矢状轴。为前后方向的水平线。

②冠状轴。为左右方向的水平线。

③垂直轴。为上下方向与水平线互相垂直的垂线。

轴在体育舞蹈当中多用于表达关节运动时骨的位移轨迹。

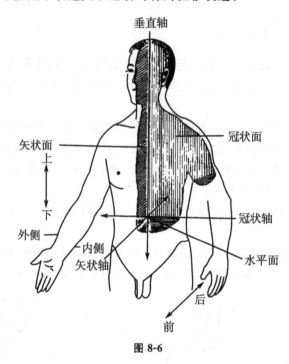

图8-6

(2)面

按照轴线可将人体或器官分成不同的切面,如此便可以从不同角度观察人体的某些结构。

①矢状面。是沿矢状轴方向所做的切面,它是将人体分为左右两部分的纵切面。恰好通过人体的正中线的切面叫作正中矢状面。

②冠状面或额状面。是沿冠状轴方向所做的切面,冠状面是将人体分为前后两部分的纵切面。

③水平面或横切面。即沿水平线所做的横切面,水平面将人体分为上下两部分,与上述两个纵切面互相垂直。

4.关节的运动

关节的运动是指运动环节绕某一关节运动轴产生的各种运动。

人体的运动复杂多变,从解剖学角度看,人体的每一个运动动作都可以归为运动环节在3个基本面上绕3个基本轴的运动。关节的运动包括屈伸、外展、内收,旋转和环转4种基本形式。

(1)屈伸。屈伸是运动环节在矢状面内绕冠状轴的运动。一般向前运动为屈,向后运动为伸,特殊的是膝关节和足关节的屈伸运动方向相反,骨盆的屈伸运动则另称为前、后倾。

(2)外展、内收。外展、内收是在冠状面内绕矢状轴的运动。一般,运动环节的末端远离身体正中面运动为外展,而靠近正中面运动为内收。但头和脊柱则称为向左、右侧屈;骨盆为向左、右侧倾。

(3)旋转。是指运动环节在水平面内绕垂直轴的运动,又被称为回旋。一般是运动环节向前、向内旋转为旋前、旋内,向后、向外旋转为旋后、旋外,头、脊柱和骨盆则为向左、右旋转。

(4)环转。是指运动环节以近侧端的关节为支点,绕冠状轴、矢状轴以及它们之间的中间轴连续运动,环节的远侧端做圆周运动,整个环节的运动轨迹形成一个圆锥体。

除此之外,运动环节还可在水平面内绕垂直轴完成水平屈、水平伸的运动。例如,上臂外展90°后这一体育舞蹈动作,就是以肩关节为支点,可完成水平屈与水平伸的运动。

5.体育舞蹈柔韧性及其影响因素

柔韧性取决于关节活动范围大小。在体育舞蹈运动中,柔韧性主要通过肩关节、脊柱和髋关节动作的活动范围表现出来。

关节运动幅度是指运动环节绕某一关节运动轴,从动作开始至结束所能转动的最大活动范围,其大小通常用角度来表示。关节运动幅度是进行柔韧素质评定的重要指标,幅度的大小可影响和决定动作的完成质量,尤其是人体需要完成大幅度动作时就更加显出其重要性。

影响关节运动幅度的解剖学因素如下。

(1)关节头与关节窝之间的面积差。面积差越大,关节运动幅度越大。

(2)关节囊的厚薄与松紧度。关节囊越是薄而松弛,关节运动幅度就会越大。

(3)韧带的长短与强弱。韧带越是短而弱,关节运动幅度越大。

(4)关节周围的骨结构。关节周围的骨突起越小,关节运动幅度越大。

(5)关节周围肌肉的体积与伸展性。关节周围肌肉的体积越小、伸展性越好,关节运动幅度越大。

(6)原动肌的力量与对抗肌的协调放松能力。原动肌的力量越大,对抗肌的协调放松能力越强,关节运动幅度越大。

(二)运动解剖学在体育舞蹈中的应用

1.体育舞蹈中髋部运动环节的描述

拉丁舞的髋部运动动作是很复杂的,需要在多组躯干肌群的支配下由脊柱和双侧髋关节的运动才能共同完成的。因此将其运动形式作如下分类。

(1)髋部的旋转。肩与双足固定,髋部在水平面以身体纵轴为旋转轴的运动,按方向分为左、右旋转。

(2)髋部的前后、左右移动。髋部离开身体纵轴进行水平移动。

(3)髋部的前后、左右倾斜。髋部在冠状轴和矢状轴上的旋转。

(4)髋部的简单环转。髋部绕身体纵轴做环转运动,其运动轨迹形成一个圆形。

拉丁舞的髋部动作是在重心转换和膝关节的配合下由上述动作元素组合而成的复杂髋部运动,可分为:环转、"8"字环转、摇摆。

2.柔韧性在体育舞蹈中的应用

(1)脊柱和肩关节的柔韧性在体育舞蹈中的应用。脊柱运动是通过肌肉的支配以及椎间关节的运动和椎间盘的变形来实现的。在直立状态下,椎间盘会受到很大的挤压力。人体脊柱从侧面看,有颈前曲、胸后曲、腰前曲和骶后曲这4个生理正常弯曲。前3个弯曲使人直立时脊柱有更大的纵向的弹性,从而更有效地缓冲骶骨以上身体的压力。

在标准舞中,女选手要将颈、胸和腰的左前侧尽量拉长,展现出其优美的曲线。因此,要求选手有较好的胸腰柔韧性。人们曾认为,胸腰柔韧性是胸段脊柱的后伸能力,后伸幅度越大,胸腰柔韧性也就越好。其实这种认识是很片面的。胸段脊柱由于前面有胸廓,后面有脊突,后伸幅度很有限。而影像学检查结果指出,胸腰柔韧性好的人,除需要很强的胸段脊柱的后伸能里外,还在于其肩胛带能大幅度后缩,并带动上臂水平外展。所以,胸腰柔韧性的训练,除改善胸段脊柱后伸能力外,重点更应放在增强肩胛带的后缩能力和肩关节的水平外展能力上。

拉丁舞动作中,选手的髋部将会大幅度运动,从表面上看,这种柔韧度是由于腰椎的运动形成的,但通过对脊柱的运动情况进行进一步观察后将会发现,大幅度的髋部运动实质上依赖于胸椎的运动能力和胸廓的变形能力。因此在做拉丁舞髋部动作时,应尽量将整个脊柱动员起来,动员的脊柱环节越多,越有利于髋部的大幅度运动。因此,这非常依赖于胸部、腹部、背部多组肌群的协调配合。如果过分强调腰腹肌的作用却忽视胸背部肌肉的作用,不仅动作幅度会受限,还会造成疲劳的过早出现和动作僵硬。

(2)髋关节柔韧性在体育舞蹈中的应用。髋关节由髋骨的髋臼和股骨头组成,是一个球窝关节。髋关节可绕3个运动轴做屈伸、展收、回旋、水平屈伸和环转运动灯动作。由于髋关节的关节窝较深并有很多韧带加固,所以髋关节很坚固且灵活性较小。拉丁舞运动的多数动作都是在髋关节外旋姿态下完成的,如双足的外旋。膝关节在伸直状态下非常稳定,其原因就是因为周围韧带和肌肉的牵拉,上下关节面紧密咬合。因此,在训练中应通过增强髋关节的柔韧性使双足外旋,在膝关节处外旋双足则会导致膝关节的损伤。

3.人体重心在体育舞蹈运动中的变化

在体育舞蹈的动作中由于身体姿态的时常变化,重心位置也会随之变化。

人体在垂直站立时,当身体重心沿人体垂直轴上下移动时,重心就在升高和降低。在拉丁舞中,髋部作为运动环节在水平面上运动时,髋部距离身体纵轴越远,身体重心就会越低,从而髋部运动幅度越大,动作的稳定性就越好。在拉丁舞的桑巴舞中,由于下蹲和髋部环转的动作,形成了桑巴舞特有的弹动动作,使重心有节奏地升降。在摩登舞中,重心的升降是通过下蹲和跨步动作实现的,而探戈舞则要求身体重心始终保持在一个平面上。

人体垂直站立时,身体重心在冠状面上的移动可称为重心的前后、左右移动。为在教学中方便理解和应用,这个冠状面常常设定为地面,重心的移动就看成是身体重心在地面上的投影点的移动。身体静止且单脚支撑的情况下重心一定在支撑脚上,运动中制动时,身体重量几乎完全由前脚支撑,此时重心位于两脚之间,或稍稍靠后的位置。

人体的重心

整个人体所受重力的合理的作用时会产生一个作用点,这个作用点就是人体的重心。在地球上,所有的物体都会受到地心引力的作用,人体同样不例外。物体所受的地心引力也就是重力,大小即为物体的重量,重力的作用方向始终垂直向下,指向地心。

二、体育舞蹈的生理学基础

(一)运动生理学的基础

1. 心血管系统的变化

人体剧烈运动时,肌肉会消耗大量的氧、糖和其他营养物质。随着运动的持续,消耗的能量物质经过分解产生了很多代谢产物,此时人的体温也会慢慢升高,血液循环随之加快,心血管系统发生一系列的变化。

(1)心肌兴奋性提高,收缩力量增强,冠状动脉的血管壁扩张,血流量将增加到安静状态的3~4倍。

(2)随着运动负荷的量和强度的加大,肌肉内的血管和毛细血管壁扩张,人体内环境中的大量血液会进入整个身体的血液循环系统。

(3)由于机体内环境的血管收缩和扩张加剧、心跳加快和每搏输出量的增加,动脉血压也相应升高,使血流速度加快,增加了氧的运输能力。

(4)由于肌肉节律性地收缩和扩张,导致静脉受到周期性压迫,呼吸方式为了适应运动产生了变化。这时呼吸加深,胸腔内负压升高,从而导致静脉血回流心脏的速度加快。

2. 呼吸系统的变化

由于体育舞蹈的教学与训练以及表演的持续时间通常很长,因此进行体育舞蹈过程中,机体的供能方式更接近有氧供能方式。长期的体育舞蹈训练能够使肺活量适应性增大。由于负荷强度直接决定呼吸频率和呼吸气量的变化幅度,因此在特定的负荷强度下,肺活量适应性的增大将会满足人体在剧烈运动时大量摄取氧气和排除代谢产物的需要。

3. 新陈代谢的变化

机体运动时,体内的新陈代谢速度明显加快,主要表现在以下两个方面。

(1)能量代谢。人体运动时,受负荷强度、动作的难度、心理的波动和环境等因素的影响,内环境将会产生大量能量。

(2)糖和维生素代谢。以有氧供能为主的物质代谢的基础是糖和其他营养元素的代谢。糖是肌肉有氧代谢的主要供能物质,在长时间、高强度的激烈运动时,机体主要靠肌糖原分解供能。在更长时间的运动中,由于肌糖原耗竭,肝糖原便开始分解供能。肝糖原如果消耗得过多将会造成血糖过低,导致运动性疲劳的产生。维生素是保证糖代谢和神经细胞组织代谢的必需元素,是促进有氧氧化、还原进行的酶的重要组成部分。因此,在体育舞蹈运动过程中,维生素的消耗同糖的消耗一样,并随着糖的消耗量增加而增加。

(二)运动生理学在体育舞蹈中的应用

1.体育舞蹈与心肺功能的增强

体育舞蹈是一项生理负荷较大、锻炼价值很高的运动项目,对发展耐力素质、提高人体生理机能有着明显效果。进行10分钟的体育舞蹈运动,就可促使心肌收缩加快,心脏输出血量增加,血液循环加快,从而对进一步增强心血管系统有氧代谢功能起到明显的作用。因此,从事体育舞蹈锻炼可以增强人的心肺功能。

2.体育舞蹈与人体新陈代谢的调节

相关研究表明,持续跳10分钟左右的华尔兹舞或探戈舞,人体的新陈代谢率会增加60%~80%。而持续跳10分钟左右的桑巴舞或恰恰舞,新陈代谢增加的程度将更大。

3.体育舞蹈与肌肉协调性的改善

体育舞蹈动作复杂、多样,而且要求组合完整而和谐。因此,其在练习过程中,对选手的手、眼、身法以及腿部动作,特别是上下肢的协调配合要求很高。与其他一些体育项目相比,体育舞蹈对运动中枢的协调能力有着极高的要求。因此,在全面发展体育舞蹈选手的协调能力时,除对主要肌群进行训练外,还要特别注意一些机能活性低的肌群的训练。所以可以了解到,系统地进行体育舞蹈练习,不仅能改善和增强人体各部位肌肉的活动和协调能力,还可以进一步挖掘人体内部的潜在能力。

4.动作学习过程及其在体育舞蹈学习中的应用

运动技能由简单到复杂的形成过程,有其建立、形成、巩固和发展的阶段性变化规律和生理规律。通常可划分为相互联系的3个阶段。每一阶段的持续时间因动作的复杂程度而有所不同。体育舞蹈的学习要遵循运动技能的学习规律,其包括泛化阶段、分化阶段和巩固阶段。

(1)泛化阶段。学习初期,运动员通过教练员的讲解和示范以及自己的运动实践,对动作获得一种感性认识,但对运动技能的形成规律并不完全理解。人体所受外界刺激,通过感受器传到大脑皮质,会引起大脑细胞强烈兴奋。但是当大脑皮质内抑制尚未确立时,兴奋与抑制成扩散状态,使条件反射暂时不稳定,因此会出现泛化现象。在泛化过程中,肌肉活动的动作往往僵硬、不协调,不该收缩的肌肉收缩,导致出现多余的动作,而且做动作很费力。此时,应抓住动作的主要环节,并分析动作中存在的主要问题,不应该过多地强调动作细节。教练员应该以正确的示范和简练的讲解帮助学员掌握动作。

(2)分化阶段。在练习过程中,由于运动员对运动技能形成的内在规律有了初步理解,因此一些不协调和多余的动作将会慢慢消失。大脑皮质运动中枢兴奋和抑制过程逐渐集中,抑制过程加强,特别是分化抑制得到发展,大脑皮质的活动由泛化过程进入到分化过程。此时,大部分错误动作得到纠正,能够顺利和连贯地完成完整的舞蹈技术动作。但是动作仍然不是很稳定,当遇到外界干扰时,多余和错误动作可能会重新出现。这一过程中要特别注意错误动作的纠正,体会体育舞蹈动作的细节,提高动作的准确度。

(3)巩固阶段。通过更进一步的反复练习,运动条件反射系统已经巩固,大脑皮质的兴奋和抑制在时间上更加集中,在空间中更加精确,从而进入动力定型阶段。此时,舞蹈动作精确、优美,即使在受到外界干扰时,也不易受到破坏。

三、体育舞蹈的生物力学基础

(一)运动生物力学的基础

运动生物力学研究人体从事体育运动时的力学规律。在力学当中,人体或一般生物体的运动是由于神经系统、肌肉系统和骨骼系统协同工作的结果。神经系统控制肌肉系统,从而产生对骨骼系统的作用力,使人体完成各种机械动作。运动生物力学的目的是运用力学方法使复杂系统数学化,以便研究人体或一般生物体在外力以及内部肌力作用下的机械运动规律。在运动生物力学中,神经系统的控制和反馈过程可以用简明的控制规律代替。而肌肉活动则简化为受控的力矩发生器。作为研究对象的人体模型,可忽略肌肉变形对质量分布的影响,简化为由多个刚性环节组成的多刚体系统。人体相邻环节之间以关节相连接,在受控的肌力作用下产生围绕关节的相对转动,从而影响系统的整体运动,由此可以对人体运动现象进行客观而定量的描述和解释。运动生物力学的力学基础就是经典力学和材料力学,而其生物学基础是人体运动器官的结构与功能,具体要涉及骨、韧带、肌腱的几何尺寸、强度特征及关节运动的自由度,肌肉在各种收缩条件下的力学特征等,依据这些建立生物力学原理,对人体运动技术进行详细解析。运动生物力学原理广泛应用于包括体育舞蹈在内的多项体育运动中。

(二)运动生物力学在体育舞蹈中的应用

1. 静力性力量

体育舞蹈动作很复杂,其力学构成既有动力性成分,也有静力性成分。体育舞蹈的静止姿势与用力动作属于静力学的范畴,其主要研究人体在完成静止慢用力动作时,作用于人体的各种力的平衡条件,涉及力、力矩和力臂及其合成与分解的问题。要达成人体平衡必须满足合外力与合外力矩同时为零的条件,此时平衡稳定性与支撑面稳定角的大小成正比,与重心的高低成反比。

2. 旋转

旋转动作是体育舞蹈动作的最主要的内容之一,可分为转体与旋转两大类。转体即在一小节时间内,身体绕轴转动 1/2 以内的动作。通常有转体 1/8、1/4、1/2 及其他中间动作。

(1)与旋转有关的力学知识

①重力。人体受到地球的吸引而产生的力叫重力,而身体各部分的重力合力点称为重心。当人体直立时,重心位于第三骶椎前 7 厘米处,一般男性稍稍高于女性。正确掌握重心的移动是完成旋转动作的关键。

②支撑反作用力。当人体施力作用于地面时,地面便产生一个大小相等、方向相反、作用在人体上的力叫作支撑反作用力。当反作用力的作用点通过人体重心时,人体就做直线运动。当不通过人体重心时,身体就会转动。

③转动惯量与角速度。决定物体转动快慢的是力矩,而力矩(M)=转动惯量(I),$I=mr^2$,因此,转动惯量(I)的大小与质量(m)和半径(r)成正比,转动惯量与角速度(ω)则成反比。这是在分析旋转技术时最常用到的力学知识。

(2)力学知识在旋转动作中的应用

以体育舞蹈中摩登舞中四步旋转的技术分析为例,四步旋转的脚步动作是 2 慢 2 快共 4 步,通过对动作技术进行分析,可知男、女的旋转支点各变换了 3 次,其中男左脚、女右脚各为支点 2 次,男右脚、女左脚各为支点 1 次,每变换一次支点都要及时移动重心并且重新进行能量调配。

①准确、及时移动重心的作用。其作用有两点,第一,为转动储备能量;第二,缩短转动半径,加快旋转速度。

②3 次能量调配。

A.男右脚、女左脚蹬地的支撑反作用力作用在男的右肩、女的左肩以及上体的时候,将实现第一次能量调配,使身体向右旋转约 135°。

B.男左脚、女右脚蹬地的支撑反作用力作用在男的左肩、女的右肩以及上体的时候,将实现第二次能量调配,使身体向右旋转约 135°。

C.第三次能量微调发生在男的左脚、女的右脚侧出一小步并以足掌着地的瞬间,是男右脚、女左脚蹬地的反作用力作用在男右肩、女左肩而实现的。此次能量调配虽然量不大,但是很重要的一个步骤,它是构成旋转连贯性并给人以旋转不停之感的重要因素。若没有这一次调配,第三步的轨迹就会成为切线,导致对圆弧运动的破坏。

因此,完成四步旋转动作,合理的技术是必须有 3 次支点变换、3 次重心移动和 3 次能量调配,只有这样才能将动作做到完美。

四、体育舞蹈的生物化学基础

(一)运动生物化学的基础

1.人体的能量供应与能量消耗

人体运动时,能量消耗将会明显增加,其增加的情况取决于负荷强度以及运动持续时间。人体运动的直接能源来源为 ATP 的分解,而最终的能量则来源于糖、脂肪和蛋白质的氧化分解,氧化分解释放的能量供 ATP 的重新合成。

(1)人体的能源系统。各种运动所需的三磷酸腺苷分别由 3 种不同的能源系统供给,即高能磷酸化物系统(ATP-CP)、乳酸系统(无氧酵解系统)、有氧系统。

(2)糖的氧化分解方式。根据机体的供氧情况,糖的氧化分解有两种方式:当氧供应充足时,来自糖的有氧氧化。而当氧供应不足时,则来自糖的酵解,这种供能方式会生成乳酸。乳酸在最后供氧充足时,一部分继续氧化,释放的能量使其余部分再合成肝糖原。所以得出的结论就是肌肉收缩的最终能量来自糖、脂肪等物质的有氧氧化。

2.乳酸的堆积和清除

高强度运动后,血乳酸迅速清除,血乳酸的清除速度与人体所处状态密切相关。研究证实,在恢复期保持静息状态时乳酸清除速度是最慢的。血乳酸消除的半时反应约为 25 分钟,而要恢复到运动前水平,则需要 1~2 小时才能完成。这种完全依靠静息恢复的方式叫作消极性恢复。如果在恢复期进行低强度的整理运动,则可以加快血乳酸的清除速度。这种恢复的方式叫作积极性恢复。当采用积极性恢复方法时,血乳酸消除的半时反应大约为 11 分钟,而恢复到运动前水平只需要 0.5~1 小时。

(二)运动生物化学在体育舞蹈中的应用

1.体育舞蹈运动中的能量代谢

相关研究表明,体育舞蹈的运动过程主要消耗血糖及肌糖原,同时也是一个乳酸性、非乳酸性供能与脂肪供能兼有的运动过程。这种多形式的供能运动过程能够有效提高人体各组织细胞代谢能力。如进行摩登舞和拉丁舞运动结束后,即刻测得的血乳酸浓度可达 9.7 毫摩尔/升,心率最大值可达 195 次/分钟。这说明在体育舞蹈运动中肌肉的能量供应很大程度上要依赖于无氧代谢供能。通过与同类研究结果对比,专家指出,随着体育舞蹈比赛动作组合的不断发展,其负荷强度也随之越来越大,这也对体育舞蹈运动员的体能提出了更高的要求。为适应难度与强度的增加,防止运动疲劳而影响动作质量,要在保证专项技能训练的前提下,应经常进行模拟比赛强度的训练。

2.体育舞蹈运动后恢复

体育舞蹈是负荷强度很大的运动项目,在每段动作结束后运动员体内都会有大量的乳酸堆积。因此,在体育舞蹈训练或比赛中的恢复过程当中应采取积极性的恢复手段,从而尽快恢复体力。

第九章 体育舞蹈的教学指导

学海导航
XUEHAI DAOHANG

体育舞蹈在国际范围内已经成为颇受欢迎的艺术类体育项目。而在我国,这项运动的受关注程度也在逐年提升。总的来讲,我国体育舞蹈的发展与外国仍旧有一定差距,要想提升我国体育舞蹈运动水平,提升其教学指导水平就显得格外重要。因此,本章就主要对体育舞蹈的教学理论、方法、教学课的类型与实施以及在教学中学员的易犯错误和纠正方法等问题进行研究。

第一节 体育舞蹈的教学原则与特点

一、体育舞蹈的教学原则

体育舞蹈教学是有计划、有组织、有目的地传授体育舞蹈知识、技能的教育过程。因此,应在教学中贯彻、执行教育学理论中所倡导的各项教学原则。

教学原则是教学中必须遵循的基本要求,它是根据教学目的和教学过程的规律提出的,是教学实践的总结。目前,在我国教学理论中提出的教学原则主要有:科学性和思想性统一原则、理论联系实际原则、直观性原则、启发性原则、循序渐进原则、巩固性原则、因材施教原则,共7个教学原则。其中直观性原则、因材施教原则、循序渐进原则与体育舞蹈教学关系紧密。因此,贯彻、执行这几项原则在体育舞蹈教学中尤为重要。

另外,后3项体育舞蹈的教学原则主要是根据体育舞蹈教学特点提出的。与前面提到的直观性、因材施教和循序渐进原则组合而成的这6项原则均会对体育舞蹈的教学起到宏观性的指导作用。

(一)直观性原则

直观性原则,是指教学中善于采用各种方式和手段,充分调动学员各种感官,让学员通过直接的感知,形成清晰的表象,从而掌握知识及运动技能的原则。

在体育舞蹈的教学中,指导教师可以通过示范、讲解、近距离引带、学员模仿练习和反复练习以及相互观摩的教学过程,使学员通过看、听、想、触摸、练等多种感知方式,来学习和掌握技

术。贯彻直观性原则的基本要求需要做到以下几点。

(1)重视运用直观语言。指导教师运用生动形象的语言进行讲解、描述,能够给学员以感性知识,起到直观的作用。

(2)重视运用直观示范。指导教师掌握好正确的示范面、示范时机、示范的侧重点,给学员建立正确的动作表象,起到直观的作用。

(3)重视运用直观触觉。指导教师应该口传身授,亲自引带学员,通过手把手、近距离的引带,通过触觉感受一些表象不太容易察觉的动作要领和技术细节,有利于学员建立正确的技术感知。

(4)重视运用录像、图片、教具等辅助直观教学手段,给学员以感性经验,同时通过提问和解释,鼓励学员细致、深入地观察,引导学员思考现象和本质。

(二)因材施教原则

因材施教原则,是指在体育舞蹈教学中,指导教师从学员的实际出发,使教学的深度、广度、进度适合学员的技术水平和接受能力,同时考虑学员的个性特点和差异,使每个学员的能力都得到提高与发展。

在体育舞蹈教学中,指导教师需要对学员有所了解,针对学员的共同特点和个性差异,扬长避短、因材施教。

贯彻因材施教原则的基本要求需要做到以下几点。

(1)指导教师需要充分了解学员的年龄、性别、运动经历、心智水平、学习目的与态度等各个方面,以便从实际出发,有针对性地开展教学。

(2)指导教师在教学中既要做到对共性的统一把握,又要做到对差异性的特殊安排,使每个学员都得到相应的重视与发展。

(3)在体育舞蹈教学中,加强一对一辅导是贯彻因材施教最有效的方法,但是要做到公平对待和机会均等。

(三)循序渐进原则

循序渐进原则,是指在体育舞蹈教学活动中,针对不同舞种,应当连贯、系统地安排教学内容和练习,体现由慢到快、由简到繁、由少到多、由易到难、由基本到发展的特点。

体育舞蹈的教学体系本身就是一个逐级递增与递难的体系,因此,在体育舞蹈教学过程中,要根据学员的实际情况安排教学,逐步要求学员加深对技术动作的理解和掌握,有计划地指导学员学习不同的舞系和舞种。

贯彻循序渐进原则的基本要求需要做到以下几点。

(1)按照《世界体育舞蹈联合会等级培训大纲》或国际舞蹈教师协会制定的教学大纲进行教学。指导教师要认真学习和研究大纲,充分了解和掌握各舞种之间的逻辑关系以及对学员的要求,这是循序渐进开展体育舞蹈教学的根本保证。

(2)教学必须由浅入深、由简到繁、由少到多、由易到难、由基本到发展。教学大纲主要是按照教学内容编排制定的,因此指导教师要认真研究学员,针对他们在学习过程中的需要和特点,在内容、方法、程序上处理好浅与深、简与繁、少与多、易与难、基本与发展等问题。

(3)在体育舞蹈教学中,指导教师应根据具体情况调整教学进度和内容。指导教师要善于从实际出发,适当地调整速度,增删内容,使教学活动更加科学、合理。

(四)实践性原则

实践性原则,是指在体育舞蹈教学活动中,要培养学员分析问题和解决问题的能力,并体现在整个学习和练习过程中。

体育舞蹈教与学的过程本身就是一个实践过程,学员要在大量的练习实践中去领悟舞蹈的真谛,表现舞蹈技艺。可以说,学员的舞蹈知识和舞蹈技能是要通过长期的、不间断的操练来获得的。

贯彻实践性原则的基本要求需要做到以下几点。

(1)在舞蹈技术教学的基础上,指导教师要重视舞蹈理论知识的传授,从而指导学员的舞蹈实践。

(2)结合学员的实际情况,对实践任务提出明确的目标与方向,使学员能有针对性地在实践中得以提高。

(3)创造实践机会,如教学中的练习、比赛等,指导教师要利用一切手段,使学员能在亲身体验中去强化知识和完善技术。

指导教师应该深刻理解以上各项教学原则的含义,清楚了解体育舞蹈教学的整个过程,认真贯彻、执行每条原则的各项要求,并且掌握这些原则在实际运用中的具体做法,使各项教学原则在教学中有机地结合并充分得以贯彻,以保证体育舞蹈教学任务的顺利完成。

(五)教学互动性原则

互动性原则,是指在体育舞蹈教学活动中,必须注意指导教师与学员、学员与学员之间的互动作用,真正体现指导教师的"善教"与学员的"乐学"。

体育舞蹈是一个男、女配合的技艺项目,需要双方在学习和实践过程中彼此沟通,而指导教师在教学中,不但会以指导教师的角色传授知识和技艺,而且会以舞伴的角色来完成难度更高的教学任务,这些都要通过指导教师与学员、学员与舞伴、学员与学员之间的相互作用才能实现。

贯彻教学互动性原则的基本要求需要做到以下几点。

(1)充分利用多种互动形式,如师生间的对话交流、师生间的领带与跟随、舞伴间的对话交流、舞伴间的领带与跟随等。

(2)加强指导教师与学员的双向交流。充分调动教与学双方的积极性和能动性,从而活跃课堂气氛,改变学员被动接受的消极的学习方式。

(3)促进学员、舞伴之间的沟通与交流。以舞蹈技艺共同提高为目标,形成融洽、和谐的教学气氛,提高课堂教学效果。

(六)身心和谐发展原则

身心和谐发展原则,是指学员在学习体育舞蹈过程中,不仅要重视体育舞蹈技艺的获得,

而且要重视人文素养的提高。

体育舞蹈课程除了要教授技术动作和组合,指导教师还要向学员介绍不同舞种的人文背景以及表演、欣赏、交流等活动的开展,以使学员获得更丰富的感性认识,体验到学习的快乐和满足,从而获得身心和谐发展。

贯彻身心和谐发展原则的基本要求需要做到以下几点。

(1)指导教师在制定教学任务时,要注意教育和教养任务的统一,全面规划任务并使之具体化。

(2)指导教师要抓住教学过程中的特殊事件对学员进行教育,以实际事例来说明道理。

(3)教学内容安排得当,促进身体各项素质均衡发展,使各项技术产生正迁移效应。在体育舞蹈教学中,要教育学员不能凭兴趣出发,只练自己喜欢的舞种,以避免身体发展的不均衡。

二、体育舞蹈的教学特点

(一)课堂教学密度大

体育舞蹈教学内容包括标准舞、拉丁舞两大舞系 10 个舞种,每个舞种都有系统、规范的动作标准,动作难度逐级递增。在标准舞教学中,每个舞步都要从步序、步位、步法、方位、转度、升降、反身动作、倾斜、节奏 9 个方面去规范;而在拉丁舞的教学中,每个舞步都要从步序、节奏、节拍、步位、步法、使用动作、身体转量 7 个方面去规范。因此,在体育舞蹈的教学过程中,教学内容可以安排得很丰富,学员要接受的信息量也很大。

体育舞蹈每个动作都可以通过改变节奏、线条、配合方式等动作要素而产生新的动作,通过不同方式的前接后续而产生新的组合。在体育舞蹈教学中,除了教会学生规范的标准动作以外,还可以通过变化对学员的身体能力和技艺进行改造、加工与提高。因此,要完成这样一个教学过程,课堂密度非常大。

此外,受多元文化和文化全球化的影响,体育舞蹈项目越来越多地融合了世界各个民族各个舞种特点,更加符合现代人审美、健身和社交需求,技术的变化也使得体育舞蹈的教学内容得到进一步的创新和丰富。

(二)学习、思考、训练相结合

体育舞蹈教学是一项复杂而又有序的系统工程,在整个教学过程中,指导教师既要关注学员的技能学习和身体素质发展,又要关注学员兴趣培养和良好学习习惯的养成,这样才会取得很好的教学效果。

体育舞蹈技术体系复杂,每个舞系的每个舞种,甚至每一个动作都有不同的技术要求,这就要求指导教师在教学过程中,要细致入微地传授技术细节,帮助学员掌握体育舞蹈的学习技巧,因此体育舞蹈的教学过程不可能完全脱离老师的指导。在体育舞蹈的教学过程中,教师多会采取一对多的形式来进行技术教学,当有些技术环节不能凭借语言和示范明确表达的时候,教师会采取一对一的教学方式来完成教学过程。

体育舞蹈的技术教学要关注动作技术是什么,更要关注为什么要这样做,对技术原理的解析和具体应用要体现在整个教学过程中,这样才能使学生举一反三地去练习,并学会自己去分析动作技术,培养学员主动学习的意识。因此,在体育舞蹈的教学过程中,教师要分析和归纳技术原理,从而使教学过程更具有启发性,更加趋于合理,教会学员思考问题、解决问题的能力。

在体育舞蹈的教学实践中,要有一定比重的学员训练,使学员把学到的理论知识经过实践变成现实的技术。体育舞蹈练习应该贯穿始终,在指导教师的指导和学员不断自我修正中,使技术趋于完善并最终进入动作自动化阶段。

综上所述,体育舞蹈教学过程是一个学习、思考、训练、反馈、修正相结合的过程。对于学员来说,这一过程能有效地提高学习效率,培养学员的自主学习能力。

(三)健身功效显著

体育舞蹈的教学过程是要将体育舞蹈的各种技术动作逐一传授给学员,并要求学员通过各种舒展、优美、协调的动作以及正确的身体肌肉用力方式和各个关节的正确做功来完成各项教学内容。

长期练习体育舞蹈可以对身体内脏器官产生主动良性刺激,如增强呼吸、循环、消化、神经、运动等系统机能。另外,在完成变化多样的体育舞蹈动作时,对人体力量、速度、耐力、灵敏、协调等多项身体素质的发展起到了良好的促进作用。因此,体育舞蹈教学过程具有全面的健身功效。

在体育舞蹈的教学过程中,每一舞种的每一个动作都需要指导教师和学员经过无数次的示范和重复练习,才能达到良好的教学效果。重复练习的重要目的在于可以使学员在一定时期内快速形成肌肉记忆,最终使动作达到条件反射的自动化阶段。在教学的全过程中,指导教师和学员都必须重视各个技术环节的学习,如身体的姿态、关节的屈伸、足着地点、用力方式等,通过量的积累达到动作质量的飞跃。运动技能提高的过程也是学员改善身体素质的过程。因此,学习体育舞蹈的过程也是一个健身的过程。

(四)注重对身体形态和艺术表现的培养

体育舞蹈具有十足的艺术性特点。这种艺术性需要依靠美的风貌和仪态并通过在体育舞蹈运动中的技术表现体现出来。而艺术表现力也就成为体育舞蹈中判断水平的标准。

健康的形体能使体育舞蹈参与者在运动中保持一定的实力和自信。形体美的塑造不仅要塑造形态美,更应加强姿态的美化和气质的培养。体育舞蹈教学侧重于从姿态的美化和气质的培养来对形体进行整体的塑造。除此之外,体育舞蹈教学也需要提高艺术修养和审美能力,从而培养良好的气质。

首先,在体育舞蹈各舞种中,人的身体线条本身就是一项技术评判的组成部分。由于所参与的舞种不同,每个舞种对身体线条的要求也就不尽相同。但即便如此,体育舞蹈的技术教学仍旧不能忽视对身体线条的严格要求,在平日的教学中就要有意识地对身体姿态着重培养。

其次,体育舞蹈作为一项具有艺术感染力的运动项目,其风格迥异的各项舞蹈对人的艺术感受力和领悟力也提出了极高的要求。体育舞蹈的内容非常丰富,在舞蹈中蕴含着人的感情和灵魂,在这种情况下,舞蹈自身的内容便需要通过人的动作表现出来,而能否完全表现出来,就完全依靠表现力了。如果体育舞蹈练习者只在乎把每一个单项动作或组合套路练习熟练的话,其表演出来的内容充其量是一种动作种类更加丰富的"体操"。因此,在体育舞蹈教学中,除了要求学员熟练掌握技术动作,也更加注重学员对舞蹈音乐、文化、美学的欣赏以及服饰搭配的理解和应用能力的培养,从而实现对体育舞蹈风格的诠释。

在整个体育舞蹈的教学过程中,指导教师除了对技术动作的指导和教学外,应时刻要求学员大胆展示身体姿态和身体线条,以符合不同舞种的技术要求。为了使教学更加有效,还要加强对学员表达舞蹈情绪能力的培养,从而提高学员的艺术表现力。

(五)音乐与节奏贯穿整个教学过程

体育舞蹈是舞蹈家族中的重要组成部分。既然是舞蹈,就一定不会缺少音乐的"陪伴"。音乐与节奏是体育舞蹈技术中必须强调的一个环节。由于人对于音乐或乐感的敏感程度不同,因此,在体育舞蹈的教学过程中,每个舞种音乐的基本节奏和类型是教学重点,掌握正确的音乐节奏和类型是学习体育舞蹈技术的基础。

指导教师在教授基本的音乐节奏和类型后,可以通过改变音乐节奏和类型来产生新的动作和组合,使教学内容更加丰富,更加具有挑战性。此外,培养学生音乐表达能力也是体育舞蹈教学过程必不可少的一个环节,除了基本的音乐节奏和类型,音乐的节奏时值、旋律、结构、情绪等都是体育舞蹈教学的主要内容,必须结合具体动作来进行体育舞蹈完整技术教学。

音乐是体育舞蹈教学课堂的一个不可或缺的部分,除了作为教学内容和技术组成部分外,还可以作为调节课堂气氛、活跃学员情绪的手段之一。在体育舞蹈教学过程中,指导教师要重视音乐的选择与应用,以达到增强教学效果的目的。指导教师的口令节奏通常与音乐是结合运用的。

知识拓展

音乐情景形体训练

音乐情景形体训练是进一步增强形体能力的训练,使形体的应变能力提高,使之更具有实用性和形体表现力。音乐情景形体包含了音乐、情景想象、肢体表现等因素。这不是舞蹈,而是通过自选音乐,根据音乐自己假想情景,再根据自身肌体能力表达这段音乐情景。它不需要有完整的舞蹈结构,也不需要有逻辑和连续性的舞蹈编排,而仍然是一种形体基础训练手段。音乐情景形体有它一定的随意性,关键是感受音乐情绪的刺激,大胆想象具体情景,勇于运用肢体去活动。其训练实质是帮助学习者支配自身形体、组合自身肌体各部分的能力,进一步提高肢体的灵活性、协调性,提高音乐素养和形体想象力。

第二节　体育舞蹈的教学方法

　　体育舞蹈教学方法是体育舞蹈教学过程中完成教学任务所采用的教学途径和手段。能否选择适宜的体育舞蹈教学方法将直接决定最终的教学效果。

　　形体训练教学方法与体育舞蹈教学方法有许多相似之处。由于在本书的上篇(形体训练部分)中已经对教学方法的内容进行了较为详细的阐述,因此,在本节的研究体育舞蹈教学方法时便对上文中已分析过的教学方法做简要概括,而对体育舞蹈的专项教学法做深入的研究。

一、讲解与示范法

　　讲解与示范法是一般体育教学中常运用的教学方法,在体育舞蹈教学中运用此种方法时应注意,讲解的语言要简明扼要、多用比喻,使学生从有关熟悉的动作中体会舞蹈的动作。

　　由于体育舞蹈是一项技术性较强的项目,而且它的文化背景与我国又截然不同。所以,在教学中对于学生难以理解和模仿的动作,教师合理运用讲解与示范法,可使学生准确地把握和感知舞蹈过程中各种具体形象,进而诱导学生产生动作的想象,使之善于运用对比、正、误、比喻,夸张等手段,从而多、快、好、省地掌握体育舞蹈的知识和技巧。

二、教师带领法

　　教师带领法是体育舞蹈教学较常用的教学方法。即通过教师的引带使学生对学习的动作进行重复模仿练习。它一般用于学习新动作或在复习课的开始部分,使学生在较短的时间内对所学动作迅速建立正确概念。体育舞蹈教学示范一般是采用背向示范法,背对学生带领他们做动作。带领模仿法一方面要求教师的动作要娴熟、准确大方、一丝不苟,另一方面要求学生要眼看、耳听、心想、体动。带领模仿法常用的教学手段是"顺进带领模仿"或"递进带领模仿"。应遵循由易到难、由简到繁、因人而异、因材施教的原则。

三、动作衔接法

　　体育舞蹈内容繁多,风格各异,节奏不同,技术复杂。无论哪一个舞种在教学中都是由单个动作到小组合,由徒手练习到音乐伴奏下进行,按照由易到难,由简单到复杂的教学规律进行。

四、纠正交替法

　　纠正交替法主要用于动作套路复杂和难、新动作的教学。对运动中出现的错误,进行有针

对性的逐个纠正。它可以提高学生观察、分析问题的能力和发现错误而纠正错误的能力。纠正交替法通常是先将所学舞蹈套路集体练习几遍,待大部分同学对所学动作已初步掌握后,可将学生按单、双号或男、女舞伴分组,也可以规定一对一观察练习,还可以按照学生掌握动作的水平进行分组,然后一组进行纠正练习,另一组进行观察,然后交替练习,在进行此教法时,要求全体学生无论是纠正动作的,还是观察分析的,都要精力高度集中,把看、练、听紧密结合起来,使学生边看、边想、边听音乐,从而在练习动作中,加深理解、体会、记忆,以提高动作质量、协调与音乐的节奏感。

五、方位教学法

方位教学法就是通过识别动作过程中人体与场地相关方位,教育学生用以记忆动作的方法学习,此法主要针对具有一定体育舞蹈水平的学生使用。这种教学方法运用时,应首先使学生明确以下3个基本要素。

(1)人体基本方位变化要素。即人体基本方向不是一成不变的,而是随动作的变化而变化的。

(2)体育舞蹈的比赛场地是由A、B、C、D四条方位线确定的,四条方位线确定后,是不能改变的。

(3)要彻底弄清楚动作开始、动作过程和动作结束时人体与场地的相关方位,这是识记动作的主要因素。

掌握了以上3个要素,对于具有一定基础的学生就能够较快且准确地记住不同动作,即身体在什么位置应做什么动作。

六、音乐教学法

音乐素有舞蹈之魂的称谓,可见音乐在体育舞蹈教学中的重要地位。音乐教学法就是充分利用音乐功能进行教学,可以激发学生的情绪,发挥其想象力,丰富其展现力,使他们的舞蹈动作增添艺术的魅力和美的感染力。因此,要学好体育舞蹈,首先要培养学生的乐感,使学生具有一定的音乐素养,做到一听音乐便知是何种舞曲;然后能较准确地根据舞曲节奏起舞,才能使动作与音乐融为一体,展现其舞姿的完美。

七、综合练习法

对于初步掌握舞步技术的学生,这一方法于动作技术定型之前。根据学生人数有集体练习、分组练习和个人练习。为掌握基本动作、难度动作和套路组合可以采用重复练习、分解练习和完整练习。为提高学生学习积极性可采用游戏练习法,针对不同水平学生采用带领练习法,让技术水平较高的学生配合音乐带领学生复习动作,从而调动学生积极性和主动性,故将其称为"综合练习法"。

八、多媒体与观摩教学法

在大学体育舞蹈教学中,师资力量较为匮乏,大部分是单人教学,这给学生的学习带来诸多不便而影响学生直观学习和体会。因此,运用录像机、电视机、音像教材以及现场观摩等辅助教学,可以对舞蹈动作产生直接的视觉效果,对动作与音乐的配合有深切感受,对舞伴之间的配合及舞蹈表现力都会有更深刻的体会。从而有利于学生模仿,加快对动作的学习和掌握,在自练与对练中能更快更好地掌握技术要点、缩短分化阶段,做到动作与音乐融为一体,达到进一步提高学生兴趣、提高教学质量、增进教学效率的目的。

九、意念教学法

舞蹈是一种非常重要的艺术表现形式。舞蹈是有生命和灵魂的,因此,在体育舞蹈的教学中,不应仅仅是教会学生动作,更重要的是教会学生体会"舞蹈感觉",感悟舞蹈想表达出的真谛,由此使学生在体育舞蹈练习中能充分理解并把握住各舞种的风格、韵律以及表现出的气质、特征和风度等。

所谓"舞蹈感觉",就是练习者在体育舞蹈学练中自身挖掘表现力的一种程度,它是受舞蹈意念支配的。因此,练习者每一动作瞬间,应使用"意念""心灵"指挥动作,而不仅仅是单纯舞蹈动作技术的模仿,也只有在"意念"支配下通过与"心灵"共舞的体育舞蹈才能将它内在的魅力表现出来,因此,体育舞蹈教学中的"意念"训练是培养学生"舞蹈感觉"的有效途径。

第三节 体育舞蹈教学课的类型与实施

一、体育舞蹈教学课的类型

(一)按照技术掌握程度划分

1. 初级课

初级课一般是为初学者开设的。其内容一般选择标准舞的华尔兹舞、探戈舞、快步舞,拉丁舞的伦巴舞、恰恰舞、牛仔舞的元素动作和基本技术以及铜牌组合,所以初级课也被称作"铜牌班"。在初级课教学时应注意以下几点。

(1)微笑、耐心地对待每一位学员,能让学员很快摆脱初学时紧张不适的尴尬境地。

(2)指导教师应教给学员有关体育舞蹈风范、礼仪、社交、着装、舞蹈与身心健康等方面的知识。

（3）指导教师的示范一定要准确，应使学员能清楚地看到每个技术环节。

（4）音乐速度不宜太快，应该先选用慢节奏的音乐，等学员适应后，再逐渐过渡到正常的音乐速度。

（5）教学方法多采用分解法、完整法和重复训练法等。

2. 中级课

中级课一般适用于有一定体育舞蹈基础的学员，在初级课的基础上进行。其内容一般选择标准舞的华尔兹舞、探戈舞、快步舞、狐步舞，拉丁舞的伦巴舞、恰恰舞、牛仔舞、桑巴舞的元素动作、基本技术以及银牌组合，有的教学培训机构甚至开设了这些舞种的金牌组合，所以中级课也被称作"银牌班"或"金牌班"。在中级课教学时应注意以下几点。

（1）仍然重视基本技术、基本动作的训练，然后再在组合中综合锻炼学员的能力。

（2）可适当地加强个人组合训练，培养学员独立完成动作的能力。

（3）继续培养学员兴趣，使学员通过这种晋级式的学习方式，建立成就感。

（4）注意加强对学员的教育，培养舞伴之间和谐相处的能力。

（5）教学方法多采用示范与提示相结合。

3. 高级课

高级课一般适用于技术水平较高的学员，在中级的基础上再提高技术的难度与动作的复杂程度，进一步完善技术，提高动作完成的质量。教学内容一般选择标准舞的华尔兹舞、探戈舞、快步舞、狐步舞，维也纳华尔兹舞的金牌或金牌以上的动作组合，拉丁舞的伦巴舞、恰恰舞、牛仔舞、桑巴舞、斗牛舞的金牌或金牌以上的动作组合，所以高级课也被称作"金牌班"或"金星一级"班。在高级课教学时应注意以下几点。

（1）单一动作的分解教学与组合动作的完整教学相结合，处理好分解教学与完整教学的关系。

（2）仍然要重视培养学员独立完成动作的能力，在此基础上，培养双人配合意识。

（3）培养学员对技术精益求精的精神。

（4）常选用正常速度的音乐节奏。

（5）教学方法多采用领带法等。

4. 选手课

选手课一般适合于那些具有一定训练水平，技术娴熟，且有意参赛的学员，动作难度要高于金星一级，技术要求精、准、稳。教学内容一般选择标准舞或拉丁舞所有舞种中至少是金星二级以上的组合或自编组合。选手课教学时应注意以下几点。

（1）要根据学员的实际情况来设计动作与组合，对学员形成一种技术上的挑战，保持学员的兴趣。

（2）培养学员双人配合的意识，强化双人配合技术。

（3）多采用各类节奏和风格类型的音乐，培养学员对音乐的感受力以及舞蹈表现与音乐表现的协同能力。

(4)保持足够的训练密度与强度。
(5)在常用的教学方法基础上,辅之以电化教学、意念教学,以一对一辅导的形式,强化训练效果。

(二)其他体育舞蹈课程的类型

(1)根据舞蹈种类分类。可以分为拉丁课和标准舞课,其中各课种中又可以分为单一舞种课和综合舞种课。
(2)根据教授舞蹈数量分类。
(3)根据参与人群分类。主要有青少年班、成人班、老年班等。
(4)根据课的组织形式分类。主要分成小课(一对一的课)、中课、大课。
以上各种课程均需按照学员的能力和技术程度进行分级教学。
正规学校以外的体育舞蹈课程多为培训课程,绝大多数参与人群是以学习体育舞蹈技术、掌握舞蹈技能、锻炼身心、丰富业余生活、提高生活品位为目的。很明显,社会体育舞蹈培训课程需要充分体现社会价值,如实现健身功能、社交功能、丰富文化生活功能等。

二、体育舞蹈教学课的实施

(一)教学课的准备

1.课前准备

课前准备就是为即将开始的教学课做好实际准备工作。
一个体育舞蹈培训机构,首先要满足的硬件设施条件:有面积不少于150平方米的木地板教学场地;照明、通风条件较好;有传统的音响设备,如CD机、录音机以及各式各样的具有调控功能的放音设备。辅助的教具还包括摄影、摄像设备,在完善技术细节以及比较正误与好坏时,录像教学是一个不可或缺的教学手段。
一个体育舞蹈培训机构,还应该从管理和师资方面做好准备工作:建立一套完善的学员招收制度和日常事务管理机制;引进能完成教学培训任务的指导教师;制定完备的学员培训方案,明确培训步骤、内容与指导教师的工作职责等。
一个体育舞蹈指导教师要做的课前准备工作有:了解学员的技术程度、年龄、性别比例、学习动机和需要;根据培训要求,制定教学培训计划。

2.课程计划的制订

尽管对于一些体育舞蹈培训机构来说,并不要求每一等级的每节课程都要制订非常详细的课程计划。但每个指导教师至少在一个档期的培训课程中,能制订一份内容详细、步骤合理、方法得当的课程计划,以此证明指导教师已经具备驾驭课堂的能力。一份课程计划需要包括以下几个方面。

(1)培训对象。

(2)培训目的。

(3)培训内容。

(4)教学方法与教学手段。

(5)教学进程。

(6)教学的重点和难点。

作为一个体育舞蹈指导教师,必须借助于有序、系统的课程计划来掌控自己的教学过程。

3.课程进度

在制定课程计划的基础上,要统筹安排每门课程的具体进度,让学员能清晰地了解每门舞蹈课所要掌握的内容和程度。教学进度一般包括课次、课的主要内容、主要教学手段和教学要求。现在,很多俱乐部或培训机构都会把自己的进度公示出来,这也成为经营策略之一(表 9-1)。

表 9-1 体育舞蹈课程进度范例

课次	主要内容	主要手段	要求
一	1.华尔兹舞技术及特点简介 2.学习华尔兹舞基本站姿与前进、后退技术 3.课堂常规教育	1.讲授和演示 2.学习原地站姿:单人和双人握持 3.单人前进与后退 4.双人配合前进与后退	1.了解技术及特点 2.掌握基本的练习方法 3.站姿要直且避免僵硬 4.前进与后退的足着点要正确
二	1.复习站姿与前进、后退 2.学习方步,掌握标准舞摆荡、倾斜、升降技术 3.学习方步的左转、右转 4.培养舞蹈的审美意识	1.原地站姿训练和前进、后退训练 2.分解学习升降、左右摆荡步 3.学习前进与后退的方步 4.在完成基本方步的基础上,学习内圈转与外圈转 5.方步左转、右转的组合训练	1.升降要有弹性和韧劲 2.摆荡要流畅有弧度 3.始终保持正确的身体姿态 4.掌握内、外圈转的要领
三	1.复习方步技术 2.学习华尔兹舞铜牌组合 3.培养观察、分析问题的能力	1.结合录像讲授、分析 2.分解学习华尔兹铜牌组合:两段式、前6小节、后6小节	1.初步掌握铜牌组合 2.掌握组合练习的方法 3.思考问题和研究技术,用心学舞
四	1.复习华尔兹舞方步 2.提高华尔兹铜牌组合的熟练程度,完成组合 3.培养舞蹈的表现力	1.复习,以重复练习为主 2.讲解动作与呼吸的配合并应用 3.相互观察并分析、纠正错误动作	1.大强度重复训练 2.熟练掌握铜牌的全部组合,并有意识应用基本技术完成动作 3.在组合演示中,要注意姿态和表现

(二)教学课的实施

1.体育舞蹈课程的结构

体育舞蹈课程的结构一般分为准备部分、主体部分和结束部分。体育舞蹈课程结构的划分是遵循人体生理机能变化、心理活动变化规律和体育舞蹈课程教学活动特点的。以下内容以 100 分钟的课程为例来进行分析。

(1)准备部分

①准备部分的时间。一般为 15 分钟左右。

②准备部分的任务。调动学员情绪,明确学习任务,制造促进学习、激发学生兴趣的气氛,做好准备活动,使身体各器官、系统进入工作状态。

③准备部分的内容。讲解课的内容与任务;组织学员做准备活动,主要形式是配合音乐,多角度和方向活动身体各关节,或以简单爵士、热舞动作、单一的体育舞蹈元素动作作为活动内容。

(2)主体部分

①主体部分的时间。一般为 70 分钟左右。

②主体部分的任务。按照课前制订的计划完成新技术、新动作、新组合的学习,复习已教过的内容,使学员在学习过程中掌握新的知识、技术、技能,发展身体素质,提高身体综合能力。

③主体部分的教学内容

A. 单一的元素动作训练(有时这一部分可以放到准备活动中)。旨在通过简单的基本的技术动作去强化某个技术环节的训练,使之能在大量重复练习的基础上达到关键技术定型的效果。

B. 基本动作组合。将每个舞种的典型性动作、技术代表性动作生动地组合起来,强化训练,使枯燥的基本功训练转化成为表演型、表现型训练,提高练习的效果。

C. 单人的组合动作。依据预定的教学内容,男、女分开教学,分别练习,直到个人能独立、熟练地完成组合动作。

D. 双人配合的组合动作。在双方熟练掌握各自组合动作的基础上,进行双人合舞练习,以双人配合技术为主,不断增强双人默契配合的程度。

E. 复习部分。依据具体的课程进展来安排内容,也可以把复习部分放在新授课的前面。

(3)结束部分

①结束部分的时间。一般为 15 分钟左右。

②结束部分的任务。有组织地结束教学活动。通过整理练习,使学员逐渐恢复到相对安静的状态;简单地进行课的小结,评述学员的学习情况,并布置作业,提出希望。

③结束部分的内容。以简短的讲解或对话的形式来总结课的完成情况。通过整理活动来放松身体,主要内容有:拉伸性放松练习,配合呼吸的放松练习,局部按摩的放松练习,或者是轻缓、柔美、放松的单人及双人舞步等。

实践中,体育舞蹈课程的结构并不是一成不变的,指导教师可以依据教学对象、教学目的、教学要求来合理安排课的结构。

2. 体育舞蹈教学分组的应用

如果体育舞蹈社会体育指导教师在每次课上都能有效进行教学分组,这将极大地提高教学效果并有利于指导教师和学员之间的沟通与互动。分组教学优于平常的混合教学,能较好地贯彻、实施因材施教的教学原则,真正使每个学员都能够积极参与进来,将指导教师教学的

主导性和学员学习的主体性较好地结合在一起,更加符合学员的心理需求。

分组教学前,指导教师对学员的基本情况要有所了解,依据学员的技术水平和身体条件进行分组,可以参考以下几个方面来进行分组。

(1)按照教学内容分成男、女组

在初教舞步时,需要男、女分组来进行,如有男、女指导教师合课,就可以同时教授男、女学员动作;如只有一名指导教师上课,则一般先教男士男步,再教女士女步。

(2)当男、女学员比例严重失调时

①第一种做法。把男生分为一组,依据男生的总人数来确定女生组的人数。这样,一个男士可以固定几个女士来进行训练;如果女少男多,则一个女士固定几个男士来进行练习。每个男、女搭配的小组,男、女舞伴的外形条件和技术水平应尽量接近。

②第二种做法。一个女士扮演男士的角色来配合练习,当然要选择身材相对高大的女士来走男步。

(3)当学员技术水平良莠不齐时

①把技术好的分为一组,技术差的分为一组。对技术好的组可以在动作难度和标准上提出更高的要求,对技术差的组可以在组合的熟练程度上提出要求,然后才要求技术的难度和规范性,使因材施教成为可能。

②让技术好的异性带技术差的异性,这样有利于技术差的一方尽快提高技术水平,从而提高整体的教学效果。

(4)当教学场地受限时

很多教学场地并不像比赛场地那样宽敞,这样就需要分组进行完整组合的训练,每组最多4对同时进行训练,可以按照如下方法进行。

①依据健身者舞种的掌握程度分组,如果有比赛任务,可以按照比赛的报名组别来进行模拟比赛。

②依据健身者的身高比例分组,往往高个会放在一组,矮个放在一组,这样有利于两人配合和教学现场的美观。

(三)教学效果评价

每堂课结束后要对教学效果进行评价。评价主要来自两方面,一是指导教师本人,二是学员。评价可以通过指导教师与学员的对话、学员之间的交流、指导教师的观察和学员的自我反馈等形式来实现。评价的主要内容有如下几点。

(1)指导教师如何教学。

(2)学员如何学习。

(3)教学任务如何完成。

(4)教学内容安排是否合理。

(5)学员的素质与能力是否得到提高。

(6)教学方法是否得当。

(7)课堂上学员的反应与指导教师期望的是否一致。

通过上述7条内容的评价标准,基本可以帮助指导教师了解学员在学习过程中遇到的问题,并就出现的问题,调整课程计划,为下一个教学单元打好基础,从而有利于学习目标的达成。

知识拓展

形体训练鞋,是一种形体矫正鞋,也是一种训练鞋,主要特点是:鞋底是前高后低的,即穿在脚上,使脚尖的高度高于脚跟,所以也叫负跟鞋。是继现有高跟鞋、中跟鞋和平底鞋之后的,又一个新的鞋类品种,是人体力学向传统产业的延伸和对传统产业的改进。

第四节　体育舞蹈教学中的易犯错误与纠正

在体育舞蹈中,标准舞和拉丁舞是非常常见的两类舞种,同时这也是人们参与度和学习度较高的舞种。因此,本节就主要以这两个舞种为例,对其在教学中容易出现的错误进行指出,并做进一步的错误纠正。

一、标准舞常见错误与纠正

(一)基本握持常见错误与纠正

1.男士躯干过于后仰

(1)产生原因
①双肘向后拉伸角度过大。
②背部肌肉过于紧张。
(2)纠正
①肘关节侧向抬起时,背阔肌侧向延伸。
②先局部解决上身背肌和胸肌的力量平衡。

2.女士胸腰不能打开

(1)产生原因
①臀部后翘。
②腿、膝绷得太直。
(2)纠正
①自下而上解决问题,稍屈膝,胯略前送。
②训练手臂松弛地握持。
③身体重心置于脚弓。

(二)跟随与引带的错误与纠正

1. 产生原因

(1)身体中段没有接触点。
(2)用手引带,导致框架变形。
(3)女士过多地把重心倚靠在男士身上。

2. 纠正

(1)男、女士在维持自身重心平衡的基础上,保持两人重心移动的协同性。
(2)先练习两人身体中段的接触引带,再练习在完整框架中的引带。

(三)探戈舞的常见错误与纠正

1. 姿态错误

在探戈舞中,常会出现男士右肩过低,男士左手与女士右手握持向外向远延伸,女士左手置于男士右臂之上等问题。
(1)产生原因
①疏忽大意,沿用华尔兹舞的架型。
②两人右边的身体错位不够。
(2)纠正
①强调探戈舞基本握持,建立正确的动作概念。
②先做身体接触,再做完整架型。

2. 基本握持错误

在探戈舞中,常因基本握持出现问题而影响双人配合时力量的传递。
(1)女士左臂肘关节未裹住男士右臂肘关节。
(2)男、女身体右侧接触部位不对。
(3)男士右手指尖未接近女士脊柱部位。

3. 纠正

(1)讲解探戈舞的双人引带概念,分别讲解身体中段接触、肘关节接触、男士右手前臂与女士背部接触。
(2)反复练习简单动作的引带,如行进的连接步、侧行并步等。

4. 前进步错误

(1)产生原因
①脚尖先着地,先抬脚再移重心。

②男士没有通过身体接触部位向女士传递移动信号,探戈舞前进步两脚容易外开。
(2)纠正
①先做原地的分解练习,主力腿压地—扭动—带动上身转动;再做完整的前进步练习。
②加强出脚定型的训练。

(四)华尔兹舞常见错误与纠正

1.方步步幅过小

(1)产生原因
下降不够,脚对地面的推动力不够。
(2)纠正
①建立正确的下降技术概念,向前或向后的移动不是迈脚跨步,而是在主力腿的支撑下,重心下降,推动动作腿。
②练习主力腿的原地下降和上升技术,再应用到方步中。

2.方步升降错误

(1)产生原因
第2步脚跟着地,然后过渡到脚掌。
(2)纠正
①第2步出脚一定是前脚掌内沿着地,然后随重心侧移再过渡到前脚掌。
②侧向移动重心时,要通过大腿内侧肌肉的收缩使重心升起。

3.方步中的倾斜错误

(1)产生原因
错误理解倾斜,身体主轴在外形上折断了。
(2)纠正
①从脚踝开始,身体向两侧倾斜。
②要尽可能靠身体中段的力量保持侧平衡。

二、拉丁舞常见错误与纠正

(一)基本姿态常见错误与纠正

许多拉丁舞练习者误认为只有标准舞才需要挺拔向上的身体姿态,而拉丁舞是很放松的舞种,因此在基本站立姿态上表现得很松懈。

1.常见错误

(1)脖颈部位松弛、懒散。

(2)脊柱放松、弯曲。
(3)髋部的摆动范围过大。
(4)女士因鞋跟过高致使行进中膝盖不能伸直。
(5)脚成内"八"字形等。

2.纠正

先适应拉丁舞的专用舞鞋,在挺拔垂直的姿态下自由走动,确保能够完全适应高跟舞鞋后,再在教师的指导下,进行各种拉丁舞舞步的练习。

(二)拉丁舞引导与跟随的常见错误

(1)男士脱离身体动作而独立使用手臂的伸缩来引导女士。
(2)女士对于男士的引导没有回应动作,手臂的腕、肘、肩关节松弛。
(3)男士的引导动作过于粗鲁、突然或犹豫等。

(三)螺旋转步常见错误

螺旋转可以应用于各类舞蹈中,是十分常见的舞步,在初学时常见错误如下。
(1)转体的时机过早,造成动作节奏模糊,舞步的力度和质量下降。
(2)转体后身体重心过度下降,常见错误是重心落在脚跟上,造成下一步启动困难而失去准确的节奏。
(3)转动的动力过多来自于身体扭转而忽略了腿部和脚部对地板的推碾,造成转体时身体力量不够集中和腿部肌肉松散的错误状态。

(四)右陀螺转步常见错误

右陀螺转步是伦巴舞、恰恰舞铜牌组合中较为重要的舞步,也是容易犯错误的技术。

1.伦巴舞中的右陀螺转步

(1)本舞步需要使用近闭式位(近距离的闭式位)舞姿,如果男、女舞伴身体间距过于宽松,会造成舞步框架松散和转度不足。
(2)男士舞步中向后屈腿的延迟步是关键;做拉丁交叉时,两个膝关节的位置以及后脚外开的状态都是容易出错的地方。
(3)女士转体易出现每两步1/2的转量的错误,应该跟随男士,自然而柔和地以每步1/4的转量完成,这样才可以维持两人框架的稳定和舞步流畅。
(4)这个舞步没有髋部的扭摆,过分的沉胯、扭臀动作是错误的。

2.恰恰舞中的右陀螺转步

(1)男、女舞伴之间的重心分配是易犯错误的地方,保持框架的稳定和双人呈"V"字的平衡点是完成该舞步的关键。如果两人重心分配渐渐出现倒"V"字,将会出现动力不足的后果。

(2)步法凌乱,动作不准确也是常见错误之一。
(3)转量不准确,A式和B式结束的转量区别很大,容易混沌不清。

(五)恰恰舞各类追步常见错误

1. 向左、向右的追步

(1)在两个半拍动作中,双脚的步法都是脚掌。
(2)在两个半拍动作中,步幅过大。
(3)使用类似"莫任古"的动作技术——脚跟延迟落地。
(4)身体动作过于僵硬,髋部只转不压。

2. 向前的锁步

(1)前腿的脚跟先着地、前腿膝关节始终弯曲。
(2)身体正对前方而没有"肩引导"动作。
(3)在锁步的瞬间,后脚脚尖内扣、两脚间距过小、双膝呈罗圈形。
(4)出现轻微向上跳跃的现象。

3. 向后的锁步

(1)重心的移动领先于后脚,致使后脚脚跟着地。
(2)前脚脚跟推离地板。
(3)在锁步的瞬间,后脚脚尖内扣,两脚间距过小,双膝呈罗圈形。

4. 画圆追步

(1)画圆时脚部离开地板;形成拉丁交叉时,双膝位置不准确。
(2)第2步步位出现仅前脚掌着地的现象(正确步位应为全足)。
(3)身体重心过高。

5. 扭臀追步

(1)前两步动作脚的脚跟不落地。
(2)第2步双脚合并时,膝关节过于松弛或是伸直。

(六)桑巴舞弹动技术常见错误

(1)在1a2和1a2a3a4的节奏中没有弹动。
(2)弹动的方法主要依靠髋、腹部的屈伸来完成。
(3)在1a2和1a2a3a4的节奏中只有膝关节的屈伸,而没有踝关节的辅助,脚踝僵硬致脚跟不落地。
(4)在S或Q的节奏中错误地加入弹动(库萨多斯动作除外)。

(5)在桑巴舞走步中弹动幅度过大。

(七)桑巴舞组合中步法常见错误

桑巴舞是一个具有大量弹动动作的舞种,由于弹动技术不准确,造成舞步中大量的步法出现错误,较为常见的有:

(1)桑巴拂步。第3步不落脚跟,第1步也有此问题发生。
(2)垫步。前面的脚不落跟。
(3)快踢步。舞步支撑脚的步法应该是"全足",而"脚掌平伏"或是"脚跟平伏"的错误现象时有发生。
(4)库萨多斯走步。经常出现"脚跟平伏"的错误。
(5)各方向桑巴走步。第3步正确的步法为"平伏",其他跳法都是错误的。

(八)桑巴舞博塔佛哥斯舞步常见错误

博塔佛哥斯动作贯穿于各级别的难度组合中,也是易发生错误的动作之一。

(1)第1步正确的跳法——"X脚前进"。而出现"X脚交叉越过另一只脚向侧"的错误很常见,也是一个难以纠正的顽固性错误。
(2)第2步正确跳法——"X脚向侧稍前、脚尖外转"。常见错误为"X脚向侧或是向侧稍后。"
(3)第3步正确的跳法——"X脚在原地",而第3步出现"X脚随意移动"的现象属于易犯错误之一。

此外,弹动动作不足或缺失也是该舞步常见错误之一,常常会使第3步出现"全足"的情况。正确的弹动会使该舞步第3步从高位开始,因此第3步也会从直膝状态下开始。而第3步始终处于膝关节弯曲的状态是常见错误。

(九)桑巴舞各类走步常见错误

桑巴走步多种多样,但是易犯错误似乎有着一定的共性。

(1)弹动动作幅度过大。
(2)第1步髋部前摆动作缺失。
(3)第2步的骨盆摆动(向侧、向斜后、向后)动作不足或缺失。
(4)第3步正确的步法为"平伏",同时"要向X方向滑动约8厘米,骨盆恢复正常"是该舞步的要点,步法错误或脚黏滞在原地不动以及骨盆不归位都是常见错误。

(十)伦巴舞常见错误与纠正

伦巴舞被喻为"身体的舞蹈",娴熟、自然的身体动作成为伦巴舞习练者苦练的内容。但是,由于精力过多地沉溺在髋部的扭摆上,以至于常出现过度夸大的身体动作。

1. 常见错误

(1) 脱离身体重心的自然配合而形成髋部独立地划"∞"扭摆。
(2) 髋部不能保持在身体中心线上而呈现出小腹前凸、臀部后撅的错误姿态。
(3) 后背两侧肩胛骨内挟，致使前胸外凸、僵硬，破坏了身体协调舞动的画面。

2. 纠正

了解重心移动在髋部动作中的重要作用，感觉重心在常位和下降之间的差异，配合身体的转度来完成髋部"扭摆"的表象。体会身体动作与身体纵轴之间的关联技术，克服前挺后撅的错误姿态。

（十一）牛仔舞追步常见错误

牛仔舞的追步看似简单，实则技术细腻、规格严谨。常见错误有以下几种。
(1) 舞步中大量的前进追步和后退追步都被左右追步所替代。
(2) 牛仔舞弹动技术不规范，使得追步常常出现向上蹿的错误动作。
(3) 追步中步法不准确，尤其是第3步后在没有转体的情况下步法容易犯"脚掌"的错误。
(4) 追步中髋部摆动动作缺失，使牛仔舞的舞蹈风格难以体现。

第十章　拉丁舞的实践指导

> 拉丁舞是流行于拉丁美洲的民间舞蹈,其全称为拉丁美洲舞。作为国际标准舞中一个舞系,拉丁舞主要包括五个舞种,即性情交融的伦巴舞;激情奔放的牛仔舞;快中见美的恰恰恰;振奋人心的斗牛舞和风格别致的桑巴。本章主要介绍了以上几个舞种的基本知识及动作练习的方法,以帮助习舞者更好地参加拉丁舞习练。

第一节　伦巴舞

一、伦巴舞概述

伦巴舞起源于古巴,素有"拉丁舞灵魂"之称。16世纪前后,随着非洲黑奴的贩卖,他们的民间舞蹈也与拉丁美洲舞蹈相互融合,经过多年的提炼与艺术加工,逐步形成现代的伦巴。它于20世纪30年代风行欧洲各国,舞者以轻松柔和的髋部动作和人体曲线美表现男女之间柔情浪漫的情调。

由于伦巴是非行进式的舞蹈,所以不强调大幅度的移位,基本步法的特点是臂、胯、膝、足配合,动作脚先是柔和地弯曲使脚踝直提起趾尖沿地面向前进,然后向前移动重心,掌踏下后全脚着地,膝盖伸直胯向后摆转,另一脚则膝部放松准备第2步行进,动作韵律必须自然地流过脚、腿和臀胯,任何太突然太夸张的用力动作都是很不合适的。值得注意的是,伦巴舞的胯部动作不是左右摆动,而是身体拉伸后的自然放胯过程,具体来讲它是由重心脚踏下时,脚跟用力部伸直到"超伸"的程度,将胯部经旁向后压转而形成的,这一技巧需要很扎实的基本功。

伦巴是一种具有独特魅力的舞蹈,它的舞曲具有独特鲜明的节奏,配上拉丁美洲的打击乐器,给人以一种轻松、甜美之感。伦巴舞表现的大多是男女之间的爱情生活。因此,伦巴在音乐上缠绵深情,舞步上婀娜多姿,风格上柔媚抒情,使舞蹈充满了浪漫情调,令人陶醉。伦巴舞的动作有序,并要准确把握胯部、脚步、音乐的配合。

伦巴舞具有舒展优美、婀娜多姿,柔媚抒情的风格。其产生与西班牙和非洲的舞蹈有密切关系,后来在古巴获得了较大的发展。

| 知识拓展 |

伦巴舞的服装要求

男士：高腰长裤。上衣颜色款式不限。
女士：及膝短裙，上衣不限。
鞋子：不带钉皮鞋、舞鞋。

二、伦巴舞基本舞步练习

伦巴的音乐节拍是4/4拍，每分钟28～31小节，重音在第一和第三拍。伦巴的基本舞步是合着音乐节拍，由快、快、慢的动作所合成的。两个快步是横步，接着是一个慢步，这就完成一个步法。伦巴的每个舞步有两个动作，一个是迈步，另一个是重心的移动；一只脚踏在地上，重心保持在另一只脚，在跨步时逐渐改变重心。

（一）基本动作

基本动作是伦巴舞的最基本的舞步，以后很多的舞步都是在此基础上发展的，原地基本步掌握后可做向左转和向右转的练习，旋转角度每6步不要超过1/4周，方步可接扇形步，单一点转步等（图10-1）。

(1) 男：左足前进，胯向左后摆转（前脚掌平面）。
    女：右足后退，髋向右后摆转（重心脚外展）。
(2) 男：重心后移至右足，胯向右后摆转。
    女：重心前移至左足，胯向左后摆转。
(3) 男：左足横步稍后，胯经前向左后摆转。
    女：右足横步稍前，胯经前向右后摆转。

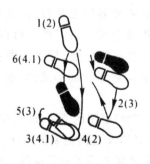 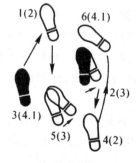

图 10-1

（二）扇形步

男女舞伴向左右打开，形成扇形面的舞姿，它有多种衔接法，一般是做完基本步的前半部分后由男伴引导做扇形步,节拍 1 小节 3 步(图 10-2)。

(1)男:右脚后退(闭式舞姿准备)。

女:左脚前进,准备向左转。

(2)男:重心前移至左脚,右手带领女伴左转。

女:上右脚准备左转,右脚后退。

(3)男:右脚步横步与女伴分离,左手握女伴右手。

女:左脚步后退与男伴分离(节奏 4)。

男:重心移至左脚,右胯摆出,完成扇形步。

女:重心移至左脚,右胯摆转,完成扇形步(1)。

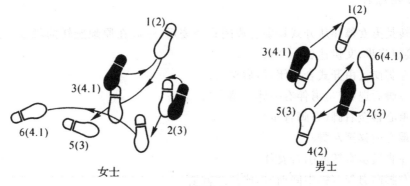

图 10-2

(三)曲棍步

曲棍步是由于女伴右转时的步子路线形似曲棍球棒而得名。一般从扇形步连接,后接开式扭胯步,节拍 2 小节 6 步(图 10-3)。

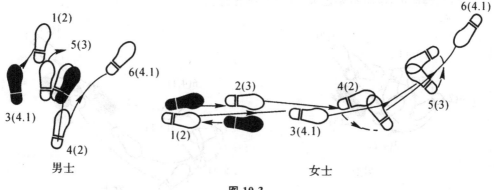

图 10-3

(1)男:左脚前进(从扇形舞姿准备)。

女:右脚收并左脚,拧胯,重心移至右脚收腹上提,两脚相夹。

(2)男:原地重心后移至后脚,收腹上展。

女:左脚前进,腿形要美,手臂打开。

(3)男:左脚并右脚,左手拇指向下锁住女伴。
　　女:右脚前进,靠近男伴左侧,手臂前上。
(4)男:右脚后退,稍向右转 25°,手指相接。
　　女:左脚向左斜出前 25°前进,准备左转。
(5)男:重心前移至左脚,身体不要因手臂而变。
　　女:右脚横步稍前,左转 5/8 周与男伴相对位。
(6)男:右脚前进,从第 4 步至第 6 步共转 1/8 周。
　　女:左脚后退,从第 4 步至第 6 步共转 5/8 周。

(四)右陀螺转

右陀螺转是男女舞伴从开式舞姿合成闭式舞姿后,一起在原地旋转的舞步。具体是 2 小节 6 步,后接螺旋步、艾伊达(图 10-4)。
(1)男:左脚前进由开式合为闭式,肩对肩。
　　女:右脚后退(应与男伴有一体的感觉)。
(2)男:重心移至右脚(右脚背步)。
　　女:重心前移至左脚。
(3)男:左脚横步有转度引带女伴。
　　女:右脚向男伴双脚中间前进,成闭式舞姿。
(4)男:右脚掌踏在左脚跟后面右转。
　　女:左脚横步,走自己的直线。
(5)男:左脚横步(要注意有一定的力度感)。
　　女:右脚交叉踏在左脚前,脚尖外开。
(6)男:右脚并脚(两腿间要有一定的吸力)。
　　女:左脚横步,步距不要过大,注意右脚拧胯。

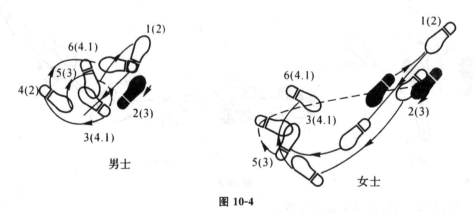

图 10-4

(五)右分展步

右分展步是伦巴舞常用的连接动作,在阿莱曼娜和右陀螺转后可以衔接这个动作。右分展后可接闭式扭胯转,螺旋转等动作(节拍1小节3步)(图10-5)。

(1)男:左脚横步稍前,右手扶着女伴(腰有立度)。

女:右脚后退,右脚转1/2周。

(2)男:重心移至右脚。

女:重心移至左脚,向左转1/4周。

(3)男:左脚并右脚,手臂不可太高。

女:右脚横步,向左转与男伴合成闭式舞姿。

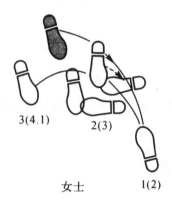

图10-5

(六)闭式扭胯转

闭式扭胯转是从闭式舞舞姿开始做的胯部扭转动作,一般在右分展步以后做,是女士典型的动作。动作要圆润自然,不可生硬地扭动,这个动作的前三步是右分展步,从第四步开始是闭式扭转(图10-6)。

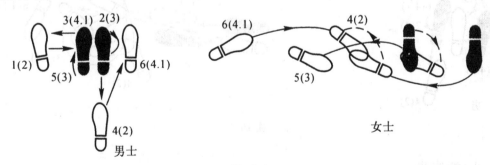

图10-6

(1)男:在右分展步后,左脚横步,立腰。

女:右分展步的最后用力右转,拧胯右转1/4。

(2)男:重心前移至右脚(注意保持舞姿)。

女:右脚前进准备左转,展示腿形美。

(3)男:右脚重心,略左转(节拍是 &,是半拍)。

女:左转,以右脚掌为轴成面对男伴舞姿。

(4)男:左脚并在右脚旁,成扇形步。

女:并脚,这一步应有划腿的动作。

(七)阿莱曼娜

一般从扇形位连接,是一个较常用的舞步,也有一定难度,可以接开式、闭式、套锁式、手接手、点转(节拍2小节6步)(图10-7)。

(1)男:从扇位开始,左脚前进半重心。

女:右脚掌向左脚并步,脚跟踏下拧胯。

(2)男:重心后移至右脚,退步要小些。

女:左脚前进,展示腿形的美。

(3)男:左脚并右脚,手过头成30°角。

女:右脚前进靠近男伴,不要超男伴领带线,在1的后半拍(&)时略向右转(由男士引带,眼对视)。

(4)男:右脚后退,步子要小些。

女:以右脚为轴,向男左臂下转1/4周左脚在前。

(5)男:重心移至左脚。

女:左脚为轴,继续右转1/4周,右脚前进。

(6)男:右脚并左脚,每次重心转换要清楚。

女:左脚前进,右转1/4周成闭式。

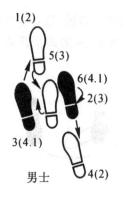
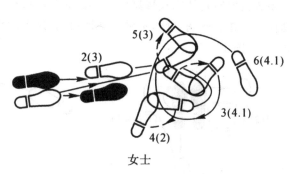

图 10-7

(八)螺旋步

一般用右分展步来衔接,也可从开式舞姿合成闭式接做左螺旋步,也可以接扇位步或艾伊达步型(图10-8)。

(1)男:(团式舞姿开始)左脚踏步,左转1/8周。

女:右脚后退,右转3/8周。

(2)男:重心移向右脚。

女:重心移至左脚,注意借助男伴手腕子的力。

(3)男:开右脚,然后将重心移向左脚,节奏4.1,男伴引导女伴旋转。

女:右脚交叉踏在左脚前,以右脚掌为轴向左拧转,经与男伴相对后再继续左拧转,从3到4.1共转360°后右脚交叉左脚前。

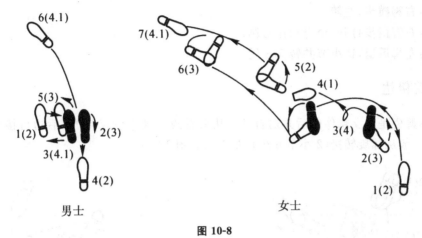

图 10-8

(九)开式扭胯转

开式扭胯转是从开式舞姿开始.开式扭胯和闭式扭胯同样是女伴要用双脚掌向左,向右拧动,带动胯的扭转,男伴左手与女伴右手握持,在旋转时要使其力配合得当方能使女伴的旋转顺畅自然。女伴要从男伴引带中寻找旋转的动力(图 10-9)。

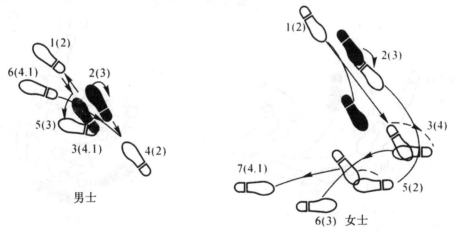

图 10-9

(1)男:左脚前进(从开式位开始)。

女:右脚后退身体放松而且有向上展的力。

(2)男:重心后移至右脚,节奏3时踩慢拍。

女:左脚前进应向男性的稍上步。

(3)男:节拍4左脚向右脚并步,节拍1时,重心移至左脚,左手用小臂及手腕带女伴扭胯转。

女:节拍4时右脚前进靠近男伴,节拍1时以右脚掌为轴,向右用力扭胯右转1/4。

(4) 男：右脚后退，保持身体正常舞姿。
　　女：左脚前进，有一定的返身动作。
(5) 男：重心前移至左脚。
　　女：右脚横步，左转。
(6) 男：右脚横步打开（全身动作协调）。
　　女：左脚后退，这小节共转 5/8 周。

（十）艾伊达

艾伊达舞姿是男女舞伴向后并退打开。从后看两人身体呈 V 字形，后边可接原地摆胯、定点转等，一般从螺旋转接（2 小节 6 步）（图 10-10、图 10-11）。

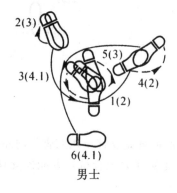
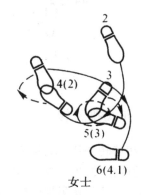

图 10-10

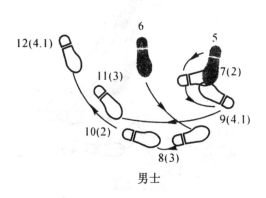
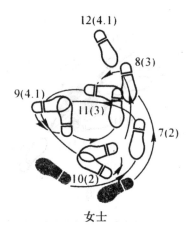

图 10-11

(1) 男：左脚后退与女伴成肩并肩舞姿。
　　女：左脚后退，快速返身，体会男伴的引带。
(2) 男：左脚后退，寻找 V 字形。
　　女：右脚后退。
(3) 男：右脚后退从 1～3 步共右转 3/8 周。
　　女：左脚后退从 1～3 步共左转 3/8 周。

(4)男:重心移左脚,胯左摆(就是原地摆胯步)。
　　女:重心移右脚,胯右摆感觉要一致。
(5)男:重心移右脚,胯右摆。
　　女:重心移左脚,胯左摆。
(6)男:左脚为轴左转1/4周,与女伴相对。
　　女:右脚为轴右转1/4周,与男伴相对。

(十一)单一点转

从基本步开始接,下接扇形步引带女伴走向内的弧线,节拍4.1时男伴引导女伴手臂上提,男女手臂打开。

(1)男:上左脚与右脚的右侧,重心在左脚。
　　女:上右脚与左脚的左侧,侧身半脚掌。
(2)男:重心由左脚移向右脚,仍侧身位。
　　女:重心移至左脚前。
(3)男:收左脚并右脚,身体回正。
　　女:上右脚重心放至右脚。
(4)男:退右脚,手势有请女伴的意向。
　　女:左脚前进,准备左转。
(5)男:重心移至前脚。
　　女:上右脚准备左转,节拍的后半拍左转。
(6)男:右脚横步与女伴分离(节拍4)右胯摆出。
　　女:左脚后退与男伴分离(节拍4)左胯摆出。

三、伦巴舞组合舞步练习

(一)组合舞步一

(1)基本方步(切克步向前移动是半重心;节奏3时要踏满拍;节奏4.1要留出拉伸的空间;双人练习时加上角度和张力的训练)。
(2)库克拉恰(主力腿的脚跟不得离开地面,非重心脚的移动是半重心,并有拉长线条的感觉)。
(3)横向移步(注意脚内侧的力和节奏4.1的处理)。
(4)换向步(上步返身,节奏"n"的速度要快)。
(5)前走步3小节;后走步3小节(后退步时先走腿后移重心)。
(6)点转(身体垂直,移动重心腿部要有一定的力,节奏"n"旋转,眼睛要有2个点的概念)。

(二)组合舞步二

(1)分式起步(相对原地摆胯一次,女士前走步1小节后接开式,胯部要自然摆出)。

(2)扇位打开(男 1/8 转,步子不要太大,引带女士向里线走扇位,男士后退步也不要太大,这样有利稳定)。

(3)曲棍步(男 1/8,女 5/8 转,男士拇指向下锁住,女士第一小节不超过男士的领带线,然后向 3/8 方向走)。

(4)原地摆胯—常步—接右陀螺转一次(女伴要走直线)。

(5)右分展开(男士不能断腰,头要正,用身体的侧位)—接扇位打开。

(6)阿莱曼娜(女士要有感而动,引带女士 1/4 转,闭式位结束)。

(7)手接手(做 1/8,3/8 转,每次都先作 1/8 转,再做 3/8 转(注意音乐的处理)—接点转。

(8)右分展—接落选转(女士身体前探 15°,节奏 1 后半拍旋转)。

(9)艾伊达并退(手臂由后向上展示)。

(10)原地摆胯(不移重心的返身)。

(11)点转(延迟重心展示腿形美,手臂拉长,留头,旋转时眼睛要有点的概念)。

(12)上步开式转—接扇形步。

(13)一次陀螺转,一右分展开接螺旋转,一接前进返身。

(14)开式小阿莱曼娜接套锁(男伴后退,女伴走踢彩步)。

(三)组合舞步三

(1)基本方步(2 小节 6 步,后一步横向打开、方向斜墙壁 45°起步)。

(2)由方步转换成阿莱曼娜(即单一点转,由男伴引导女伴做上提横 360°转,这一步是侧身移重心。

(3)扇位打开(男士引带 1/8 转、引带女士从内线走到扇位,女士做 3/8 转)。

(4)阿莱曼娜(横向打开女士做 1/4 转可接套锁、手接手、定点转)。

(5)右定点转接手接手上展 2 次。

(6)男士左定点转接上步开式,接一次陀螺转接右分展用身体侧位。

(7)螺旋转—接原地摆胯—接女左男右分展造型。

(8)调方向造型接斜 45°开式扭胯 90°转。

(9)一次原地摆胯节奏 4.1 时女原地旋转 360°。

(10)左后分离步、女阿莱曼娜变形步前进旋转 360°。

第二节 牛仔舞

一、牛仔舞概述

牛仔舞起源于美国,是由吉特巴发展而来。吉特巴原是美国西部牧人跳的一种带有跳跃性动作的舞蹈。在第二次世界大战期间,美国士兵将吉特巴带到了英国,使英国的社交舞有了较大的改变,同时,也确立了其在社交舞中的位置。

牛仔舞的音乐节拍为 4/4 拍,速度每分钟 43 小节左右。牛仔舞具有欢快的音乐、风趣的舞态和活泼轻盈的步伐等特点。

二、牛仔舞基本舞步练习

(一)左向右换位舞步

如图 10-12 所示。

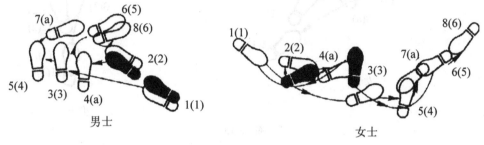

图 10-12

1. 男士舞步

(1)左脚后退。

(2)右脚原地踏一步。

(3)左脚掌横踏,左手抬起准备带女士转身。

(4)右脚向左脚半并步,带女士左转。

(5)左脚横步。

(6)右脚前进。

(7)左脚向右脚半并步。

(8)右脚前进。

2. 女士舞步

(1)右脚后退。

(2)左脚原地踏一步。

(3)右脚前进准备左转。

(4)左脚向右脚半并步,准备左转。

(5)右脚为轴,后半拍时快速向左转身,与男士相对。

(6)左脚后退。

(7)右脚向左脚半并步。

(8)左脚后退。

（二）停和走

如图 10-13 所示。

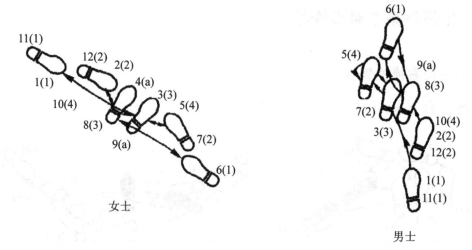

图 10-13

这是一个男士带领女士做两次旋转而当中有个短暂停顿舞姿的动作。从开式舞姿开始。

1. 男士舞步

(1)左脚后退。

(2)右脚原地踏一步。

(3)左脚前进，左手抬起，引导女士左转。

(4)右脚向左脚半并步。

(5)左脚前进，带女士转至背对自己，左手放至女士身前，右手放至女士腰部。

(6)右脚前进，将女士稍向后带。

(7)左脚原地踏一步，左手向上带，右手前送引导女士向前。

(8)右脚向后退一小步，左手上抬送女士转身。

(9)左脚交叉并右脚，带女士继续右转。

(10)右脚小步后退，恢复开式舞姿。

2. 女士舞步

(1)右脚后退。

(2)左脚原地踏一步。

(3)右脚横步左转。

(4)左脚向右脚半并步，继续左转。

(5)右脚前进，在后半拍时快速左转，与男士并排成右肩并肩位。

(6)左脚后退（舞姿形成短暂停顿）。

(7)右脚原地踏一步。
(8)左脚大横步向右转身。
(9)右脚向左脚半并步,继续右转。
(10)左脚小步后退,旋转完毕。

(三)鸡行步舞步

如图10-14所示。

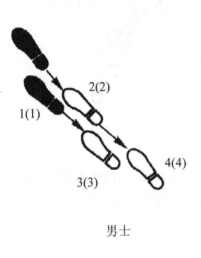

图 10-14

1. 男士舞步

(1)左脚后退。
(2)右脚后退。
(3)左脚后退。
(4)右脚后退。
(5)左脚后退。
(6)右脚后退。

2. 女士舞步

(1)右脚前进,脚尖外开。
(2)右脚掌向左拧,左脚前进,脚尖外开。
(3)同第(1)步。
(4)同第(2)步。
(5)同第(1)步。
(6)左脚向男士前进。

（四）美式疾转

美式疾转如图 10-15 所示。

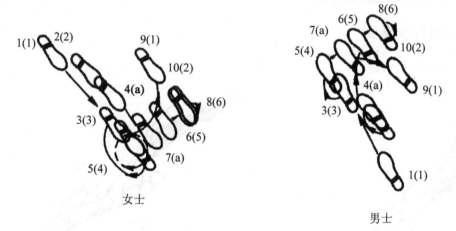

图 10-15

美式疾转主要是由男士的推动使女士在第 5 步的后半拍做一次向右的快速旋转 1 周。这个动作可接在右向左换位或左向右换位后面做，但男士应换成右手握女士右手。

1. 男士舞步

(1) 左脚后退。

(2) 右脚原地踏一步。

(3) 左脚进一小步。

(4) 右脚向左脚半并步。

(5) 左脚前进，右手腕推女半手，使其在后半拍时旋转。

(6) 右脚小横步。

(7) 左脚向右脚半并步。

(8) 右脚横步。

2. 女士舞步

(1) 右脚后退。

(2) 左脚原地踏一步。

(3) 右脚前进。

(4) 左脚向右脚后退一小步。

(5) 右脚前进，脚掌为轴，在后半拍时快速右转 1/2 周。

(6) 左脚横步，继续右转 1/2 周。

(7) 右脚向左脚半并步。

(8) 左脚横步。

(五)例步抛掷

如图 10-16 所示。

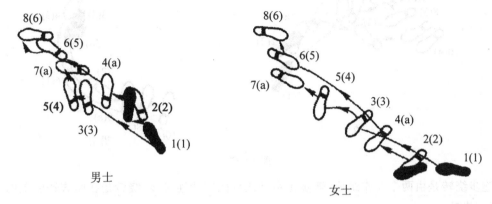

图 10-16

抛掷这一动作是指男士推动女士,使其经过自己的身前向另一方向甩开的动作。

1. 男士舞步

(1)右脚前进。
(2)左脚横步,右手轻推女士,左手向外带领,将女士从身前向左边甩出。
(3)右脚向左脚半并步。
(4)左脚横步。
(5)右脚原地踏一步。
(6)左脚后退。
(7)右脚前进。
(8)左脚向右脚半并步。

2. 女士舞步

(1)左脚前进。
(2)右脚横退,左转。
(3)左脚经男士身前向前进。
(4)右脚横步。
(5)左脚原地踏一步。
(6)右脚后退。
(7)左脚前进。
(8)右脚向左脚半并步。

(六)连步绕转

如图 10-17 所示。

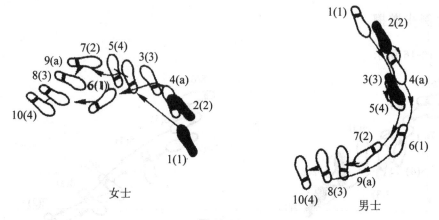

图 10-17

连步绕转是由两个动作组成,连步是由开式到闭式的连接步,绕转是在闭式舞姿上的原地转,互相绕转。

1. 男士舞步

(1)左脚后退。

(2)右脚原地踏一步。

(3)左脚进一小步。

(4)右脚向左脚半并步。

(5)左脚斜前进,与女士合成闭式舞姿。

(6)右脚掌交叉踏在左脚后。

(7)左脚横步。

(8)右脚小横步。

(9)左脚向右脚半并步。

(10)右脚横步。

2. 女士舞步

(1)右脚后退。

(2)左脚原地踏一步。

(3)右脚进一小步。

(4)左脚向旁小横步。

(5)右脚向男士双脚间前进,合成闭式舞姿。

(6)左脚向男士右侧前进。

(7)右脚向男士双脚间前进。

(8)左脚横步。

(9)右脚向左脚半并步。

(10)左脚横步。

三、牛仔舞组合舞步练习

(一)组合舞步一

(1)并退基本步。
(2)右至左换向步。
(3)左至右换向步。
(4)连接步。
(5)侧行走步(慢)。
(6)侧行走步(快)。
(7)右至左换向步。
(8)左至右换向步。
(9)背后换手步。
(10)连接步。

(二)组合舞步二

(1)并退基本步。
(2)右至左换向步。
(3)左至右换向步。
(4)连接步。
(5)绕转步。
(6)侧行走步(慢)。
(7)侧行走步(快)。
(8)3~8右至左换向步。
(9)美式旋转步。
(10)左至右换向步。
(11)背后换手步。
(12)左至右换向步。
(13)连接步。

第三节　恰恰恰

一、恰恰恰概述

恰恰恰起源于非洲,传入南美洲后,在古巴获得了快速的发展。由于恰恰恰和伦巴都是起源于古巴,因此这两种舞自然有着一定的共同之处:一是男女舞伴握持及舞姿相同;二是舞步的动律有相同的髋部动作;三是舞步的名称相同,舞步结合可以通用。

恰恰恰是模仿企鹅的动作创编而成的舞蹈,借以表达青年男女之间追逐嬉戏的情景,风趣诙谐,热烈而又俏美。恰恰恰舞蹈动作比较特殊,胯部的扭摆别有一番韵味,尤为年轻人所喜爱。恰恰舞名称动听,节奏欢快易记,配以邦伐斯鼓和沙球的"咚咚""沙沙",所以备受人们的欢迎和青睐。

恰恰恰在音乐上热情奔放,舞步上利落花俏,风格上诙谐俏皮。每个舞步都应在脚掌上施加压力,当重心放在脚上时,脚跟要放低,膝关节要伸直。恰恰恰是用稍离地面的踏步来表现心情的欢快。向后退步时,脚跟下落要比前进时晚,以免重心一下子"掉"到后面。正确的舞姿,稳定有力的腿部和足部动作是非常重要的。

恰恰恰以把线条拉伸的优美作为首要标准,它不强调更大、更多的胯部动作,而是强调自然、顺畅。舞蹈动作的爆发应建立在轻松的姿态之上。手臂、胯部、腿部的动作应相互配合好,这样呈现出的舞姿才是标准和优美的。

二、恰恰恰基本舞步练习

恰恰舞音乐的节奏是 4/4 拍,每小节 4 拍,重音要落在第 1 拍。恰恰舞的基本舞步有 5 步,步伐节奏为慢、慢、快、快、慢,慢步一拍一步,快步一拍二步。步法和音乐的关系是第一步踏在舞曲每小节的第 2 拍,第 5 步踏在舞曲下一小节的第 1 拍。恰恰舞的握持方法和伦巴舞的相同。

(一)基本动作

如图 10-18、图 10-19 所示,基本动作由 5 步组成,同伦巴一样第 1 拍是胯部动作,第 2 拍出步,重点表现在第 3~5 步中,初学者练习时先不要加胯部动作。

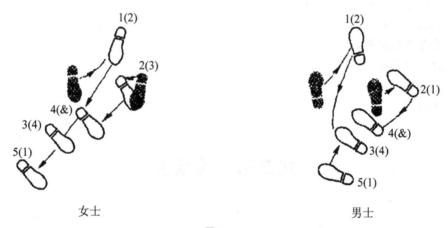

图 10-18

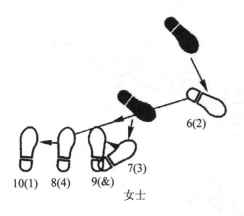 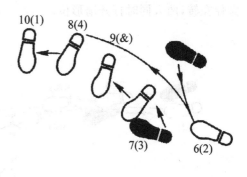

女士　　　　　　　　　　　　　男士

图 10-19

1. 男士舞步

(1) 左脚前进,先移重心不必出胯。

(2) 重心移回右脚,两腿间有相互的吸力。动作不宜过大。

(3) 左脚横步,横步时手臂、腿部动作一致。

(4) 右脚向左脚并步,踮脚跟双膝稍弯。

(5) 左脚横步,直膝。

(6) 右脚后退。

(7) 左脚原地踏一步。

(8) 右脚横步。

(9) 左脚向右并步,踮脚跟双膝稍弯。

(10) 右脚横步,直膝。

2. 女士舞步

(1) 右脚后退,步子稍小些,身体上展。

(2) 重心移回左脚。

(3) 右脚横步。

(4) 左脚向右脚并步,踮脚跟,双膝稍弯。

(5) 右脚横步,直膝。

(6) 左脚前进。

(7) 右脚原地踏一步。

(8) 左脚横步。

(9) 右脚向左并步。踮脚跟双膝稍弯。

(10) 左脚横步,直膝。

(二)扇形步

如图 10-20 所示,扇形步式从闭式舞姿开始,男伴在基本步前半部分转 1/8 周,然后引导女伴左转,两人同时打开扇形位。

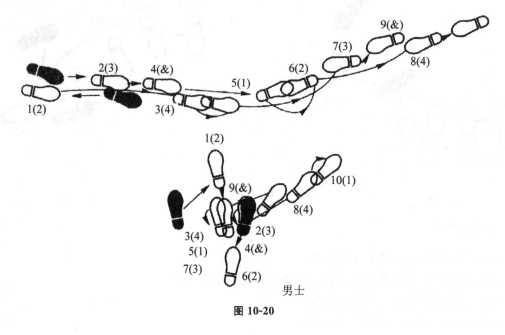

图 10-20

1. 男士舞步

(1)右脚后退,右转 1/8 周。手臂划弧线向侧方向引导。
(2)左脚原地踏一步,身体左转 1/4 周。继续向里线引导。
(3)右脚横步。引导的手臂稍低放松,给女伴留出展示的时间,舞步应在一条线上。
(4)左脚并右脚,手臂在胸前向外展。节奏 & 的瞬间要快速地找到两人的合力。
(5)右脚横步,稍前,打开成扇形步,眼睛与女伴对视。

2. 女士舞步

(1)左脚前进,准备左转。身体相应地开始展开。
(2)右脚横步稍后,左转。身体继续反方向打开。
(3)左脚后退。
(4)右脚并左脚。
(5)左脚横步,稍前,体会男伴引导的张力。右手臂与身体成 90°。

(三)右陀螺转

如图 10-21 所示,右陀螺转是在闭式舞姿开始的,做这个动作时女伴始终保持闭式舞姿,女伴运步过程中不可走到男伴的外侧,形成外侧舞姿。

1. 男士舞步

(1)右脚掌踏在左脚后,脚尖向外,左脚掌向右转。成交叉步后,步子不要大。

(2)左脚横步,继续右转。在引导过程中注意应有展示女伴的意念,这就需要用眼睛的引导。

(3)同(2)的动作,继续右转。

(4)同(3)的动作,继续右转,应借上一小节旋转的动势。

(5)右脚横步,右转1周完毕。

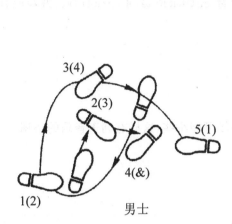

图 10-21

2.女士舞步

(1)左脚掌横步向右转。有肩部的引导和视点的转换。

(2)右脚在左脚前交叉,继续右转。

(3)同(2)的动作,继续右转。

(4)同(3)的动作,继续右转。

(5)同(2)的动作,右转1周完毕。

(四)曲棍步

曲棍步是一个基础步型,一般在扇形位上开始做。

1.男士舞步

(1)左脚前进(扇位步开始)。左脚前进是半重心,注意上身的展示。

(2)右脚原地踏一步。

(3)左脚后拉。

(4)左脚并右脚,左脚后点步。

(5)左脚向右脚并步,手臂的动作不宜过大。

(6)右脚后退,略向右转。准备引导女伴前行。

(7)左脚原地踏,并向右转,与前一步共转1/8周,左手带领女伴在后半拍向左转,男伴向

上拉线条

(8)右脚踏步。

(9)左脚掌并在右脚跟后。

(10)右脚前进,直膝。

2.女士舞步

(1)右脚向左脚并步,右脚掌、跟用力踏下,拧胯,左脚跟抬起,重心在右脚。并步应有两腿间的吸力。

(2)左脚前进。

(3)右脚前进。

(4)左脚掌踏在右脚后,注意手臂配合。

(5)右脚前进。

(6)左脚前进。注意出脚的速度要快,步子要尽可能小些,这样有利于音乐的协调。

(7)右脚前进。后半拍左转1/2周。

(8)左脚踏步,稍后,继续左转。

(9)右脚后退交叉在左脚前。

(10)左脚后退,直膝。

(五)手接手

如图10-22所示,手接手是在合并步时两人相拉或相对的舞姿,由阿莱曼娜连接,也可接点转步、纽约步。

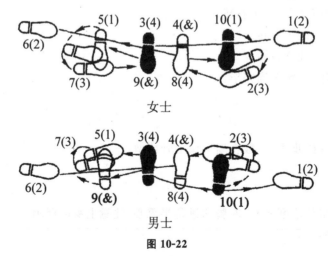

图10-22

1.男士舞步

(1)左转1/4周,左脚后退,左手向旁打开。与女伴成右肩并肩位,从后看成V形,旋转时有肩引导和视点转换。

(2)右脚原地踏步,在后半拍时准备右转,后半拍重心全移到右脚掌上,留头、留肩、视点转换。

(3)右转1/4周,左脚踏步,左手与女伴右手相拉。

(4)右脚向左脚并步。

(5)左脚横步,直膝。

(6)右转1/4周,右脚后退,左手与女伴相拉。

(7)左脚原地踏一步,后半拍准备左转。重心全在前脚掌上,注意身体的垂直度和重心的稳定。

(8)左转1/4周,右脚横步,双手与女伴相拉。

(9)左脚并右脚。

(10)右脚横步,然后再反复左脚后退。

2.女士舞步

(1)右转1/4周,右脚后退,右手向旁打开。

(2)左脚原地踏一步,在后半拍时准备左转。

(3)左转1/4周,右脚横步,右手与男伴左手相拉。

(4)左脚向右脚并步。

(5)右脚横步,直膝。

(6)左转1/4周,左脚后退,右手与男伴相拉。

(7)右脚原地踏一步,后半拍准备右转。

(8)右转1/4周,左脚横步,双手与男伴相拉。

(9)右脚并左脚。

(10)左脚踏步,然后再反复右脚后退。

(六)纽约步

如图10-23所示。

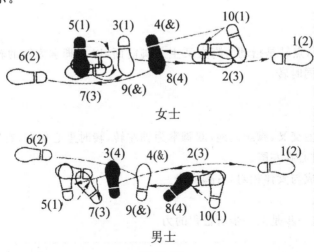

图 10-23

1. 男士舞步

(1)右转 1/4,左脚前进,左肩并肩位。闭式舞姿开始,左脚前进同时转体成叉形步,视点有 90°转换。

(2)右脚原地踏一步,后半拍准备左转。

(3)左转 1/4,左脚横步。

(4)右脚并左脚。

(5)左脚横步,直膝,准备左转。

(6)左转 1/4,右脚前进,右肩并肩位。

(7)左脚原地踏一步,后半拍准备右转。

(8)右转 1/4,右脚横步。

(9)左脚并右脚。

(10)右脚横步,直膝。

2. 女士舞步

(1)左转 1/4,右脚前进,右肩并肩位。

(2)左脚原地踏一步,后半拍准备右转。

(3)右转 1/4,右脚横步。

(4)左脚并右脚。

(5)右脚横步,直膝,准备右转。

(6)右转 1/4,左脚前进,右肩并肩位。

(7)右脚原地踏一步,后半拍准备左转。

(8)左转 1/4,左脚横步。

(9)右脚并左脚。

(10)左脚横步,直膝。

(七)点 转

如图 10-24 所示,点转是指动力脚交叉主力脚前面,以双脚掌为轴的转身,转动时重心主要在前脚,男女舞伴同时转。

1. 男士舞步

(1)右脚进左脚前交叉,脚跟离地,双脚掌为轴左转,转时重心偏右,右肩引导。

(2)继续左转,重心在左脚。

(3)左转一周完成与女伴相对,右脚横步。

(4)左脚并右脚。

(5)右脚横步,这一步是上一步所蓄积的力。

2.女士舞步

(1)左脚进右脚前交叉,脚跟离地,双脚掌为轴右转,重心偏向左脚,注意视点转换。
(2)继续右转,重心在右脚。
(3)右转1周完成与男伴相对,左脚横步。
(4)右脚并左脚。
(5)左脚横步,胯部的动作是腿部经过超伸放松后的自然结果。

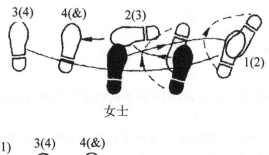

女士

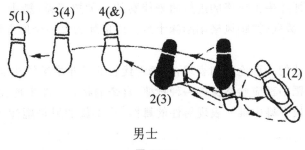

男士

图 10-24

三、恰恰恰组合舞步练习

(一)组合舞步一

(1)基本动作。
(2)纽约步。
(3)臂下右转。
(4)手对手。
(5)原地左转。
(6)开式基本动作。

(二)组合舞步二

(1)开式扭胯(成扇形位)。
(2)曲棍步+2次前进锁步。
(3)后退锁步。

(4)土耳其毛巾步。
(5)阿里曼娜。
(6)3个恰恰恰。
(7)原地左转(成开式)。

第四节 斗牛舞

一、斗牛舞概述

斗牛舞,又称帕索多不列。在我国,帕索多不列的音乐和舞蹈是表现斗牛士的,因此,我国俗称其为斗牛舞。

斗牛舞是用西班牙斗牛士风格的进行曲来伴奏的一种拉丁舞,舞步也源自西班牙舞蹈风格的动作,其音乐雄壮威武,舞蹈风格阳刚味十足。西班牙的每一个地方都是用斗牛舞代替行军舞。

斗牛舞就是斗牛戏的一种诠释和表现,男舞者代表的是斗牛场的斗牛士,女士作为男士手中的斗篷,因此,在舞蹈中都应始终保持一种敏捷、自豪的状态。斗牛舞没有胯部的扭动动作,脚步干净利落。作为拉丁舞中唯一表现男性的舞蹈,斗牛舞的风格彪悍兴奋;音乐雄壮威武;舞步奔突迸发。

知识拓展

斗牛舞的服装要求

因为斗牛舞的特点是休闲、浪漫、随意,所以穿着时注意款式、风格和花样与拉丁舞吻合,穿着时主要体现出随意和得体,配上鞋的颜色和大小注意整体的协调和吻合。

二、斗牛舞基本舞步练习

(一)基本动作

站闭式舞姿(图10-25)。
(1)男伴右脚前进,女伴左脚后退。
(2)男伴左脚前进,女伴右脚后退。
以上动作反复做,共跳八步形成向左行进的弧线。

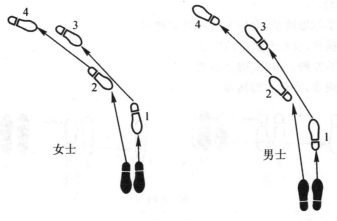

图 10-25

（二）原地踏步

从闭式舞姿开始（图 10-26）。

(1) 男伴右脚掌原地踏下，女伴左脚掌原地踏下。

(2) 男伴左脚掌原地踏下，女伴右脚掌原地踏下。

以上动作反复做，可连跳四步。

图 10-26

（三）右追步

站立闭式舞姿，男伴面对中央，女伴背对中央（图 10-27）。

(1) 男伴右脚掌向右横步，女伴左脚掌向左横步。

(2) 男伴左脚并右脚，女伴右脚并左脚。

第三、四步反复第一、二步的动作，一般连续跳四步即可。

图 10-27

（四）左追步

左追步也称左并合步，是右追步的反向动作。准备时站立闭式舞姿，男伴面对墙壁，女伴背对墙壁(图 10-28)。

(1)男伴右脚掌原地踏步,女伴左脚掌原地踏步。
(2)男伴左脚横步,女伴右脚横步。
(3)男伴右脚并左脚,女伴左脚并右脚。
(4)男伴左脚横步,女伴右脚横步。

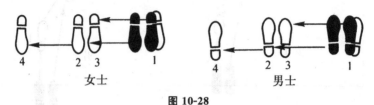

图 10-28

(五)攻进步

站立闭式舞姿,男伴面对中央,结束时男伴背对舞程线(图 10-29)。

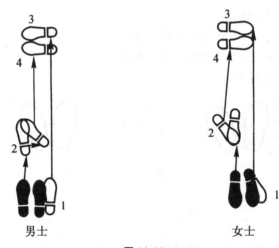

图 10-29

(1)男伴右脚原地跺步。女伴左脚原地跺步。
(2)男伴左脚前进一大步,左手轻推女伴,后半拍时左转 1/4 周;女伴右脚后退一大步,后半拍时左转 1/4 周。
(3)男伴右脚向旁大步滑出,屈膝成大弓步,左脚直腿旁伸,左臂向外划弧旁伸,与腰同高,身向左倾斜;女伴由男伴带领做相反的动作。
(4)男伴左脚收回并步,女伴右脚收回并步。

(六)推离步

站立闭式舞姿,男伴背对 L.O.D(图 10-30)。

(1)男伴右脚原地跺步,左手下放至腰部;女伴左脚原地跺步,右手下放至腰部。
(2)男伴左脚前进一大步,左手前推女伴(不放开手),右手放开,使其后退;女伴右脚借男伴推势后退一大步,膝稍弯。

(3)男伴右脚向左脚并步;女伴左脚小步后退,渐渐直膝。

(4)男伴左脚原地踏步与女伴成开式舞姿;女伴右脚向左脚并步,直膝。

(5)男伴右脚原地踏步;女伴左脚前进小步。

(6)男伴左脚原地踏步,女伴右脚前进小步。

(7)男伴右脚原地踏步,女伴左脚前进小步。

(8)男伴左脚原地踏步,女伴右脚前进小步。

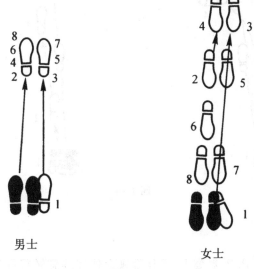

图 10-30

(七)变位十六步

站立闭式舞姿,男伴面对墙壁(图10-31)。

(1)男伴右脚原地跺步,左手向旁平打开,头右转;女伴左脚原地跺步,右手与男伴相握向旁打开,头右转。

(2)男伴左脚向旁迈步,同时左转1/4周成P.P.;女伴右脚旁步,左转1/4周成P.P.。

(3)男伴右脚P.P.前进,女伴左脚P.P.前进。

(4)男伴左脚3/8周,左脚横步成闭式;女伴右脚前进,成闭式。

(5)男伴右脚后退,右肩引导;女伴左脚前进,左肩引导。

(6)男伴左脚后退,女伴右脚前进外侧步。

(7)男伴右脚并左脚,右转1/4周成P.P.;女伴左脚横步,右转3/8周成P.P.。

(8)男伴左脚原地踏步,女伴右脚重心前移。

(9)第9至第16步同前第5动作(变位8步)的做法,但第9至第10两步男伴仍做原地踏步,不移动位置,这一步和复位8步略有不同。

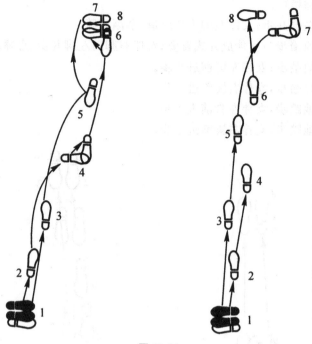

图 10-31

(八)行进旋转步

行进旋转步是舞伴在 P.P. 舞姿上,男伴带领女伴连续旋转行进的步法,要求女伴有很好的平衡感和旋转技巧,以及舞伴之间协调的配合。

站立闭式舞姿,男伴面对墙壁。

(1)男伴右脚原地跺步,女伴左脚原地跺步。

(2)男伴左脚向旁迈步,左转 1/8 周,成 P.P.;女伴右脚向旁迈步,右转 1/8 周,成 P.P.。

(3)男伴右脚 P.P. 前进;女伴左脚踏在右脚前,以左脚掌为轴向右旋转一周,转完后右脚无重心,停在左脚前。

(4)男伴左脚 P.P. 前进.女伴右脚 P.P. 前进。

(5)男伴右脚 P.P. 前进.女伴左脚动作同第三步。

(6)男伴左脚 P.P. 前进,女伴右脚 P.P. 前进。

(7)男伴右脚 P.P. 前进,女伴左脚动作同第三步。

(8)男伴左脚 P.P. 前进,女伴右脚 P.P. 前进。

(九)西班牙舞姿

西班牙舞姿是一组由几个舞步连接一个个西班牙风格的舞姿所组成的动作,舞步虽简单易学,但其风格特点较难准确掌握。

准备动作:P.P. 舞姿。

(1)男伴右脚 P.P. 前进,女伴左脚 P.P. 前进。

(2)男伴左脚横步右转1/4周,女伴右脚横步左转1/4周。

(3)男伴右脚后退,脚尖向外,右转1/4周;女伴左脚后退,脚尖向外,左转1/4周。

(4)男伴左脚弯膝,脚尖外开,点踏在右脚的右斜前方,右腿直膝原地不动;女伴右脚弯膝,脚尖外开,点踏在左脚的左斜前方,左脚直膝原地不动。

(5)男伴左脚在开式C.P.P.位上前进,女伴右脚在开式C.P.P.位上前进。

(6)男伴右脚横步,同时左转3/8周;女伴左脚横步,同时右转3/8周。

(7)男伴左脚后退,脚尖向外,左转1/4周;女伴右脚后退,脚尖向外,右转1/4周。

(8)男伴右脚弯膝,脚尖外开,点踏在左脚左斜前,左腿直膝原地不动;女伴左脚弯膝,脚尖外开,点踏在左脚左斜前,右腿直膝原地不动。

(十)弗拉门戈点踏步

此舞步采取了西班牙民间舞中的脚掌踏地打点的动作,形成了很有特色的西班牙风格的舞步。

准备动作:西班牙舞姿。

(1)男伴左脚前进一小步,女伴右脚前进一小步。

(2)男伴右脚掌在左脚后踏地两下,脚尖外开;女伴左脚掌在右脚后踏地两下。脚尖外开。

(3)男伴右脚后退小步,脚尖外开;女伴左脚后退一小步,脚尖外开。

(4)男伴左脚掌交叉踏在右脚前,女伴右脚掌交叉踏在左脚前。

(十一)突刺换步

这个步法在很快的节奏中变换舞步和变换舞姿,有一种坚定的突刺气势和敏捷的神采。

(1)男伴右脚原地跺步,女伴左脚原地跺步。

(2)男伴左脚向旁迈步,左转1/8周成P.P.;女伴右脚向旁迈步,右转1/8周成P.P.。

(3)男伴右脚在P.P.位上前伸,脚尖外缘点步,无重心;女伴左脚在P.P.位上前伸,脚尖外缘点步,无重心。

(4)男伴右脚回向左脚并步,右转1/8周成闭式;女伴左脚回向右脚并步,左转1/8周成闭式。

(5)男伴左脚后退,左转、1/8周,成P.P.倒步;女伴右脚后退,右转1/8周,成P.P.倒步。

(6)男伴右脚向左脚并步,右转1/8周成闭式;女伴左脚向右脚并步,左转1/8周成闭式。

(十二)切分突刺步

这个动作是在前一动作突刺换步的后面加上一个带切分的突刺步而组成的。它的前一至五步同第十三动作的一至五步。

(1)男闭式舞姿,右脚旁步;女闭式舞姿,左脚旁步。

(2)男左脚向右脚并步,女右脚向左脚并步。

(3)男右脚旁步,女左脚旁步。

(4)男左脚向右脚并步,女右脚向左脚并步。

以上 4 步男伴身体皆应向左稍倾斜,女伴则向右稍倾斜。

第五节　桑巴舞

一、桑巴舞概述

桑巴舞起源于非洲,传入拉丁美洲后,与印第安人的舞蹈相互融合,逐渐形成了一种礼仪舞蹈。在之后的发展中,礼仪的特点逐渐消失,形成了一种"街舞"和"咖啡厅舞"。最终在巴西形成了"桑巴",并且成为巴西的民族舞。

桑巴舞主要有以下几个特点:第一,桑巴本身具有的弹跳性。具体说来,就是一个舞步的弹跳产生于前一小节的后 1/4 拍上,这一刹那重心是用踮脚完成的,用"a"来表示。第二,桑巴的足步动作是完全由脚掌来完成的,脚掌应该是平面的踏地,脚跟不着地随着足部的弹动所产生的上下起伏的落差,由膝关节和髋部所吸收,从而形成了丰富的髋部韵律。第三,在拉丁舞中,桑巴属于游走型的舞蹈。与被称为"地位舞"的伦巴和恰恰恰不同,桑巴的运动既有前后的运动,又有左右的摆动,由于桑巴是不停地游走、移位,所以其动律感极强。桑巴舞具有极大的活力,习舞者能被桑巴舞激情的风格所感染,因此跳桑巴舞不仅能锻炼身体,还能培养快乐向上的精神。

二、桑巴舞基本舞步练习

(一)左进基本步

左进基本步是在闭式舞姿上左脚前进的基本步,舞步在重拍时脚掌平着前进或后退,在"a"时用脚掌踮步(图 10-32)。

(1)男:左脚前进。膝稍弯手臂的高度与眼睛平。
　　女:右脚后退,膝稍弯。
(2)男:右脚掌并左脚,膝稍伸直。
　　女:左脚掌并右脚,膝稍伸直。
(3)男:重心移至左脚,膝稍弯。
　　女:重心移至右脚,膝稍弯。
(4)男:重心仍在左脚,膝稍直。
　　女:重心仍在右脚,膝稍直。
(5)男:右脚后退,膝稍弯。
　　女:左脚前进,膝稍弯。
(6)男:左脚掌并右脚,膝稍弯。

女:右脚掌并左脚,膝稍弯。
(7)男:重心移至右脚,膝稍弯。
女:重心移至左脚,膝稍弯。

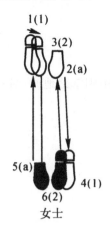
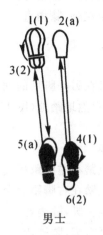

图 10-32

(二)右进基本步

右进基本步是在闭式舞姿上右脚前进的基本步,做法与左基本步相同,只是进退的脚步不同(图 10-33)。

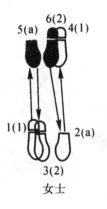

图 10-33

(1)男:左脚后退,膝稍弯(闭式舞姿开始)。
女:右脚前进,膝稍弯。
(2)男:右脚掌并左脚,膝稍伸直。
女:右脚前进,膝稍伸直。
(3)男:重心移至左脚。
女:重心移至右脚。
(4)男:右脚前进,膝稍弯。
女:左脚前进,膝稍弯。

(5)男:左脚掌并右脚,膝稍直。
　　女:右脚掌并左脚,膝稍直。
(6)男:重心移至右脚,膝稍弯。
　　女:重心移至左脚,膝稍直。

(三)叉形步

叉形步是一脚叉在另一脚后的动作,在第2第5步用脚掌踏地时,另一脚留在前面,脚尖下垂,其他步用脚掌自然地踏地(图10-34)。

(1)男:左脚横步。
　　女:右脚横步。
(2)男:右脚尖点踏在左脚跟后交叉点。
　　女:左脚尖点踏在右脚跟后交叉点。
(3)男:重心移至左脚,膝稍弯。
　　女:重心移至右脚,膝稍弯。
(4)男:右脚横步。
　　女:左脚横步。
(5)男:左脚尖点踏在右脚跟后交叉点。
　　女:右脚尖点踏在左脚跟后交叉点。
(6)男:重心移回右脚。
　　女:重心移回左脚。

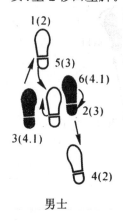
男士

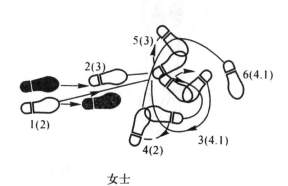
女士

图 10-34

(四)P.P.舞姿的桑巴走步

当需要变换舞姿时,先做叉形步。在做到第五步时,男伴向左转 90°,女伴向右转 90°即可变成 P.P.舞姿(图 10-35)。

(1)男:右脚前进(脚掌平进)。
　　女:左脚前进(脚掌平进)。

(2) 男：左脚脚尖向后退,左腿伸直后撑。
　　女：右脚脚尖向后退,右腿伸直后撑。
(3) 男：右脚向后拖退一小步。
　　女：左脚向后拖退一小步。
(4) 男：左脚前进。
　　女：右脚前进(脚掌平进)。
(5) 男：右脚脚尖向后退,右腿伸直后撑。
　　女：左脚脚尖向后退,左腿伸直后撑。
(6) 男：左脚稍向后拖一小步。
　　女：右脚稍向后拖一小步。

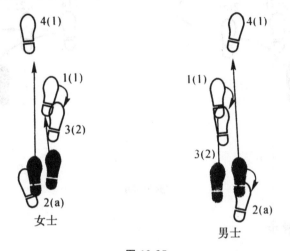

图 10-35

（五）左转

左转是从闭式舞姿开始,这一步也属常用步型,可连接任何一个步型。
(1) 男：左脚前进,稍左转。
　　女：右脚后退,稍左转。
(2) 男：右脚横步稍后,左转。
　　女：左脚横步稍后,左转。
(3) 男：左脚交叉前进在右脚前,左转。
　　女：右脚并左脚(3步共转3/8周)。
(4) 男：右脚横步斜后,左转。
　　女：左脚前进,左转。
(5) 男：左脚小横步,左转。
　　女：左脚前进,左转。
(6) 男：右脚并左脚,左转。
　　女：左脚在右脚交叉,左转(再转3/8周,六步共转6/8周)。

（六）桑巴的旁步

桑巴旁步如图 10-36 所示。
(1) 男：右脚前进，这一步可从 P.P. 位开始。
    女：左脚前进。
(2) 男：左脚向旁横步，重心移一半，右转 1/4 周。
    女：右脚向旁横步，重心移一半，左转 1/4 周。
(3) 男：右脚向左拖退一小步。
    女：左脚向右拖退一小步。

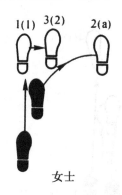
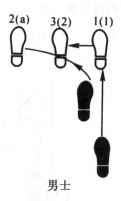

图 10-36

（七）影子位点滑步

影子位点滑步是桑巴舞中一个典型的步型，舞步从 P.P. 舞姿开始，男女舞伴用同脚旁做点滑步而相互左右错开的舞步（图 10-37）。

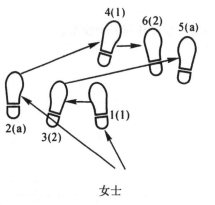
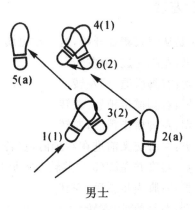

图 10-37

(1) 男：左脚前进，左转准备。
    女：右脚前进，右转准备。
(2) 男：右脚向旁横步，重心移一半，向左转。

女:左脚向旁横步,重心移一半,向右转。

(3) 男:重心移至左脚,1～3步共左转1/4周。

女:重心移至右脚,1～3步共右转1/4周。

(4) 男:右脚前进,右转准备。

女:左脚前进,左转准备,此时舞伴正处于交叠姿态。

(5) 男:左脚向旁横步,重心移一半右转。

女:右脚向旁横步,重心移一般左转。

(6) 男:重心移至右脚,1～3步共转1/4周。

女:重心移至左脚,1～3步共转1/4周。

(八)原地桑巴步

原地桑巴步是基本连接步,一般从闭式舞姿开始(图10-38)。

(1) 男:左脚前进小步。

女:右脚前进小步。

(2) 男:右脚后退,伸直后掌,重心半移至右脚。

女:左脚后退,伸直后掌,重心半移至左脚。

(3) 男:左脚向右脚方向后拖一步。

女:右脚向左脚方向后拖一步。

(4) 男:右脚前进小步。

女:左脚前进小步。

(5) 男:左半腿后退,伸直后撑,重心半移至做脚。

女:右脚后退,伸直后撑,重心半移至右脚。

(6) 男:右脚向左脚方向后拖一小步。

女:左脚向右脚方向后拖一小步。

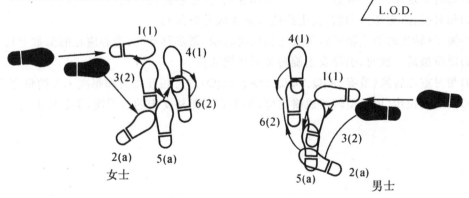

图 10-38

(九)垫步

垫步更能体现桑巴舞游走的特点,所以它是较实用的一种步型。

(1)男:右脚交叉踏在左脚斜前方,左脚尖外开。
　　女:男伴动作相同。
(2)男:左脚向旁,脚掌踏地,重心移至左脚掌。
　　女:与男伴动作相同。
(3)男:右脚交叉踏在左脚斜前方,左脚尖外开。
　　女:与男伴动作相同。
(4)男:左脚向旁,脚掌踏地,重心移至左脚掌。
　　女:与男伴动作相同。

三、桑巴舞组合舞步练习

(一)组合舞步一

(1)开式位(男女保持一定的距离以相同的基本步起跳)。
(2)男桑巴前走步,女士原地叉形步,待男士到位后再做一次相同的叉形步。
(3)相对桑巴张力步一次—接画半圆变换方位。
(4)侧型旁点桑巴步4次。
(5)影位步4次—接交剪步可反复2次。
(6)弗尔塔点转2周—接180°转,接滚桶前行步2次。
(7)原地打开式的滚桶转2次—接前后基本步。
(8)桑巴左转—返回基本步。

(二)组合舞步二

(1)相对原地桑巴步(准备步时男士右脚在后,女士左脚在后)。
(2)相对换位(男垫步向前,女士换位与男士成并肩位)。
(3)蟹步(转换时男士稍停留等女士到位再移动,蟹步移动时,重心应在前脚掌上)。
(4)影位最后一次时,引导女士旋转2周成闭式位。
(5)相对重心转换(节奏 SQQ、SQQ、SQQ、SQQ)注意相互张力和每次1/8的角度变化。
(6)叉型变位步(由叉型转换成横排位,男士右手抓住女士的右手腕,手心向上)。

第十一章　摩登舞的实践指导

学海导航

摩登舞是体育舞蹈的一个种类,它主要包括华尔兹、探戈舞、快步舞、狐步舞以及维也纳华尔兹等舞种,本章主要介绍摩登舞不同舞种的基本知识和舞步练习,为大学生认识摩登舞、参与摩登舞奠定良好基础。

第一节　华尔兹

一、华尔兹概述

华尔兹,又称"圆舞""慢华尔兹",具有悠久的历史和较强的生命力,是摩登舞的主要舞种之一。

据记载,华尔兹起源于德国和奥地利地区的一种"土风舞"。华尔兹一词源于古德文Walzel,意思是"滚动""滑动"或"旋转"。12世纪,3/4拍子的华尔兹在德国的巴伐利亚和奥地利的维也纳地区的农民中流行。16世纪,华尔兹于传入法国,17世纪,华尔兹进入维也纳宫廷,并于18世纪正式出现在英国舞厅,被誉为"欧洲宫廷舞之王"。在英国皇家舞蹈教师协会整理规范下,华尔兹的舞姿、舞步、跳法逐渐系统化和规范化,进而形成了"英国的华尔兹",即当代体育舞蹈的华尔兹,又称慢华尔兹。

华尔兹舞庄重典雅,华丽多彩,舞蹈动作流畅,旋转性强,热烈而兴奋,重心起伏跌宕,接连不断的潇洒转体;服装华丽、音乐优美。华尔兹体现舞伴间的内心世界,它有身体的起伏、摆、荡、倾斜和反身动作。

华尔兹是表现爱情的舞种,舞蹈时,男舞伴似王子气宇轩昂,女舞伴似公主文静柔和。

二、华尔兹基本舞步练习

基础舞步是第1步用大步,它必须在舞曲梅小姐的第1拍上。第2、第3不用小步。慢华尔兹是每步1拍,故图解中不再标出慢(S)和快(Q)。

(一)前进步

华尔兹前进步的基本舞步如图11-1所示。

(1)男:左足前进。
　　女:右足后退。
(2)男:右足横步。
　　女:左足横步。
(3)男:左足并于右足。
　　女:右足并于左足。

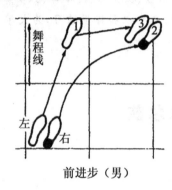
前进步（男）

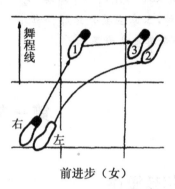
前进步（女）

图 11-1

(二)右转步

华尔兹右转步的基本舞步如图11-2所示。

(1)男:右足前进,落地后即向右转身。
　　女:左足后退,落地后向右转身。
(2)男:左足横步,身体继续右转。
　　女:右足横步,身体继续右转。
(3)男:右足并步,身体右转至3/8周。
　　女:左足并步,身体右转至3/8周。
(4)男:左足后退,落地后逐渐右转。
　　女:右足前进,落地后逐渐右转。
(5)男:右足横步,身体继续向右转。
　　女:左足横步,落地后逐渐右转。
(6)男:左足并步,身体右转至3/8周。
　　女:右足并步,身体右转至3/8周。

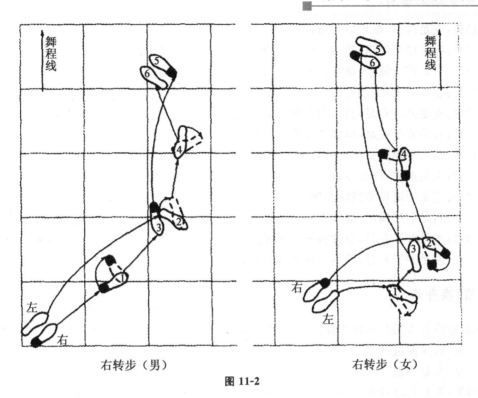

图 11-2

（三）左转步

华尔兹左转步的基本舞步如图 11-3 所示。

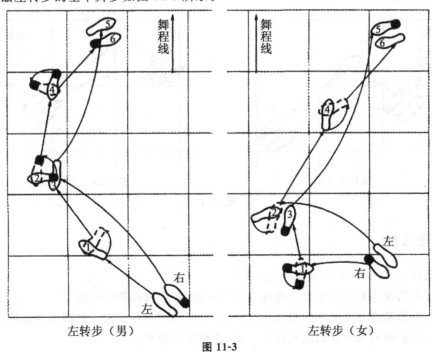

图 11-3

(1)男:左足前进,落地后转身向左。
   女:右足横步后退,落地后向左转身。
(2)男:右足前进横步,继续左转。
   女:左足后退,继续左转。
(3)男:左足并于右足,身体向左转至 3/8 周。
   女:右足并于左足,身体左转至 3/8 周。
(4)男:右足后退转身向左。
   女:左足前进,向左转身。
(5)男:左足后退横步继续左转。
   女:右足前进横步,继续左转。
(6)男:右足并于左足,身体转至 3/8 周。
   女:左足并于右足,身体左转至 3/8 周。

(四)换并步

华尔兹换并步的基本舞步如图 11-4 所示。
(1)男:右足前进。
   女:左足后退。
(2)男:左足前进横步。
   女:右足后退横步。
(3)男:右足并步。
   女:左足并步。

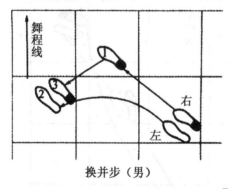

换并步（男）　　　　换并步（女）

图 11-4

(五)迂回步

舞步动作共有六步,节奏为 1、2、3、1、2、3。
(1)男:右脚前进并交叉于反身动作及侧行位置,着地时先脚跟后脚掌。
   女:左脚前进并交叉于反身动作及侧行位置开始左转,着地时先脚跟后脚掌。
(2)男:左脚经右脚横步稍前左转 1/8 周,着地时用脚掌。

女:右脚经左脚横步稍前1~2转3/8周,着地时用脚掌。
(3)男:右脚横步,着地时先脚掌后脚跟。
女:左脚横步,着地时先脚掌后脚跟。
(4)男:左脚沿后肩后退左转1/8周,着地时先脚掌后脚跟。
女:右脚外侧前进3~4转1/8周,着地时先脚跟后脚掌。
(5)男:右脚横步稍后左转1/2周,着地时用脚掌。
女:左脚横步稍前左转1/4周,着地时用脚掌。
(6)男:左脚横步成开式舞姿,着地时先脚掌后脚跟。
女:右脚经左脚横步成开式舞姿,着地时用脚掌。

(六)踌躇步

(1)男:左脚前进开始左转,着地时先脚掌后脚跟。
女:右脚后退开始左转,着地时先脚掌后脚跟。
(2)男:右脚横步1~2之间转1/4周,着地时用脚掌。
女:左脚横步1~2之间转1/4周,着地时用脚掌。
(3)男:左脚并与右脚不置重量2~3之间转1/8周(掌跟重心在右脚)。
女:右脚并与左脚不置重量2~3之间转1/8周(掌跟重心在左脚)。

(七)侧行追步

侧行追步共有四步,由开式舞姿开始,节奏为1、2、&、3。
(1)男:右脚前进并交叉于反身动作位置,着地时先脚跟后脚掌。
女:左脚前进并交叉于反身动作位置,着地时先脚跟后脚掌,开始左转。
(2)男:左脚横步,着地时用脚掌。
女:右脚横步,着地时用脚掌,1~2转1/8周。
(3)男:左脚并与右脚,着地时用脚掌。
女:左脚并与右脚,着地时用脚掌,2~3转1/8周,身体稍转。
(4)男:右脚横步稍后,着地时先脚掌后脚跟。
女:右脚横步稍后,着地时先脚掌后脚跟。

(八)左脚并换步

(1)男:左脚前进。
女:右脚后退。
(2)男:右脚经左脚横步稍前。
女:左脚经右脚横步稍后。
(3)男:左脚并与右脚。
女:右脚并与左脚。

(九)右脚并换步

(1)男:右脚前进。
　　女:左脚后退。
(2)男:左脚经右脚横步稍前。
　　女:右脚经左脚横步稍前。
(3)男:右脚并与左脚。
　　女:左脚并与右脚。

知识拓展

摩登舞的基本握姿

男士:面向女士站好,男士的左手握住女士右手(在大拇指和食指之间),其余的手指并拢,左手的手腕不可弯曲,手和肘呈直线,左上臂稍微往下倾斜,但手至手肘之前臂则是向上向外倾斜,左手的高度大约在耳部平行位置。男女之间的右腹稍稍靠近。男士之右手五指并拢放在女士左肩胛骨的下方,从肩膀到手肘整个右上臂向下倾,而下之手肘到手之间呈一直线。

女士:左上臂轻轻放在男士右下臂,左手手指并拢放在男士右肩下方之手臂二头肌上(视舞伴高度可以稍作调整),手指以大拇指和食指的位置,轻握在男士之右臂。

第二节　探戈舞

一、探戈舞概述

　　探戈舞萌生于劳动人民的生活之中,传统的探戈舞起源于非洲中西部的民间舞蹈"探戈诺"舞。现代探戈舞起源于19世纪布宜诺斯艾利斯一个聚集着下层社会的人们的、名声不佳的酒吧。在这里,女舞伴们穿长裙,男舞伴们穿高领上装、带马刺的长筒靴,由于这种笨重的装备,促成了探戈舞那瞬间停顿的舞蹈动作特征。此后,探戈舞进入了城市,开始被大众认识并得到了广泛的普及。

　　探戈舞诞生之后受到了世界上许多国家和地区人们的喜爱,探戈舞是阿根廷民族的象征,是阿根廷国舞。它是一种内向的、甚至是自忖的舞蹈,将悲哀的思绪化为舞步。探戈舞的节奏、旋律乃至舞步,都融进了阿根廷民族的历史,随后,探戈随贩卖黑奴进入美洲,融合了拉美民间舞蹈风格,形成了舞姿优雅洒脱的墨西哥探戈舞和舞姿挺拔、舞步豪放健美的阿根廷探戈舞。

目前,探戈已经发展成为一种世界体育舞蹈,深受广大舞蹈爱好者的喜爱。

探戈舞的特点主要表现在动作和风格两个方面。具体如下:动作方面,探戈舞的动作刚劲有力,欲退还进;动、静、快、慢错落有致;头左顾右盼、快速转动。舞蹈时,膝关节松弛、微屈,重心略微下沉。脚下动作干净利落,斜行横步,步步为营。风格方面:探戈舞的舞蹈风格动静交织,潇洒大方;沉稳中见奔放,闪烁中显顿挫。

二、探戈舞基本舞步练习

(一)常步

S——男:面向斜墙壁,左脚前进。
　　女:右脚后退。
S——男:右脚前进,右肩引导左转1/8周。
　　女:左脚后退,肩引导左转1/8周。
Q——男:左脚前进开始右转。
　　女:右脚后退开始右转。
Q——男:右脚跟上成基本站位姿势,右转1/8周。
　　女:左脚跟上,右转1/8周。

(二)常步至侧行步

S——男:左脚前进。
　　女:右脚后退。
S——男:右脚前进,右肩引导左转1/8周。
　　女:左脚后退,肩引导左转1/8周。
Q——男:左脚前进开始右转。
　　女:右脚后退开始右转。
Q——男:右脚横步稍后,目光指向舞程线成P.P.舞姿,右转1/8周。
　　女:左脚横步稍后,背向墙壁目光看向舞程线成P.P.舞姿,右转1/8周。

(三)并式侧行步

S——男:左脚横步侧行,沿舞程线指向斜墙壁。
　　女:右脚在侧行位置下横步,沿舞程线指向斜中央。
Q——男:右脚在侧行位置及反身位置交叉前进,方位同S。
　　女:左脚在侧行位置及反身位置下交叉前进,方位同S,左转1/4周。
Q——男:左脚横步稍前,指向斜墙壁。
　　女:右脚横步稍后。
S——男:右脚并于左脚稍后,面向斜墙壁。

(四)开式左转步

S——男:面向斜墙壁,左脚前进。
　　女:右脚后退。
S——男:右脚前进,肩引导面向舞程线,身体微左转。
　　女:左脚后退。
Q——男:左脚前进,面向斜中央。
　　女:右脚后退。
Q——男:右脚横步,面向中央。
　　女:左脚横步稍前。
S——男:左脚后退,背向舞程线。
　　女:右脚外侧前进。
Q——男:右脚后退,背向舞程线。
　　女:左脚前进面向斜中央。
Q——男:左脚横步稍前,面向斜墙壁。
　　女:右脚横步稍后。
S——男:右脚并于左脚。
　　女:左脚并于右脚(3～8步之间左转3/4周)。

(五)右拧转 P.P. 舞姿

S——男:左脚横步沿舞程线指向斜墙壁,向右转一圈。
　　女:右脚横步沿舞程线指向斜中央向右转一圈。
Q——男:右脚交叉前进,方位同S。
　　女:左脚交叉前进,指向舞程线。
Q——男:左脚横步,背向斜中央。
　　女:右脚前进在舞伴双脚之间。
Q——男:右脚在左脚后交叉,背向舞程线。
　　女:左脚外侧前进,左肩引导沿舞程线指向斜墙壁。
Q——男:重心在左脚脚跟和右脚脚掌上,开始向右扭转,面向6的方位。
　　女:右脚外侧前进,面向墙壁。
S——男:双脚成侧行 P.P. 舞姿,面向斜墙壁。
　　女:左脚前进成 P.P. 舞姿,面向斜中央。

(六)换步五步

Q——男:左脚前进,左转3/4周。
　　女:右脚后退,左转1/2周。

Q——男:右脚横步稍后,背向舞程线。
　　　女:左脚横步稍前,指向舞程线。
S上半拍——男:左脚后退背向斜中央。
　　　　　女:右脚外侧前进。
S下半拍——男:右脚后退成P.P.舞姿,背向斜中央。
　　　　　女:左脚前进背向另外一条舞程线的斜墙壁。
S——男:左脚脚尖点地,面向另外一条舞程线的斜墙壁。
　　　女:右脚点地成P.P.舞姿。

(七)后退截步

Q——男:右脚沿左肩方向后退,掌跟。
　　　女:左脚在反身位置下前进,跟掌。
Q——男:左脚横步稍前,脚内侧过渡到全脚,左转1/4周。
　　　女:右脚横步稍后,脚内侧,左转1/4周。
S——男:右脚并于左脚,跟掌。
　　　女:左脚并于右脚,全脚。

(八)左足摇步

(1)男:重心转移左脚,掌跟。
　　女:重心转移右脚,跟掌。
(2)男:重心转移右脚,跟掌。
　　女:重心转移左脚,掌跟。
(3)男:左脚后退,掌跟。
　　女:右脚前进,跟掌。

(九)右摇转步

(1)男:右脚前进,右肩引导,跟掌。
　　女:左脚后退,右肩引导,掌跟。
(2)男:左脚向侧并稍后,掌跟。
　　女:右脚前进,稍向右侧,跟掌。
(3)男:重心回立右脚,右肩引导,跟掌,1～3之间右转1/4周。
　　女:左脚后退,稍向右侧,左肩引导,掌跟,1～3之间右转1/4周。

知识拓展

探戈的流派

(1)阿根廷探戈:阿根廷探戈,流行于现今时日各类探戈的祖源。在阿根廷首都布宜诺斯艾利斯,探戈代表了阿根廷的草根性,但它不是休闲的一种,已是文化的一种。早期它不

称探戈,而称为 Milonga,它由众多阿根廷民族舞蹈之一演变而来。此舞蹈的出处备受当时民众的排斥,一称中下阶级之色情媒介舞蹈,一称此舞蹈为男同志间的舞蹈。或许也因其隐藏在舞蹈中的热情,化解了冷漠社会中民众冰冷封闭的心,不但阿根廷接受了,全世界也拥抱了探戈。如今阿根廷探戈备受尊崇,研究与开办之组织与社团,是各类舞蹈中的翘楚,下至社区阿根廷探戈舞蹈教室,上至美国百老汇剧院,舞迹可说无所不在。

(2)英式探戈:英国人的探戈,由不列颠岛对岸之法国阿根廷社区展开了侵欧之旅。异于华尔兹之握持,阿根廷探戈独特的贴脸靠肩握持,加上舞步中男女四腿的纠缠环绕,在自傲清高的英国人眼中,阿根廷探戈被划上了色情的等号,同样地排斥了它。至1907年,英国伦敦才肯认定阿根廷探戈是社交舞蹈的一种。到了1920年左右,给予了制式化,由于其制式模板的发行,在推广上势如破竹。从此在阿根廷人眼中的异种探戈"英式探戈",逐渐取代了"探戈"这两个字。

(3)美式探戈:美式探戈初期,其上身握持较接近阿根廷式,但腰腿脚部之动作较属改良式,而舞步移动同英式探戈般,舍弃了原地彼此对绕,多采用大步移动的方式。美式探戈也因英式探戈的流行,在握持与舞步上已产生偏向英式探戈的趋势。传统之美式探戈,在好莱坞电影中可窥一二,而影片中,导演往往让冷漠的美艳女主角,经由探戈舞的阳性自大热情而投向对方。电影并未让美式探戈风靡世界,但"探戈"二字经由电影深深植入世界各国人民之心。

(4)台湾探戈:台湾探戈,朝鲜战争至越战期间,由驻台美军所引进,换言之,美式探戈是台湾探戈的前身,经由台湾舞者之自创与变化,产生了属于我们的探戈。也因此,台湾探戈中看不到阿根廷探戈的浪漫热情。而握持因民风相异而不同,除手背有接触外,其余均不接触;不过舞步的多样化、复杂化是台湾探戈的特色。可贵的是台湾探戈与本土音乐的节拍与速度相互嵌合而自成一格,也因这点,台湾探戈可名列五大探戈之一。

(5)竞技型探戈:竞技型的探戈,以英式探戈为根基的竞技型探戈,而在握持上渐有脱离旧有英式探戈方式,采取较夸张的态势,基础舞步上保有英式的架构,但在竞技舞步的排序与音乐变化上,与传统英式探戈迥异,但其效果却是爆发性的吸引人,抛头顿足是其主要特色。

第三节 快步舞

一、快步舞概述

快步舞因步子快而得名,它起源于美国,早期吸收了狐步舞动作,后又引入芭蕾动作。快步舞的动作较难掌握,初学者一般掌握了摩登舞的其他舞种后再学快步舞比较好些。目前,体育舞蹈中的快步舞是"英国式"的快步舞。

快步舞动作轻快活泼,富于跳跃性和激情;舞步轻松,圆滑流利,奔放灵活,快速多变,自由洒脱,令人目不暇接;风格简洁明快,动力感和表现力强,舞蹈时要求舞者的膝关节放松,通过脚踝关节来控制力量和身体重心的移动。步跳跃时,脚不能离地面很高,脚尖刚离地即可;舞伴间配合切勿一上一下,以免跟不上节奏而使动作变形。

快步舞的音乐节拍是 4/4 拍,重拍在 1 和 3(1 强烈些),音乐速度为每分钟 50~52 小节,动作节奏为 SSQQS,一个 S 等于两拍,一个 Q 等于一拍。

二、快步舞基本舞步练习

(一)右旋转

右旋转有六步,节奏为 S、Q、Q、S、S、S。右旋转包括右转和右旋转,右转步为 1/4 转,右旋转为 3/4 转。

(1)男:右脚前进,开始右转,跟掌。
　　女:左脚后退,开始右转,掌跟。
(2)男:左脚横移,1~2 步右转 1/8 周,掌。
　　女:右脚横移,1~2 步右转 1/8 周,掌。
(3)男:右脚并步,右转 1/8 周,掌跟。
　　女:左脚并步,右转 1/8 周,掌跟。
(4)男:左脚后退,身体右转 1/2 周,掌。
　　女:右脚前进,身体右转 1/2 周,掌。
(5)男:右脚前进,右转 1/8 周,跟掌。
　　女:左脚后退,右转 1/8 周,掌跟。
(6)男:左脚横移后退,右转 1/8 周,掌。
　　女:右脚并步前进,右转 1/8 周,掌。

(二)右直角转步

向右直角转步有四步,节奏为 S、Q、Q、S。
(1)男:右脚前进,开始右转,跟掌。
　　女:左脚后退,开始右转,掌跟。
(2)男:左脚横步,1~2 转 1/8 周,全掌。
　　女:右脚横步。1~2 转 1/4 周,全掌。
(3)男:右脚并于左脚,2~3 转 1/8 周,全掌。
　　女:左脚并于右脚,身体稍转,全掌。
(4)男:左脚横步稍后,不转,掌。
　　女:右脚斜进,不转,掌跟。

(三)右转踌躇步

右转踌躇步有六步,节奏为 S、Q、Q、S、S、S。
(1)男:右脚前进,开始右转,跟掌。
　　女:左脚后退,开始右转,掌跟。
(2)男:左脚横步,1～2 转 1/4 周,掌。
　　女:右脚横步,1～2 转 3/8 周,身体稍转,掌。
(3)男:右脚并于左脚,2～3 转 1/8 周,掌。
　　女:左脚并于右脚,身体完成转动,掌跟。
(4)男:左脚后退,继续右转,掌跟。
　　女:右脚前进,继续右转,跟掌。
(5)男:右脚横步(拉脚跟),4～5 转 3/8 周,脚内缘全脚。
　　女:左脚横步,4～5 转 3/8 周,掌跟。
(6)男:左脚并右脚,不置重量,不转,左脚掌内缘。
　　女:右脚并左脚,不置重量,不转,脚内侧。

(四)直行追步

直行追步有四步,节奏为 S、Q、Q、S。
(1)男:右脚后退,开始左转,掌跟。
　　女:左脚前进,开始左转,跟掌。
(2)男:左脚横步,1～2 转 1/4 周,身体稍转,掌。
　　女:右脚横步,1～2 转 1/8 周,身体稍转,掌。
(3)男:右脚并于左脚,掌。
　　女:左脚并右脚,掌。
(4)男:左脚横步稍前,掌跟。
　　女:右脚横步稍后,掌跟。

(五)追步左转

追步左转有三步,节奏为 S、Q、Q。
(1)男:左脚前进,开始左转,跟掌。
　　女:右脚后退,开始左转,掌跟。
(2)男:右脚横步,1～2 转 1/8 周,全掌。
　　女:左脚横步,1～2 转 1/4 周,身体稍转,全掌。
(3)男:左脚并右脚,2～3 转 1/8 周,身体稍转,全掌。
　　女:左脚并右脚,身体稍转,全掌。

（六）前进锁步

前进锁步有四步,节奏为 S、Q、Q、S。
(1) 男:在反身动作及外侧舞伴位置中,右脚前进,跟掌。
　　女:在反身动作位置中左脚后退,掌跟。
(2) 男:左脚前进稍向左,掌。
　　女:右脚后退,掌。
(3) 男:右脚交叉于左脚后,掌。
　　女:左脚交叉于右脚后,掌。
(4) 男:左脚前进稍向左,掌跟。
　　女:右脚后退稍向右,掌跟。

（七）后退锁步

后退锁步有四步,节奏为 S、Q、Q、S。
(1) 男:在反身动作位置中,左脚后退,掌跟。
　　女:在反身动作及外侧舞伴位置中,右脚前进,跟掌。
(2) 男:右脚后退,掌。
　　女:左脚前进稍向左,掌。
(3) 男:左脚交叉于右脚后,掌。
　　女:右脚交叉于左脚后,掌。
(4) 男:右脚后退稍向右,掌跟。
　　女:左脚前进稍向左,掌跟。

（八）跑步结束

(1) 男:左脚后退,开始右转,掌。
　　女:右脚前进,开始右转,跟掌。
(2) 男:右脚横移,右转1/8周,掌。
　　女:左脚横移,右转1/8周,掌。
(3) 男:左脚前进,右转1/8周,掌跟。
　　女:右脚后退,右转1/8周,掌跟。

（九）V—6 步

(1) 男:左脚后退,掌跟。
　　女:右脚前进,跟掌。
(2) 男:右脚后退右肩引导,掌。
　　女:左脚前进左肩引导,掌。
(3) 男:左脚交叉于右脚前,掌。

女:右脚交叉于左脚前,掌。
(4) 男:右脚后退,掌跟。
女:左脚前进准备向外侧,掌跟。
(5) 男:在反身动作位置中左脚后退,掌跟。
女:在反身动作及外侧舞伴位置中右脚前进,跟掌。
(6) 男:右脚后退,开始向左转,掌。
女:左脚前进,开始向左转,掌。
(7) 男:左脚横步稍前,6~7 转 1/4 周,身体稍转,掌跟。
女:右脚横步稍后,掌跟。

第四节 狐步舞

一、狐步舞概述

狐步舞起源于美国黑人舞蹈,1914 年,美国杂耍演员哈利·福克斯模仿马慢走时得到灵感,结合悠闲自在、从容恬适的情态设计了狐步舞。哈利的真名是阿瑟卡林·福特,福克斯(Fox)意即"狐狸",是他的艺名。哈利所跳的这种轻快的舞步被称为"福克斯舞步",后又称为"狐步舞"。

现代体育舞蹈中的狐步舞则是由英国的约瑟芬·宾莉改编而成的。目前,狐步舞是上流社会人士生活的重要组成内容之一,尤其是在结婚典礼上、宴会上,结婚新人通常选择一支狐步舞作为结婚典礼上的第一支双人舞蹈,具有"预祝结婚新人从此以后开始幸福的、美好的、浪漫的新生活"的美好寓意。

狐步舞步法轻柔、圆滑、流畅,方向多变,无合并步;动作流畅,悠闲自在,衔接自然,升中有降、降中有升,呈线性流动状;舞蹈时身体挺直,膝关节放松,胯、臀部相对固定,舞步平稳,上身动作多变,反身动作较多,大量运用上足跟旋转,舞伴间配合默契。

狐步舞具有典雅大方,舒展流畅,轻盈飘逸,平稳大方的风格特点;音乐多突出恬静幽雅、婉转明快的特色。

二、狐步舞基本舞步练习

(一) 三步

预备姿势:闭式位(男士面向斜墙,女士背向斜墙)。
(1) 男:面向斜墙壁,左脚向前,有反身动作。
女:背向斜墙壁,右脚后退,有反身动作。

(2)男：右脚向前。
　　女：左脚向后。
(3)男：左脚向前。
　　女：右脚向后。

（二）羽毛步

预备姿势：闭式位（男士面向斜中央，女士背向斜中央）。
(1)男：面向斜中央，右脚向前。
　　女：背向斜中央，左脚后退。
(2)男：左脚向前左肩引导准备到舞伴外侧，不转。
　　女：右脚向后右肩引导，不转。
(3)男：右脚向前成CBMP到舞伴外侧，方位不变。
　　女：左脚向后成CBMP，方位不变。

（三）左转步

预备姿势：闭式位（男士面向斜中央，女士背向斜中央）。
(1)男：面向斜中央，左脚向前，开始转向左，有反身动作。
　　女：背向斜中央，右脚向后，开始转向左，有反身动作。
(2)男：右脚向侧，1、2步间左转1/4周，背向斜壁。
　　女：左脚并向右脚（跟转），1、2步间左转3/8周，面向舞程线。
(3)男：右脚向后，2、3步间左转1/8周，背向舞程线。
　　女：右脚向前，不转。
(4)男：右脚向后，方位不变，继续转向左。
　　女：右脚向前，方位不变，继续转向左。
(5)男：左脚向侧稍向前，4、5步间左转3/8周，指向斜墙，身体转少些。
　　女：左脚向侧，4、5步间左转1/4周，背向墙，身体转少些。
(6)男：右脚向前成CBMP到舞伴外侧，不转动，结束于面向斜墙。
　　女：左脚向后成CBMP，5、6步间左转1/8周，结束于背向斜墙。

（四）右转步

预备姿势：闭式位（男士面向斜墙，女士背向斜墙）。
(1)男：面向斜墙壁，右脚向前，开始转向右，有反身动作。
　　女：背向斜墙，左脚向后，开始转向右，有反身动作。
(2)男：左脚向侧，1、2步间右转1/4周，背向斜中央。
　　女：右脚并向左脚，1、2步间右转3/8周，面向舞程线。
(3)男：右脚向后，2、3步间右转1/8周，背向舞程线。
　　女：左脚向前，不转。

(4)男：左脚向后，方位不变，继续转向右，有反身动作。
　　女：右脚向前，方位不变，继续转向右，有反身动作。
(5)男：右脚向侧小步（跟拖），4、5步间右转3/8周，面向斜中央。
　　女：左脚向侧右脚刷向左脚，4、5步间右转3/8周，背向斜中央。
(6)男：左脚向前，不转动，方位不变，有反身动作。
　　女：右脚刷步经过左脚向后，不转动，方位不变，有反身动作。

（五）换向步

预备姿势：闭式位（男士面向斜墙，女士背向斜墙）。
(1)男：面向斜墙，左脚向前，开始转向左，有反身动作。
　　女：背向斜墙壁，右脚向后，开始转向左，有反身动作。
(2)男：右脚斜向前右肩引导左脚并向右脚稍向前无重力，1、2步间左转1/4周，结束时面向斜中央。
　　女：左脚斜向后左肩引导并且右脚并向左脚稍向后无重力，1、2步间左转1/4周，结束时背向斜中央。
(3)男：左脚向前成CBMP，不转。
　　女：右脚向后成CBMP，不转。

（六）右扭转步

预备姿势：闭式位（男士面向斜墙，女士背向斜墙）。
步序与步位：
(1)男：面向斜墙壁，右脚前进。开始向右转。
　　女：背向斜墙壁，左脚后退。开始向右转。
(2)男：左脚向侧。1、2步间右转1/4周。背向斜中央。
　　女：右脚并左脚（脚跟运转）。1、2步间右转3/8周。面向舞程线。
(3)男：右脚交叉于左脚后面。2、3步间右转1/8周。背向舞程线。
　　女：左脚前进左肩引导，向舞伴外侧移动。几乎面向斜墙，继续转动。
(4、5)男：双脚扭转结束时右脚小步向侧，侧向拉步。4、5步间右转1/2周。结束在面向舞程线位置。
　　女：在反身动作位置外侧舞伴中右脚前进。2、4步间右转1/8周。面向斜墙。
　　女：左脚向侧右脚刷步。4、5步间右转3/8周。背向舞程线。
(6)男：左脚向侧并稍前进。5、6步间左转1/8周。指向斜中央。
　　女：右脚向侧。方位不变，身体稍向左转。
(7)男：在反身动作位置外侧位置中右脚前进。身体不转动。面向斜中央结束。
　　女：在反身动作位置外侧位置中左脚后退。6、7步间左转1/8周。结束在背向斜中央位置。

(七)左转波纹步

预备姿势:闭式位(男士面向斜中央,女士背向斜中央)。
(1)男:面向斜中央,左脚前进。开始向左转。
　　女:背向斜中央,右脚后退。开始向左转
(2)男:右脚向侧,1、2步间左转1/4周。背向斜墙壁。
　　女:左脚并右脚(脚跟运转),1、2步间左转1/4周,面向斜墙壁。
(3)男:左脚后退,2、3步间左转1/8周。背向舞程线。
　　女:右脚前进,不转动。
(4)男:右脚后退,背向舞程线,继续左转。
　　女:左脚前进,面向斜中央,继续左转。
(5)男:左脚后退,4~6步间左转1/8周。背向斜中央。
　　女:右脚前进,4~6步间左转3/8周,面向中线。
(6)男:右脚后退。方位不变。
　　女:左脚前进。
(7)男:左脚后退,方位不变,身体开始向右转。
　　女:右脚前进,身体开始向右转。
(8)男:右脚小步向侧(脚跟拉步),7、8步间右转1/8周。背向斜墙。
　　女:左脚向侧,右脚刷步向左脚,7、8步间右转3/8周。面向斜墙。
(9)男:左脚前进。不转动。
　　女:右脚刷步经左脚后退。不转动。

(八)迂回步

预备姿势:闭式位(男士逆舞程线面向斜中央,女士背向舞程线之斜中央)。
(1)男:面向斜中央,左脚前进。开始向左转。
　　女:背向舞程线之斜中央,右脚后退。开始向左转。
(2)男:右脚向侧,1、2步间左转1/8周。背向舞程线。
　　女:左脚向侧,1、2步间左转1/4周。指向斜中央。
(3)男:在反身位置中左脚后退,2、3步间左转1/8周。背向斜中央。
　　女:在反身位置中右脚前进,方位不变,不转动。
(4)男:右脚后退,方位不变,继续左转。
　　女:左脚前进,方位不变,继续左转。
(5)男:左脚向侧并稍前进,4~6步间左转1/4周。指向斜墙。
　　女:右脚向侧,4~5步间左转1/8周。背向墙。
(6)男:在反身动作与外侧舞伴位置中右脚前进。不转动。
　　女:在反身动作位置中左脚后退,5、6步间左转1/8周,身体稍转。背向斜墙。

知识拓展

黑池舞蹈节

英国黑池的舞蹈节可谓是国际标准舞活动之首。舞蹈节于每年五月在英国北部小镇黑池举行,其中除了为期7天的国际标准舞锦标赛以外,还包括了世界性国际标准舞会议、舞蹈服装以及舞蹈用品汇展等等。以"英国"冠名但却是面向全世界的公开锦标赛头衔,更被誉为世界上国际舞中的最高荣誉,其威望甚至超过以"世界"冠名的锦标赛,成为国际标准舞高手们争相追求的目标。

第五节　维也纳华尔兹

一、维也纳华尔兹概述

维也纳华尔兹,又称"快华尔兹""快三步",它起源于奥地利北部山区的农民舞蹈,由德国农村的士风舞和三拍子的奥地利民间舞相结合而成的。17世纪初,维也纳华尔兹在宫廷中使用。18世纪中叶维也纳华尔兹开始流行于法国城市交际舞会,然后在欧洲广为流传。

19世纪中期,奥地利著名作曲家约翰·施特劳斯(被称作圆舞曲之父)创作了大量的圆舞曲,如《皇帝圆舞曲》《维也纳森林里的故事》《蓝色的多瑙河》等。音乐使维也纳华尔兹锦上添花,对维也纳华尔兹的发展起到了很大作用。

维也纳华尔兹动作优美,舒展大方,连绵起伏,舞步轻快流畅,旋转性强。节奏清晰,旋律活泼。

维也纳华尔兹舞与华尔兹同属摩登舞类,都是3/4音乐,舞蹈的技巧一致;但在节奏方面,华尔兹动作多技巧复杂,维也纳华尔兹动作少,技巧不多。

二、维也纳华尔兹基本舞步练习

(一)1/4转身

舞步动作如图11-5所示。

(1)男:右脚前进向右转身。
　　女:左脚后退向右转身。
(2)男:左脚小步继续右转。
　　女:右脚后退。

(3)男:右脚并左脚(舞程线改变,由面对右角变为背向左角)。
    女:左脚并右脚。
(4)男:左脚后退。
    女:右脚前进向左转身。
(5)男:右脚退后靠拢左脚。
    女:左脚前进靠近右脚。
(6)男:右脚靠在左脚上面,但重心仍在左脚上。
    女:左脚靠在右脚上。
(7)男:右脚后退向左转身。
    女:左脚傍步。
(8)男:左脚靠着右脚,右脚用脚跟向左转身。
    女:右脚傍步。
(9)男:由背向左角变为面对右角。
    女:左脚并右脚。
(10)男:左脚前进。
    女:右脚后退。
(11)男:右脚前进靠拢左脚。
    女:左脚后退靠拢右脚。
(12)男:右脚靠在左脚上,但重心仍在左脚上面。
    女:左脚靠在右脚上。

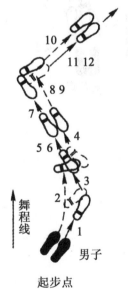
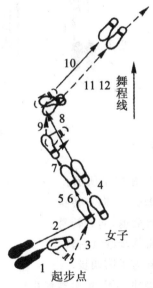

图 11-5

(二)180°右转

舞步动作如图 11-6 所示。

(1)男：右脚前进向右转身。
　　女：左脚退后向右转身。
(2)男：左脚小步傍步右转。
　　女：右脚并左脚，用左脚跟向右转身（脚跟轴转）。
(3)男：右脚并左脚（背向舞程线）。
　　女：右脚并左脚，用左脚跟向右转身（脚跟轴转）。
(4)男：左脚退后向右转身。
　　女：右脚前进向右转身。
(5)男：右脚并左脚，用左脚跟向右转身（脚跟轴转）。
　　女：同男子第二步、第三步。
(6)同第五步。

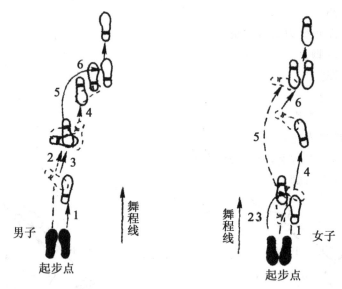

图 11-6

（三）右转

舞步动作如图 11-7 所示。
(1)男：右脚前进，向右转身。
　　女：左脚后退，向右转身。
(2)男：左脚傍步继续右转。
　　女：步同男子第四步。
(3)男：右脚并左脚（背向舞程线）。
　　女：步同男子第五步。
(4)男：左脚后退，向右转身。
　　女：步同男子第一步。
(5)男：右脚并左脚，身体重心仍在左脚上，用左脚脚跟向右转身。

女:同男第二步、第三步。

(6)同第五步。

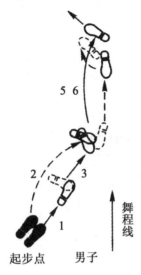
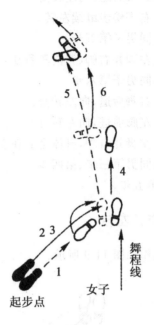

图 11-7

(四)左转

舞步动作如图 11-8 所示。

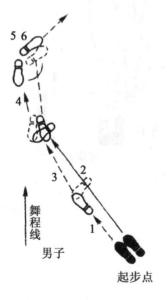
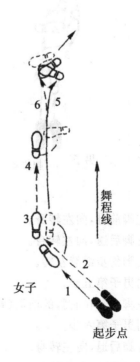

图 11-8

(1)男:左脚前进,向左转身。
　　　女:右脚后退,向左转身。
(2)男:右脚傍步继续左转。
　　　女:同男子第五步。
(3)男:左脚并右脚(背向舞程线)。
　　　女:同男子第六步。
(4)男:右脚后退,向左转身。
　　　女:左脚前进,向左转身。
(5)男:左脚并右脚,身体重心在左脚上,用右脚脚跟向左转135°。
　　　女:同男第三步、第四步。
(6)同第五步。

(五)交叉左转

舞步动作如图11-9所示。

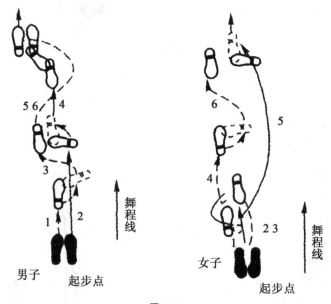

图 11-9

(1)男:左脚前进,向左转身。
　　　女:右脚后退,向左转身。
(2)男:右脚傍步继续左转。
　　　女:同男子第五步。
(3)男:左脚交叉在右脚的前面(背向舞程线)。
　　　女:同男子第六步。
(4)男:右脚后退,向左转身。
　　　女:左脚前进,向左转身。

(5)男:左脚并右脚,身体重心仍在右脚上,用右脚脚跟向左转180°。

女:同男子第二步、第三步。

(6)同第五步。

(六)踌躇步

舞步动作如图 11-10 所示。

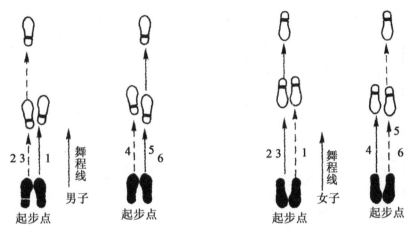

图 11-10

(1)男:右脚前进。

女:左脚后退。

(2)男:左脚前进并右脚左脚在右脚之后约半脚位。

女:右脚后退靠拢左脚。

(3)男:左脚靠在右脚上,但身体重心仍在右脚上。

女:右脚靠在左脚上。

(4)男:左脚前进。

女:右脚后退。

(5)男:右脚前进靠拢左脚,右脚在左脚之后约半足位。

女:左脚后退靠拢右脚。

(6)男:右脚靠在左脚上,但身体重心仍在左脚上。

女:左脚靠在右脚上。

参考文献

[1]黄赛.高职院校形体训练课程的教学探讨[J].职业时空,2012(04).
[2]王兴华.高校形体训练对学生的影响分析[J].当代体育科技,2014(12).
[3]陈芳.形体训练在女大学生形体美塑造中的作用[J].青年作家,2014(20).
[4]赵英利.形体训练与健身操[M].哈尔滨:哈尔滨地图出版社,2008.
[5]姚明焰,周智杰.形体训练[M](第3版).北京:中国劳动社会保障出版社,2007.
[6]刘斌.论形体训练对高职女生心理健康的影响[J].赤峰学院学报,2014(20).
[7]郑八一,于力,刘薇.实施形体训练,深化素质教育[J].艺术教育,2006(03).
[8]梁策.论开设舞蹈形体训练课程的理念与思路[J].网友世界,2014(06).
[9]李莘.形体训练课中培养形体动作美的研究[J].沈阳体育学院学报,2006(02).
[10]程婷婷.高校学生强化形体训练的思考[J].大舞台,2009(06).
[11]商利.浅谈高职院校融入形体课的必要性[J].价值工程,2011(23).
[12]巴特尔.浅析形体训练在高校体育教育中的作用[J].当代体育科技,2013(25).
[13]荣丽.体育舞蹈基础教程[M].北京:北京航空航天大学出版社,2007.
[14]国家体育总局职业技能鉴定指导中心组.体育舞蹈[M].北京:高等教育出版社,2012.
[15]杜冬玲.体育舞蹈运动的功能及可持续发展初探[J].新西部,2013(06).
[16]寿文华,等.体育舞蹈[M].北京:北京体育大学出版社,2007.
[17]王珂,王家彬.体育舞蹈与流行交谊舞[M].西安:西北工业大学出版社,2007.
[18]张春生,滕晓磊.体育舞蹈与健身操[M].北京:化学工业出版社,2009.
[19]张瑞林.体育舞蹈[M].北京:高等教育出版社,2005.
[20]刘光红.体育舞蹈读本[M].北京:人民体育出版社,2006.
[21]秦文明.体育舞蹈[M].合肥:合肥工业大学出版社,2003.
[22]樊更生.体育舞蹈摩登舞基础教程[M].北京:北京体育大学出版社,2004.
[23]黄宽柔,姜桂萍.舞蹈与健美操[M].北京:高等教育出版社,2001.
[24]张士文,李静.体育舞蹈审美新标准的解读[J].沈阳体育学院学报,2012(04).
[25]饶帆.体育舞蹈大众化实施途径的理论与实证研究[D].长沙:湖南师范大学,2014.
[26]李亚楠.体育舞蹈教学中音乐教育与学生动作表现能力的关系[J].广州体育学院学报,2014(03).
[27]刘欣茹.试析当前高校体育舞蹈教学应注重的五个方面[J].重庆电子工程职业学院学报,2014(01).
[28]侯广奇.体育舞蹈教学中舞伴间的配合问题研究[J].当代体育科技,2014(22).
[29]黄辉,齐波,黄磊.论体育舞蹈项目表现形式的优化[J].体育文化导刊,2014(04).
[30]王冬梅.论音乐对体育舞蹈表现力的影响与选用策略[J].大舞台,2013(06).